高职院校毕业设计(论文)指南

U0653201

毕业论文(设计)指南

(财经大类)

主　编　赵善庆　朱璋龙　翟志华
副主编　赵永胜　王　冬

南京大学出版社

图书在版编目(CIP)数据

毕业论文(设计)指南:财经大类/赵善庆,朱璋龙,翟志华主编. — 南京:南京大学出版社,2017.9
(高职院校毕业设计(论文)指南)
ISBN 978 - 7 - 305 - 18750 - 6

I. ①毕… II. ①赵… ②朱… ③翟… III. ①经济学－毕业论文－写作－高等职业教育－教学参考资料
IV. ①G642.477

中国版本图书馆 CIP 数据核字(2017)第 114458 号

扫一扫可申请
教师教学资源

扫一扫可见
学生学习资源

出版发行   南京大学出版社
社　　址   南京市汉口路 22 号　　邮　　编　210093
出版人　金鑫荣
丛 书 名　高职院校毕业设计(论文)指南
书　　名　**毕业论文(设计)指南(财经大类)**
主　　编　赵善庆　朱璋龙　翟志华
责任编辑　潘琳宁
照　　排　南京理工大学资产经营有限公司
印　　刷　南京人民印刷厂
开　　本　787×1092　1/16　印张 14.75　字数 350 千
版　　次　2017 年 9 月第 1 版　2017 年 9 月第 1 次印刷
印　　数　1～3 000
ISBN 978 - 7 - 305 - 18750 - 6
定　　价　37.00 元

网　　址:http://www.njupco.com
官方微博:http://weibo.com/njupco
微信服务号:njuyuexue
销售咨询热线:(025)83594756　　编辑热线:(025)83596997

前　言

　　毕业论文写作是我国高等教育的重要组成部分和必修科目,是培养学生综合运用专业知识和专业理论,提高研究问题与解决问题能力的有效手段,是培养学生实事求是、理论联系实际优良学风的重要途径。撰写毕业论文是高等院校非常重要的实践性教学环节,是学习与科研应用之间的一座桥梁,是大学生必须掌握的基本技能之一。

　　通过毕业论文的写作,既能全面训练大学生的信息综合能力、观察调查能力、文字表达能力以及运用理论知识解决实际问题的能力,又能训练大学生思维的深刻性、独立性、批判性、条理性等,还能培养大学生求实创新的精神,提高大学生的科研素质,为走向社会胜任工作打下良好基础。

　　毕业论文是大学生在掌握专业知识的基础上,选定一个与专业有关的课题,运用所学知识,按照规范的程序与方法,在教师的指导下,进行毕业前一次自行设计、完成的独立作业,也是高等院校教学过程中,难度最大、要求最高的独立作业,它在培养专业人才的过程中具有重要作用。

　　本书是一本融创新与实用为一体的指导书,既有宏观把握,又有微观透视,旁征博引,案例翔实,它不仅是学生毕业论文写作的工具书,也是教师的理想参考书。

　　本书的编写,主要体现了以下几个特征:

一、综合性

　　论文写作除了涉及专业理论知识外,还需要把握资料搜集和整理、研究方法与运用、结构安排与技巧、语言表达与规范、学术道德与写作规范等技能与素质。这些内容,单靠一种学科或文体的学习与训练是不够的,因此,我们结合各学科的共同特点,安排了论文写作的基础内容,介绍了毕业论文的选题,毕业论文材料的获取与整理,毕业论文的结构,毕业论文的撰写,论文的修改与定稿,毕业论文的语言与表达及各类毕业论文的写作指导及参考题目等。我们希望读者不只了解本学科论文的有关知识,还要广泛关注其他相近与相距较远学科论文的发展,以便在学科日趋交叉与综合的新时期,取得更大的成绩,获得更多的写作源泉。

二、新颖性

　　论文写作的基础是最广泛、最迅速地了解本学科的最新学术动态。本书所选材料与入选范文也就要求站在时代的前列、学术的前沿,为读者提供更多、更新的动态信息,当然,这也不排除吸收以往一些较经典、较优秀的论文写作经验与成果。所以本书介绍的一些论文题目、论文内容,都会给你耳目一新的感觉。

三、操作性

本书的编选材料与入选范文对写作有实际指导和操作意义。写作毕竟要落实到篇章结构、字词表达等技能与技巧。因此,本书在内容和形式上完全从学生毕业论文的写作要求出发,注意理论性、示范性、操作性的结合,既有广度,又有深度,非常适合学生学习使用。本书结合大量实例,讲解如何开题、搜集资料、安排纲目、表达、结题、答辩等较为实际的内容,部分论文后附有作者写作体会或编者简评,个案论文及其评析将对学生毕业论文的写作具有重要的参考价值和启发作用。

本书是由赵善庆、朱璋龙、翟志华担任主编,赵永胜、王冬担任副主编。赵善庆负责全书的框架结构设计及最终的文稿审定,并编写第一、二、三、十二章;朱璋龙编写第四、五章;翟志华编写第六、七、八、九章;赵永胜编写第十、十一章;王冬编写第十三、十四章。

我们衷心希望本教材将在高等教育实践教学、人才培养方面发挥更大的作用。本书在编写过程中,参考了国内外的有关著作与资料,并从中选用了一些论文作为范例,在此谨致谢意。但毕竟时间与水平有限,错误和疏漏在所难免,敬请读者提出宝贵的指导意见,我们将不胜感激。

编　者

2017 年 6 月

目 录

第一章

毕业论文概述

学习目标

通过本章学习,懂得毕业论文写作的基本要求,真正明白毕业论文写作的目的是提高分析问题、解决问题的综合能力,培养理论联系实际的研究作风、严肃认真的研究态度、求实创新的研究精神,进而高度重视毕业论文的桥梁作用,为写好毕业论文做好充分的思想准备。

能力要求

掌握:毕业论文的特点、毕业论文写作的基本要求、毕业论文写作的目的。

了解:毕业论文的概念、特点、种类、意义、原则。

毕业论文是高等院校人才培养中非常重要的实践性教学环节。它既可以让大学生运用所学理论知识与实际操作技术,充分、全面、完整、系统地反映其信息综合能力、抽象思维能力、理论分析能力、文字表达能力、求真务实能力、去伪存真能力、问题求解能力等,又是毕业前对大学生的理论知识和应用技能进行的最后一次全面、综合的考核,从而培养学生分析问题、探索真相的科研精神,逐步掌握研究型工作的方法,为今后工作打下坚实的基础。

第一节
毕业论文的概念及其特点

一、毕业论文的概念

所谓毕业论文是指高等院校应届毕业生在所在院系专业教师的指导下,综合运用基础理论、专门知识和基本技能,按照学术论文的标准,在规定时间内,独立表达自己对所学专业领域内某一方面或某个问题的研究见解的一种总结性、习作性、理论性文章。既是对高等院校应届毕业生学习成果的综合性总结和检阅,也是对学生掌握专业知识情况以及分析问题和解决问题的基本能力的一次全面考核。

毕业论文就其内容来讲,可以分为三种形式:一是就学科中某一问题,大学生用自己的研究成果加以回答;二是只提出学科中某一问题,综合别人已有的结论,指明进一步探讨的方向;三是对所提出的学科中某一问题,大学生用自己的研究成果,给予部分回答。毕业论文注重对客观事物作理性分析,指出其本质,提出个人的学术见解和解决某一问题的方法和意见。

毕业论文就其形式来讲,具有议论文所共有的一般属性特征,即论点、论据、论证,它们构成了文章的三大要素。文章主要以逻辑思维的方式展开依据,强调在事实的基础上,展示严谨的推理过程,得出令人信服的科学结论。

二、毕业论文的特点

毕业论文虽属学术论文中的一种,但与学术论文相比,又有自己的特点。

1. 理论性

理论性是毕业论文的主要特点。毕业论文的写作不能就事论事,要运用科学的原理和方法,上升到一定的理论高度去考察分析问题,必须探讨某一命题的理论价值,揭示其本质与规律,总结出理性的结论。切忌写成调研报告、工作总结,也不能写成纯专业性的说明文,涉及专业用语时,则一定要明确其定义,以显示其针对性与理论性。

2. 科学性

科学性要求毕业论文论点正确、论据充分、论证严密、数据可靠、计算精确、程序合理、结果客观。科学性是毕业论文的灵魂和生命,任何毕业论文,不论它的表达方法如何高超,结构如何规范,语言如何流畅,如果它的论点是不正确的,也就毫无学术价值可言。主要表现在以下三个方面:

(1)论文内容的科学性。表现为论文内容真实,数据可靠,计算精确,正确可信,实验重复,结论客观,是可以复现的成熟理论或者是已成熟能够推广应用的技术,不能凭主观臆断或个人好恶随意取舍素材或得出结论。

(2)论文表述的科学性。表现为论文语言使用准确,符号规范,文字通顺,前呼后应,没有疏漏、差错或歧义;表述概念时要选择恰当的科学术语;表述数字时要有符合要求的准确数值。

(3)论文结构的科学性。表现为论文结构要有严密的逻辑性,论文的脉络清晰、结构严谨、推论合理,运用综合方法,从已掌握的材料得出结论。

3. 指导性

毕业论文是在教师的指导下独立完成的科学研究成果。毕业论文作为大学生毕业前的最后一次作业,离不开教师的帮助和指导。对于如何进行科学研究、如何撰写论文,教师都要给予具体的方法指导。在学生撰写毕业论文的过程中,教师要启发引导学生独立进行写作,发挥学生的主动创造精神,帮助学生最后确定题目,指定参考文献和调查线索,审定论文提纲,解答疑难问题,指导学生修改论文初稿等。学生为了写好毕业论文,必须主动发挥自己的聪明才智,刻苦钻研,独立完成毕业论文的写作任务。

4. 创新性

创新性是毕业论文的最重要特点。创新性越强,毕业论文的价值就越大,毕业论文也就越优秀。一篇有价值的论文就在于能够提出新观点、新材料、新方法、新见解。创新性的具体内容如下:

（1）观点新。包括：① 提出现实生活所迫切需要解决的问题；② 提出前人没有研究过的问题；③ 提出说法不一、有待深入研究的问题；④ 提出有待发挥、补充的问题。

（2）材料新。包括：① 别人虽然用过，但自己能够做出新解释、写出新意境的材料；② 提出别人从来没用过，自己挖掘、整理出来的新材料；③ 校正某些以讹传讹的材料。

（3）方法新。包括：① 创造性地借用其他学科的一些研究方法来研究本学科的问题；② 从新的角度思考和解决问题；③ 创造性地设计新的研究工具和手段。

（4）见解新。包括：① 深化前人有学术价值的观点；② 就课题提出独到的见解；③ 校正旧说、通说之误。

5. 专业性

毕业论文的选题一般属于某一专业领域。在写作过程中，无论是确定题目、选取材料，还是语言表达、谋篇布局都有明显的专业性。学生要在专业领域中有一定的专业意识，了解专业发展情况，准确运用本专业特有的研究方法、概念术语等，写出带有专业特色的学术见解。

6. 习作性

根据人才培养方案的规定，在大学阶段的前期，学生要集中精力学好本学科的基础理论、专业知识和基本技能；在大学的最后一个学期，学生要集中精力写好毕业论文。学好专业知识和写好毕业论文是统一的，专业基础知识的学习为写作毕业论文打下坚实的基础；毕业论文的写作是对所学专业基础知识的运用和深化。大学生撰写毕业论文就是运用已有的专业基础知识，独立进行科学研究活动，分析和解决问题，把知识转化为能力的实际训练。写作的主要目的是培养学生具有综合运用所学知识解决实际问题的能力。

7. 层次性

毕业论文与学术论文相比，要求比较低。专业人员的学术论文是指专业人员进行科学研究后表述科研成果而撰写的论文，一般反映某专业领域的最新学术成果，具有较高的学术价值，对科学事业的发展起一定的推动作用。大学生的毕业论文由于受各种条件的限制，在文章质量方面要求相对低一些。这是因为，第一，大学生缺乏写作经验，多数大学生是第一次撰写论文，对撰写论文的知识和技巧知之甚少；第二，多数大学生的科研能力还处在培养形成之中，大学期间主要是学习专业基础理论知识，缺乏运用知识独立进行科学研究的训练；第三，撰写毕业论文受时间限制，学校一般会把毕业论文安排在最后一个学期，而实际上停课写作毕业论文的时间仅为 10 周左右，在如此短的时间内要写出高质量的学术论文是比较困难的。当然这并不排除少数大学生通过自己平时的积累和充分准备写出较高质量的学术论文。

8. 规范性

毕业论文有特定的规范、要领、要求、基本格式。世界上许多国家都对学术论文（包括毕业论文在内）的撰写和编排制定了国家标准。国际标准化组织也制定了一系列的国际标准，不同学科和专业的学术机构还制定了本学科和本专业的国际标准。在撰写毕业论文时，必须严格遵守、熟练地运用这些规范和标准。

第二节

毕业论文写作的目的与意义

一、毕业论文写作的目的

毕业论文写作是对大学生科学研究能力的初步训练。毕业论文写作必须运用所学知识去分析解决实际问题,写作的过程就是回顾、梳理、检阅专业理论的过程,就是巡视、发现、捕捉实际问题的过程,也就是探讨、研究、寻找解决办法的过程。在这个过程中,学生的信息综合能力、语言表达能力、逻辑思维能力、洞察调研能力等都将得到全方位的提高。在这个过程中,也能够培养学生理论联系实际的作风、严肃认真的态度、求实创新的精神。

二、毕业论文写作的意义

毕业论文写作具有较强的实践性与目的性,对学校和学生来说,都具有十分重要的意义。就学校方面而言,它是高等学校教育必不可少的教学环节,从中可以体现一个学校的教育水平,同时也关系到一个学校的社会影响和未来发展。所以,毕业论文的质量,从一个侧面反映一个学校的综合实力。

(一) 对学校而言,毕业论文写作的重要性

1. 毕业论文写作是高等学校教学计划的重要组成部分

学生在校学习期间,要求他们熟悉并掌握本专业及相关专业的基础知识,具备一定的理论素养并掌握一些基本技能,而这一切最终都将以"论文"的形式来表现,许多学术成果都是通过论文反映出来的。而且,学生毕业进入社会后,不论从事什么工作,都会或多或少地涉及写作论文。所以,在大学学习期间,必须把论文写作看作是学业的重要组成部分,通过认真的学习和实践,娴熟自如地掌握写作方法并加以运用。

2. 毕业论文质量的好坏反映了高等学校人才培养水平的高低

毕业论文写作是对高等学校学生的基础知识、基本理论和基本技能掌握与提高程度的一次总测试,也可以说是一次全面性的业务考核。倘若没有扎实的专业知识基础,没有对专业理论系统、完整的了解和掌握,没有对本学科各项研究成果的熟知,没有严格的写作能力的训练和实践,要写出像样的毕业论文是不可能的。因而,毕业论文质量的好坏反映了高等学校人才培养水平的高低。

3. 毕业论文写作是对学生知识和能力的综合性考核

毕业论文需要有较为深厚的知识积累。毕业论文与单一的课程考试不同,它不是进行某一学科已学知识的考核,而是对所学各门公共课、基础课、专业基础课、专业课和基本技能的掌握程度以及运用它们分析、解决实际问题的能力的一次全面考核,着重考查运用所学知识对未知问题进行探讨和研究的能力。所以,毕业论文既是对学生所学知识的全面检验,又是严格的专向性业务考核。所谓专向性,一是指毕业论文的选题具有确定性,一般来自专业课、选修课的内容范围;二是说毕业论文要求学生运用已有的知识,对研究的问题作定向性

的钻研和发掘。它不是学科领域中问题的一般性归纳、整理和说明，而是对问题就其中的某一方面或某一侧面作有见地的分析、研究和探讨。因此，一篇毕业论文，重在考查学生掌握知识的深度和广度，考查学生运用已有的知识发现问题、分析问题和解决问题的能力。对所研究的问题，不是简单地重复别人已有的见解，应有自己一定的看法。这是毕业论文的一般要求，更高的要求是"见人所未见，发人所未发"。无论是哪一种要求，都需要对某一专向性的问题拥有较为丰富的知识和深入的认识。

4. 毕业论文写作是对大学生科学研究能力的初步训练

通过撰写毕业论文，可以使学生了解科学研究的过程，掌握如何搜集、整理和利用材料；如何观察、如何调查、如何作样本分析；如何利用图书馆检索文献资料；如何操作仪器等。撰写毕业论文是学习如何进行科学研究的一个机会，因为其中不仅会有教师指导与传授，可以减少摸索中的一些失误，少走弯路，而且学生可以直接参与和亲身体验科学研究工作的全过程及其各环节，是一次系统、全面的实践机会。撰写毕业论文的过程，同时也是专业知识的学习过程，是更生动、更切实、更深入地对专业知识的学习过程。首先，撰写论文可以帮助学生结合科研课题，把学过的专业知识运用于实际，在理论和实际结合过程中进一步消化、加深和巩固所学的专业知识，并把所学的专业知识转化为分析问题和解决问题的能力。论文撰写的实践，会为今后独立进行科学研究奠定基础。其次，在搜集材料、调查研究、接触实际的过程中，既可以印证学过的书本知识，又可以学到许多课堂上和书本里学不到的鲜活的新知识。此外，学生在毕业论文写作过程中，对所学专业的某一侧面和专题作了较为深入的研究，可以培养学习的兴趣，这将为他们今后确定具体的专业方向，从事科学研究，将自己造就成复合型和创造型人才打下良好基础。

(二)对学生而言,毕业论文写作的重要性

1. 扩大视野，更新知识

毕业论文写作中，学生在运用理论、技能解决现实存在的难点、疑点时，往往会发现原来认识的模糊、理解的肤浅、知识的不足，为了解决疑难，不得不扎扎实实地重新学习。在重新学习的过程中，学生扩大了视野，增长了见识，更新了知识。

2. 展现和保存学习成果

毕业论文是探讨问题、描述研究成果的一种手段，是学生对自然、社会等认识的书面或电子储存形式。毕业论文将进入学生档案，是大学生学习的记录与总结，它能保存大学生的学习成果。有些优秀的毕业论文，还有机会发表或被企业采用，产生社会效益、经济效益，充分展现学生的学习成果。

3. 架构学习科研桥梁

在毕业论文写作中，大学生自主选题、自主调查、独立探索，综合运用自己所学的理论知识，以自己的方式表达自己的成果，既锻炼了独立工作的能力，又为今后从事科研或干好工作打下良好的基础。所以说，毕业论文写作是学习与工作之间的一种过渡，是在学习与科研之间架起一座坚实的桥梁。

4. 培养学生各种能力

人才培养的终极目标是培养学生的实际工作能力，即运用所学理论知识与专业技能解决工作中实际问题的能力。在学生基本完成专业基础理论知识和专业技能训练之后进行的毕业论文，不仅是对所学知识与技能掌握情况的检测，更重要的是对运用所学知识去解决实际问题的实践能力、创新能力的训练与培养。在毕业论文写作中，学生观察提炼的能力、查阅资料的能力、检索信息的能力、语言表达的能力、社会活动的能力、想象概括的能力等等，都将得到全面的培养。

5. 提高学生思维素质

认知心理学家认为，思维的品质包括广阔性、深刻性、独立性、批判性、目的性、灵活性、条理性、敏捷性等，而这些在毕业论文写作过程中正好都能得到训练。因此，毕业论文写作有利于培养大学生的思维，有利于大学生思维品质的全面提高，能全面促进大学生思维的发展。

第三节
毕业论文的类型

一、按研究方法划分

根据研究方法的不同，可以将毕业论文分为七类：

1. 论证型

论证型毕业论文是指利用所学专业的理论知识，对本专业领域内的某些重大理论问题进行系统的研究、阐述和论证，揭示其本质和规律，以表达主张或见解的理论性论文。此类论文要求学生具备深厚的理论知识，一定的逻辑思维和分析能力，能对原有问题提出独到的见解或进行有深度的探讨。这类论文一般具有以下三个特点：一是以议论为主。论证型论文所要表达的是抽象的、富理性色彩的观点、主张，具有较强的主观性。这样议论就成了它的主要表达方式。当然，一篇论证型论文，并不是仅仅靠议论这一表达方式就能说明问题，它还要借助说明、描写等多种表达方式，以组成一个有机的整体。二是具有很强的理论性。这类论文不仅要提出观点、主张，指出"是什么"，而且还要回答"为什么"、"怎么样"，要以理服人。只有这样，别人才会接受文章中提出的观点、主张。这个"以理服人"的过程，既包括运用科学的理论来证明自己的观点、主张的过程，也包括通过文章建立自己的理论体系的过程。那些写得较好的论证型论文，必定会体现出很强的理论性。三是严密的逻辑性。要在一定的理论指导下说理论事，阐发正确的观点，就必须借助于一定的逻辑形式。一篇论证型论文，只有借助令人折服的逻辑力量，才能做到论证严密、无懈可击，从而达到让别人接受观点的目的。

2. 创造型

创造型就是对所研究课题以往的理论、学术观点有新的发展和深入的开掘，或提出新见解，或证明先前的说法是错误的，或者是对该领域尚未认识的事物、问题有新认识，提出新理论、新假说等。当然，在毕业论文中提出假说，供他人或后人去继续研究，也属于创造性的成就。不过，值得注意的是，毕业论文中提出的假说、观点，是在已经存在的客观事实的基础上推断出来的,它不能脱离客观存在,更不能是无端的猜测和幻想。创造型毕业论文属毕业论文中极具学术价值的高品位之作。这需要论文写作者具备两方面的素质:一是要有深厚的专业知识功底。只有在通晓专业知识的前提下,才有可能比前人看得远一点,才有可能超越前人而有新的发现。二是要有思维的敏捷性、条理性,智力活动的高度创造性和较强的分析概括能力。

3. 报告型

调查报告型毕业论文是指对研究问题进行深入细致的调查分析后,做出正确判断,提出相应建议的一种毕业论文。这类毕业论文的内容一般包含五个方面:① 调查背景;② 实施过程;③ 调查结果;④ 指出问题;⑤ 提出建议。对于前两个方面的撰写,不要费过多笔墨,重点在于突出后三个方面的理论部分。

4. 比较型

比较研究型毕业论文是指运用比较法对研究对象进行对比分析,发现它们异同点,从而总结出规律的论文。

5. 述评型

述评型毕业论文是对与论文主题相关的研究成果、进展和不足进行综述和评论。它以文献阅读为主,要求对研究课题的历史发展过程和最新进展有较全面的了解,从而在此基础上论述理论成果、尚待解决的问题,同时提出自己的见解。由于此类论文属于纯粹的理论研究型,因此学生在选择时,一定要慎重考虑。

6. 案例型

案例分析型毕业论文是对案例进行分析研究,从实践活动中总结出一般原理和方法的论文。这类论文理论与实践结合紧密,写作风格比较生动活泼,因而乐于被学生接受。

7. 分析型

项目可行性分析型毕业论文是通过对项目的主要内容和配套条件,如市场需求、资源供应、资金筹措、盈利能力等,从技术、经济等方面进行调查研究和分析比较,并对项目建成以后可能取得的经济效益等进行预测的论文。这类论文具有很强的实践性,是经济管理类毕业论文常用的类型之一。

二、按研究内容划分

按研究内容划分,可以把毕业论文分为四类:理论性论文、实验性论文、描述性论文和设计性论文。后三种是理工科大学生选择的主要论文形式。文科大学生一般写的是理论性论文。理论性论文又可以分成两种:一种是以纯粹的抽象理论为研究对象,研究方法是严密的理论推导和数学运算,有的也涉及实验与观测,用以验证论点的正确性。另一种是以对客观事物和现象的调查、考察所得观测资料以及有关文献资料数据为研究对象,研究方法是对有关资料进行分析、综合、概括、抽象,通过归纳、演绎、类比,提出某种新的理论和新的见解。

三、按议论性质划分

按议论性质划分,可以把毕业论文分为两类:立论文和驳论文。立论性毕业论文是指从正面阐述论证自己的观点和主张。一篇论文侧重于以立论为主,就属于立论性论文。立论文要求论点鲜明,论据充分,论证严密,以理论和事实服人。驳论性毕业论文是指通过反驳别人的论点来树立自己的论点和主张。如果毕业论文侧重于以驳论为主,批驳某些错误的观点、见解、理论,就属于驳论性毕业论文。驳论文除按立论文对论点、论据、论证的要求以外,还要求针锋相对,据理力争。

四、按研究问题的大小划分

按研究问题的大小划分,可以把毕业论文分为两类:宏观论文和微观论文。凡关于国家全局性、带有普遍性并对局部工作有一定指导意义的论文,称为宏观论文。它研究的面比较宽广,具有较大范围的影响。反之,研究局部性、具体性问题的论文,便是微观论文。它对具体工作有指导意义,影响面较窄。

第四节
毕业论文写作的基本要求

一、毕业论文写作的总体要求

(一)理论要前沿,实践要丰富

1. 理论要前沿

理论前沿,即在理论上要力求做到突出学术含量,运用的理论要体现一定的深度与前沿性。毕业论文写作时,一定要熟悉前沿理论,了解管理学科前沿研究领域涉及的相关问题。虽然大学生毕业论文不要求在理论上必须具有独创性,但无论是纯粹的理论观点研究,还是理论应用研究,都必须关注该理论研究的前沿动向。因此,毕业论文在选题和观点上都必须注重理论的先进性与学术的价值性。

2. 实践要丰富

应用实践,即在实践应用中强化应用价值。在选择毕业论文内容时,一是要抓准管理实践上具有普遍意义的问题,密切关注社会中出现的新情况、新问题,进行社会调查研究,广泛接触客观事物,获得大量的感性材料,善于在实际问题中提炼出创新的观点,并提出相关问题,开展研究;二是要将管理科学理论与实践相结合,特别是要善于结合毕业实习中遇到的实际问题,运用科学理论指导实践,解决实际问题,做到理论联系实际。

在我国社会经济发展的实践中,新情况、新问题、新经验层出不穷,需要研究的管理问题遍布社会的方方面面,只要我们对现实问题有浓厚的兴趣和高度的敏感性,善于捕捉那些生动而具有典型性的现实材料,通过深入的思考和研究,提出创新的观点,就能提高毕业论文的价值。在毕业论文写作时,要避免"大、空、虚、平、泛",不要写成既没有理论、抓不住关键,又缺乏实践的低质量论文。

（二）立论要科学，观点要创新

1. 立论要科学

毕业论文的科学性是指文章的基本观点和内容能够反映事物发展的客观规律。判断一篇论文有无价值或价值大小，先要看文章的观点和内容的科学性如何。首先，文章的科学性来自对客观事物周密而详尽的调查研究，要掌握大量丰富而切合实际的材料，使之成为"谋事之基，成事之道"。其次，文章的科学性通常取决于作者在观察、分析问题时能否坚持实事求是的科学态度。在科学研究中，既不能夹杂个人的偏见，又不能人云亦云，更不能不着边际地凭空臆想，而必须从科学分析出发，力争做到如实反映事物的本来面目。最后，文章是否具有科学性，还取决于作者的理论基础和专业知识。写作毕业论文是在前人成就的基础上，运用前人提出的科学理论去探索新的问题。因此，必须准确地理解和掌握前人的理论，具有广博而坚实的知识。如果对毕业论文所涉及领域的科学成果一无所知，那就根本不可能写出有价值的论文。

2. 观点要创新

毕业论文的创新是其价值所在。文章的创新性，一般来说，就是要求不能简单地重复前人的观点，而必须有自己的独立见解。学术论文之所以要有创新性，这是由科学研究的目的决定的。从根本上说，人们进行科学研究就是为了认识那些尚未被人们认识的领域，学术论文的写作则是对研究成果的文字表述。因此，研究和写作过程本身就是一种创造性活动。从这个意义上说，学术论文如果毫无创造性，就不称其为科学研究，因而也不能称作学术论文。毕业论文虽然着眼于对学生科学研究能力的基本训练，但创造性仍是其着重强调的一项基本要求。

当然，对毕业论文创造性的具体要求应作正确的理解。它可以表现为在前人没有探索过的新领域、前人没有做过的新题目上做出成果；可以表现为在前人成果的基础上作进一步的研究，有新的发现或提出新的看法，形成一家之言；也可以表现为从一个新的角度，把已有的材料或观点重新加以概括和表述。文章能对现实生活中的新问题做出科学的说明，提出解决的方案，这自然是一种创造性；即使只是提出某种新现象、新问题，能引起人们的注意和思考，这也不失为一种创造性。

衡量毕业论文的创造性，可以从以下几个方面来考虑：

（1）所提出的问题在本专业学科领域有一定的理论意义或实际意义，并通过独立研究，提出了自己的认识和看法。

（2）虽是别人已研究过的问题，但作者采取了新的论证角度或新的实验方法，基本观点必须是从对具体材料的分析研究中产生出来的，而不是主观臆想出来的，所提出的结论在一定程度上能够给人以启发。

（3）能够凭借有说服力而周密的分析，澄清在某一问题上的混乱看法。虽然没有更新的见解，但能够为别人再研究这一问题提供一些必要的条件和方法。

（4）用较新的理论、较新的方法分析并在一定程度上解决了实际生产、生活中的问题，取得一定的效果，或为实际问题的解决提供了新的思路和办法等。

（5）用相关学科的理论较好地分析并在一定程度上解决了本学科中的某一问题。

(6) 用新发现的材料(数据、事实、史实、观察所得等)来证明已证明过的观点。

科学研究中的创造性要求对前人已有的结论不盲从,而要善于独立思考,敢于提出自己的独立见解,敢于否定那些陈旧的结论。这不仅要有勤奋的学习态度,还必须具有追求真理、勇于创新的精神。要正确处理继承与创新的关系,任何创新都不是凭空而来的,总是以前人的成果为基础的。因此,我们要认真地学习、研究和吸收前人的成果。但是这种学习不是不加分析地生吞活剥,而是既要继承,又要批判和发展。

(三) 论据要翔实,论证要严密

1. 论据要翔实

一篇优秀的毕业论文仅有一个好的主题和观点是不够的,它还必须要有充分、翔实的论据材料作为支持。旁征博引、多方佐证,是毕业论文有别于一般性议论文的明显特点。一般性议论文,作者要证明一个观点,有时只需对一两个论据进行分析就可以了,而毕业论文则必须以大量的论据材料作为自己观点形成的基础和确立的支柱。作者每确立一个观点,必须考虑:用什么材料做主证,什么材料做旁证;对自己的观点是否会有不同的意见或反面意见,对他人持有的异议应如何进行阐释或反驳。毕业论文要求作者提出自己的观点、见解,而要使自己的观点能够得到别人的承认,就必须有大量的、充分的、有说服力的理由来证实自己观点的正确。

毕业论文的论据除了要充分,还需运用得当。一篇论文中不可能也没有必要把研究工作所得、古今中外的事例、精辟的论述、实践数据、观察结果、调查成果等全部引用进来,而是要取其必要者,舍弃可有可无者。论据为论点服务,材料的简单堆积不仅不能证明论点、强有力地阐述论点,反而会给人以一种文章拖沓、杂乱无章、不得要领的感觉。因而在已搜集的大量材料中如何选择必要的论据显得十分重要。一般来说,要注意论据的新颖性、典型性、代表性,更重要的是考虑其能否有力地证明观点。

2. 论证要严密

论证是用论据证明论点的方法和过程。论证要严密、富有逻辑性,这样才能使文章具有说服力。从全局来说,作者提出问题、分析问题和解决问题,符合人们对客观事物认识的程序,使人们的逻辑程序和认识程序统一起来,全篇形成一个逻辑整体。从局部来说,对于某一问题的分析、某一现象的解释,要体现出较为完整的概念、判断、推理的过程。

毕业论文是以体现逻辑思维为主的文章样式,它借助大量科学的语言,通过概念、判断、推理等来反映事物的本质或规律,从已知推测未知,各种毕业论文通常都采用这种思维形式。

要使论证严密,富有逻辑性,必须做到:① 概念判断准确,这是逻辑推理的前提;② 要有层次、有条理地阐明对客观事物的认识过程;③ 要以论为纲,虚实结合,反映出从"实"到"虚",从"事"到"理",即由感性认识上升到理性认识的飞跃过程。

此外,撰写毕业论文还应注意文体的明确性、规范性。学术论文、调查报告、科普读物、可行性报告、宣传提纲等都各有特点,在写作方法上不能互相混同。

（四）体例格式要明确，文体要规范

1. 体例格式要明确

毕业论文受其内容决定，有其固有的文章结构，其基本构思模式一般是：提出问题——分析问题——解决问题。毕业论文由绪论、本论、结论三大部分组成。具体包括标题、作者、摘要、关键词、引言、正文、结论、参考文献、附录等部分。毕业论文的体例格式不仅明确，而且很讲究。一定要做到合理妥帖、有详有略、有过渡和照应，各部分要浑然一体，不能松松散散、支离破碎。

2. 文体要规范

观点新、层次多、佐证广、分析深，是学术性论文有别于其他文章的基本特征和要求。为此，我们不能把一般的议论文、实验报告和一般工作性质的调查报告与毕业论文等同起来，也不能用这几种文章的写法来撰写毕业论文。毕业论文各部分的写作必须符合毕业论文文体规范。这样写出来的毕业论文才能符合要求。

二、毕业论文写作的具体要求

1. 有一定的新颖性

新颖性是论文的生命。如果一篇论文的主题是前人未发现的，观点是别人没表达的，材料是他人不曾用的，我们就可以说这篇论文具有新颖性。对于大学生来说，只要在某方面具有新颖性，即在继承前人研究成果的基础上，继续探索，能从不同方面发现并提出一些新问题，有一些属于自己的东西即可。具体可有以下几个方面：

（1）切入角度新。即从不同的角度、不同的方面对别人研究过的课题加以补充。

（2）某些材料新。即以全新的材料或部分新材料论证自己与别人相同的观点，或论证别人研究过的课题，纠正老观念。

（3）某个观点新。即从别人用过的材料中获得启示，演绎出全新的或部分新的观点、见解。

（4）使用方法新。即以新的方法研究已有的课题或观点，能给人带来一点新的启发。如果现有课题或观点是从理论到理论的演绎推导，或是对长期实践的归纳总结，那么，如果有人采用定量分析法、定性分析法、调查问卷法或实验法等进行研究，从而验证已有的课题或观点，就是使用了新的方法。如果现有论点采用引证法、例证法论证，那么，有人采用类比法、分析法、对比法等来论证，也是使用了新的方法。

2. 有一定的学术性

毕业论文要以学术问题作为课题，以学术成果作为表述对象，以学术见解作为核心内容，侧重于对理论观点的论述、新结果的表达，因此，就有一定的学术性。论文所能达到的理论高度和深度、所产生的社会效益和经济价值，是衡量学术水平的重要标志。对于大学生来说，要使论文有一定的学术性，至少要做到有学术意识，选择的课题要有研究意义，已经完全得到解决的问题和缺乏理论色彩的常识问题不宜再选写；在内容安排上要有比较大的专业知识含量，以充分反映大学生对该学科的理论知识的掌握程度；同时对所探讨的学术问题的研究要有所推进，或能给人一定的启发。

3. 有一定的理论性

理论性要求运用科学的原理和方法,对自然、社会、技术的某一问题进行概括的论述、具体的说明、逻辑的论证,以揭示事物内在本质和发展变化的规律。对于大学生来说,毕业论文要与其所学知识有一定的理论相关性,至少问题的提出、分析和论证,要有抽象思维的介入,要侧重于对理论观点的论述、一些新方法的使用、一点新结果的表达,要做到思路清晰,对一些重要的名词、术语要有定义,而不是简单描述客观事物的外部直观形态、抄抄常识性的结论、加上几个例子,也不是就事论事、罗列一般现象、堆砌材料。

4. 有一定的规范性

规范性是衡量一篇毕业论文质量高低的重要指标之一。符合学术规范性的毕业论文可以减少信息传递、信息交流的障碍,真正发挥记录、总结、储存、传播、交流学术信息的作用。毕业论文符合学术规范性,不仅指符合标题、摘要、关键词、正文、注释、参考文献等内容、格式要规范,还指研究者对研究资料的占有、分析深度、遵循学术引证规则等要规范。充分占有资料本身就是论文的最大规范问题,不充分占有资料,特别是不占有最新的资料,就无法保证观点的新颖。

三、毕业论文对学生的要求

1. 高度重视,认真对待

学生应充分认识到毕业论文的意义,并在思想上高度重视,真正把毕业论文的写作视为一项重要的、特殊的学习任务,是对自己综合能力的锻炼,从而提高撰写毕业论文的自觉性,以严肃认真的态度对待毕业论文写作中的每一个环节。

2. 防止敷衍,坚持从严

有的学生对毕业论文的写作抱着一种无所谓的"敷衍"和"应付"态度,大量抄袭和剽窃他人的论文;找"枪手"、"论文贩子"或中介"订购"毕业论文,这些弄虚作假、蒙混过关的行为应该禁止。

3. 周密计划,合理安排

要根据学校规定的毕业论文工作日程,参加毕业论文的各个训练环节。在教师指导下,独立安排好包括确定课题、调查研究、拟定提纲、查阅资料、起草和定稿、评审、答辩等各个环节的工作计划,做到环环相扣、密切相连。

要处理好毕业论文写作与其他事情的关系。学生在撰写论文期间可能同时还在实习、忙于找工作或准备复习考研等,但完成好毕业论文是第一位的,不能轻视和懈怠,应保证毕业论文审改、定稿有较充裕的时间。

4. 杜绝浮躁,虚心请教

写毕业论文应具有虚心求教和学习的态度。由于多种原因,一些大学生形成爱挑剔的习惯,听老师讲课,觉得不好;看他人的论文,觉得不好。结果是眼高手低,自己讲起来不见得好,写起来也不见得好。俗话说,"看花容易绣花难"。不操作,不实践,不进入角色,便很容易陷入这种"挑剔别人头头是道,自己做时不入门道"的困境。克服这种毛病,就要进入角色,虚心向同学、指导教师求教。

四、毕业论文对指导工作的要求

1. 指导教师的资格

毕业论文的指导教师,一般由具有讲师(或相当于讲师)以上职称或具有硕士、博士学位的教师、科研人员、工程技术人员或管理人员担任。指导教师应当具有较丰富的理论和实践教学经验,业务水平高,教风严谨,责任心强。

2. 指导教师的职责

毕业论文实行指导教师负责制。每个指导教师应该对毕业论文整个阶段的教学活动全面负责。其主要职责是:

(1)指导教师应提出毕业论文的课题,并根据课题的性质和要求定期检查学生的工作进度。

(2)对学生进行工作方法和研究方法上的指导,指导学生查询有关参考书目和文献资料,审查学生拟订的设计方案或写作提纲。

(3)在毕业论文的内容上对学生提出具体要求,按时完成对学生毕业论文初稿的审阅,并提出修改意见。

(4)在整个毕业论文的撰写过程中,应按教学计划保证对学生指导的时间,定期对学生进行答疑。

(5)在答辩前审查完毕业论文,实事求是地向答辩委员会写出对学生的态度、能力、毕业论文水平、应用价值等的评语、意见和建议,并给出评定成绩。

(6)指导学生做好毕业论文答辩工作。

第五节
毕业论文的创作过程与写作步骤

一、创作过程

1. 感知阶段

感知是撰写毕业论文的第一个阶段。是将感性认识经过思考、分析、综合又升华为理性认识的一个过程。在这一过程中,大脑的思维始终起着主导作用,一定要做到"意识能反映客观事物",使其不仅要符合客观事物的特征和本质,而且还要赋予新的内涵和意义。思维水平的高低,与作者的文化素质、思想修养、审美观等有很大的关系。当代大学生应该加强这方面的修炼,以提高"由物到意"的思维能力。

2. 构思阶段

构思是撰写毕业论文的第二个阶段。所谓构思,是指依靠自己的大脑,根据创作的目的与要求,调动各种智力与非智力因素,对搜集到的创作素材进行提炼、加工和创造,从而形成文章的主题,构筑文章的框架和蓝图。

构思也是一种能力,它是作者主观认识、感受能力与创作技巧的综合反映。构思的快慢、优劣取决于这种能力。在创作各个阶段,有时"构思"的时间甚至大大超过创作的时间,这说明"构思"阶段的艰苦性和重要性。因此,我们平时就要注意培养和激发自己的创作的激情、动机和欲望,养成"多思"的良好习惯。

3. 行文阶段

行文是文章创作的第三阶段。所谓行文,就是作者选用精确的语言文字和最佳的方式与表现手法,把构思外化为具体生动的文章。行文阶段包括对观点的评价、验证,初稿的形成,论文的修改与定稿过程。文章在完成构思阶段后,应综合运用掌握的资料和已形成的思路拟定初稿,在验证观点的同时,整理研究成果,形成初稿,并对初稿进行逻辑推理证明,听取各方面的意见,修改完善,从而完成文章的撰写。

上述文章创作过程的三个阶段呈阶梯式递进,一层高于一层,且每个阶段不可逾越。

二、写作步骤

毕业论文的写作总体上须按照以下步骤进行:

(一) 查阅、搜集、整理撰写毕业论文所需要的资料

(二) 撰写毕业论文提纲,掌握步骤与方法

1. 拟定题目

论文标题一般使用陈述句式,句子不必过长,关键是清楚地表达思想。必要时可加副标题。

2. 写出总论点

总论点是对论题进行分析、研究、思考后所形成的观点、看法、主张。它是作者对所论述问题的最基本看法,是作者在文章中最主要的思想观点。

3. 布局全篇

即文章从几方面,或几个层次,以什么顺序来论述总论点。

4. 确定文章的结构

层次确定后,再逐个考虑每个项目的下分论点,直到段落一级,并写出各段的论点句。

5. 依次考虑段落内容的安排,把备用材料按顺序编码

6. 检查修改

提纲写法有两种:

一是标题式写法;二是句子式写法。标题式写法,即用简要的文字写成标题,概括内容。其优点是简明扼要,一目了然。句子式写法,是用一个能表达完整意思的形式来概括内容。其优点在于具体、明确。编写提纲时采取哪一种写法,可根据自己的情况来定。如果提纲只是自己使用,一般可采用标题式写法。如果是请老师指导或附在毕业论文中上交,则可采用句子式写法。

(三) 修改毕业论文提纲

毕业论文的提纲好比建筑师手中的"蓝图",如果问题很多,便无法建成符合要求的大厦。因此,有的学生因为怕麻烦,写论文不列提纲,想到哪儿写到哪儿,结果挂一漏万,在布局谋篇、材料选取、语言叙述等方面都容易出现问题,而且因为文章的框架未定,修改起来也

十分费力。

毕业论文提纲拟好后要认真反复研究几遍,看看中心论点的表述是否恰当,各分论点的安排是否合理,材料的引用是否准确、充分,等等,最好请指导教师过目,以便尽早发现问题,及时调整。

毕业论文提纲一旦确定,文章的框架就基本形成了。在这种情况下,写出的毕业论文一般不需要在总的观点和结构方面做过大的调整和删改,需要修改的,只是文章的局部。

(四)毕业论文的撰写与修改

根据提纲列出的内容,将论文写完,完成后及时请指导教师评阅,继而按照指导教师的要求进行修改。这个阶段可能会进行几个回合的循环。

(五)毕业论文的定稿、打印、提交

毕业论文最后的修改稿请指导教师评阅合格后,再按编辑排版要求进行打印,打印校对好的文稿务必提前送交指导教师,以便学校进行统一装订和评定。

思考题

1. 什么是毕业论文? 毕业论文写作有什么意义?
2. 毕业论文主要有哪些类型?
3. 毕业论文的基本要求是什么?
4. 毕业论文写作有哪些环节?
5. 为什么说毕业论文对大学生非常重要?

第二章

毕业论文的选题

学习目标

选题是毕业论文写作的前提与关键。通过本章学习,明白选题的重要性,选题决定着研究的目标与毕业论文写作的成败。

能力要求

掌握:毕业论文选题的原则与途径,方法与步骤,为科学选题做好充分准备。

了解:毕业论文选题的常见问题。

毕业论文的写作是从选题开始的。所谓选题,从字面上来说,就是选择课题。选择课题有两层意思:一是指选择研究的范围、对象与方向;二是指选择论文的题目。毕业论文选题的正确与否,直接影响到毕业论文写作的进行及毕业论文的质量优劣。这是因为正确的选题,既是大学生进行科研的第一步,也是毕业论文写作好坏的关键所在。

第一节
毕业论文选题的意义

选题就是选择研究方向或选定论题范围,它是毕业论文写作的第一步。论题选得好,可以使毕业论文有较高的学术价值、实用价值。论题选得不好,不仅会为搜集整理材料、提炼论点、安排文章的结构和动笔写作带来一系列的困难,而且可能造成半途而废,即使勉强完成写作,论文质量也堪忧。因此,可以说选好论题就是毕业论文写作成功的一半。

一、关于毕业论文选题的三个概念

谈论选题时,我们首先应当把课题、论题、题目三个概念搞清楚,这三者同属于某一学科中的学术问题,但又有所区别。首先,论题不同于课题。课题通常是指某一学科重大的科研项目,它的研究范围比论题大得多。比如,社会主义精神文明建设就是一个大课题,其中包括许多论题,如精神文明的地位和作用,精神文明的内容和特点,精神文明和物质文明的关系,精神文明中的文化、教育、科学的发展,思想道德建设,等等。其次,论题又不同于题目。

题目是指论文的标题,它的范围一般比论题要小。比如作者选定的论题是研究企业思想政治工作的,就可以选择很多具体题目来写论文,如《新时期企业思想政治工作的特点》《外资企业中党组织的建设问题》《论企业思想政治工作的疏导方针》《思想政治工作要掌握人的思想规律》,等等。

二、毕业论文选题的价值

毕业论文选题的价值主要包括学术价值和实用价值。若选题能够对学术发展有一定推进作用,或对社会现实问题有指导作用,那么就使论文具有了一定的价值,也达到了写作毕业论文的目的。

(一)论文的学术价值

论文的学术价值是指论文的研究成果对某一学科领域理论研究具有一定的贡献。学科的发展以理论的发展为基本前提,如果在某个时期,遇到了一个重要的理论问题得不到解决,那么,这门学科理论的发展可能会停滞;当这一问题得以解决或有新理论诞生,该学科就会继续向前发展。若论文的选题对学科理论问题的解决或理论的发展有促进作用,那么,该选题就使论文具备了学术价值。例如,在"固定资产折旧管理"这个研究领域,如果对"直线法"这个比较成熟的理论进行研究,那么,很难有所创新,这样的论文就不会有太大的价值;如果研究知识经济条件下折旧方法的改进,则可能会有很多创新之处。

(二)论文的实用价值

无论选取什么样的题目,都必须切合现实需求,直面问题,从理论上进行分析、研究,从而找出解决的方法。以此为标准而选择论题,论文就会具有一定的实用价值。例如,某会计学专业学生在《内部审计中的人际关系和审计有效性研究》一文中,提出要重视人际关系在企业内部审计中的重要性问题,分析了在内部审计中如何才能构建有效的人际关系,重点阐述了审计工作中人际沟通的技巧,这些解决方案就非常具有实用价值。

三、毕业论文选题的作用

选择正确而又合适的论题,对撰写毕业论文具有重要意义。通过选题,可以大体看出作者的研究方向和学术水平。爱因斯坦曾经说过,在科学面前,"提出问题往往比解决问题更重要"。提出问题是解决问题的第一步,选准了论题,就等于完成论文写作的一半,题目选得好,可以起到事半功倍的作用。

(一)选题能够决定毕业论文的价值和效用

毕业论文的成果与价值,当然要由文章的最后完成情况和客观效用来评定,但选题对其有重要作用。选题不仅仅是给文章定个题目和简单地规定个范围,选择毕业论文题目的过程就是初步进行科学研究的过程。选择一个好的题目,需要作者经过多方思索、互相比较、反复推敲、精心策划。题目一经选定,也就表明作者头脑里已经大致形成了论文的轮廓。英国哲学家和科学家弗兰西斯·培根说过:如果目标本身没有摆对,就不可能把路跑对。一个能保持着正确道路的瘸子总会赶超过走错了路的善跑的人。论文的选题有意义,写出来的论文才有价值。如果选定的题目毫无意义,即使花了很多的工夫,文章的结构和语言也不错,也不会有什么积极的效果和作用。

确定一个好的毕业论文题目,能够帮助作者提前对文章做出基本的估计。这是因为,在确定题目之前,作者总是先大量地接触、搜集、整理和研究资料,从对资料的分析、选择中确定自己的研究方向,直到定下题目。在对客观事物或资料中所反映的对象的研究过程中,作者的思维运动不断发生碰撞、产生共鸣,作者产生了思想火花和认识上的飞跃。这种飞跃必然包含着合理的成分,或者是自己的独到见解,或者是对已有结论的深化,或者是对不同观点的反驳,等等。总之,这种思想火花和认识上的飞跃对将要着手写的毕业论文来讲,是重要的思想基础。

(二)选题可以规划毕业论文的方向、角度和规模

毕业论文的选题是要确定论文的研究方向、范围、对象,是解决"写什么"的问题。对于初写毕业论文的大学生来说,如何确定选题常常令他们感到为难。因为选题是在研究客观资料的过程中形成的,随着资料的积累,思维的逐渐深入,会产生出各种各样的思想火花和看法,必须有一个选择、鉴别、归拢、集中的过程,而不是一个简简单单的判断。因此,要形成有效思维,需要平时的学习和研究的积累;选择一个恰当的题目,需要作者多方思索、互相比较、反复推敲、精心策划。随着研究的深入,通过从个别到一般、分析与综合、归纳与演绎相结合的逻辑思维过程,写作方向才会在作者的头脑中逐渐清晰起来,毕业论文的着眼点、论证角度、大致规模才会形成初步轮廓。所以说,选题的过程实际上是作者确定毕业论文的方向、角度和规模的过程。

(三)选题能够增加学生的知识积累

撰写毕业论文,是先打基础后搞科研,大学生在打基础阶段,知识需要广博一些,在搞研究阶段,研究范围应当集中一些。而选题则是广博和集中的有机结合。在确定选题过程中,研究方向逐渐明确,确定之后,要紧紧抓住论题开展研究工作。爱因斯坦说过:"我不久就学会了识别出那种能够导致深邃知识的东西,而把其他许多东西撇开不管,把许多充塞脑袋、并使它偏离主要目标的东西撇开不管。"要做到这一点,必须具备较多的知识积累。对于初写论文的大学生来说,在知识不够齐备的情况下,对准研究目标,直接进入研究过程,就可以根据研究的需要来补充、搜集有关的资料,有针对性地弥补知识储备的不足。这样一来,选题的过程,也成为学习新知识、拓宽知识面、加深对问题理解的好时机。

(四)选题能够保证毕业论文的写作顺利

对于大学生来说,撰写毕业论文并不是一件轻松的事。如果毕业论文的题目定得过大或过难,就可能难以完成写作任务;反之,题目定得过于容易,则又不能较好地锻炼科学研究的能力,达不到写作毕业论文的目的。因此,选择一个难易大小合适的题目,可以保证写作的顺利进行。

（五）选题能够提升大学生的科研能力

毕业论文是大学生从事科研工作的初步尝试。正确的选题有助于提高大学生的科研能力，能使大学生明确未来的研究工作方向。从毕业论文开始选题到最终确定题目的过程中，大学生从事学术研究的各种能力都可以得到初步的锻炼和提高。因为正确的选题必须建立在对所研究领域的过去、现状等信息资料全面把握的基础之上。这需要学生具备最为基础的文献检索能力。首先是学会查找相关文献，具备文献搜集、整理、筛选的能力。其次是学会深入分析，对已学的专业知识反复认真地思考，并从一个角度、一个侧面深化对某一问题的认识，从而使自己在归纳和演绎、分析和综合、判断和推理、联想和发挥等方面的思维能力和研究能力得到锻炼和提高。

总之，选题的重要性不可低估，撰写毕业论文一定先要把好选题关。

第二节
毕业论文选题的原则与途径

一、毕业论文选题的原则

良好的开始是成功的一半。在进行论文主题的选择之前，我们先要了解论文选题的基本原则。不管是指导老师给定的选题，还是学生自拟的题目，毕业论文选题都应该经过慎重考虑和仔细推敲。只有适合自己的选题，才是最好的选题。

要保证论文选题切实可行且值得做，那么至少要符合以下原则：

（一）价值性

是否有价值是我们选择一个论文题目的首要依据，也是论文指导老师衡量你的论文选题能否通过的一个重要指标。一个有价值的选题能够满足社会需要，对实践起积极的推动作用，或者解决学科中的一些问题，促进学科发展。无论是直接还是间接，短期或是长期，只要我们的论文选题能够实现上述作用，它就是有价值的。要保证论文选题的价值性，在定题之前应该查阅相关文献，与指导老师进行充分沟通，切勿将过多的时间与精力浪费在空想上。

（二）兴趣性

对于研究者来说，一个好的选题，至少自己要对它有兴趣。因为兴趣将是支撑你克服困难险阻，完成研究的最大动力。毕业论文的写作会占用你很多时间，而且在这个过程中你可能会遇到很多困难和挫折，因此，要完成毕业论文，必须具有足够的热情和耐心。只有当你对选题感兴趣时，你才会有足够的热情和耐心去坚持研究，并且对研究的过程和结果充满好奇心。强烈的好奇心反过来也会驱使你在论文写作过程中反复研究资料，不断验证观点，努力克服研究和写作过程中的重重困难，使毕业论文撰写工作顺利进行。

除此之外,论文研究和写作过程中的热情也会体现于论文的字里行间,并感染读者。因此,感兴趣,或者说有兴趣,是我们论文选题的一个重要标准。

(三) 可行性

可行性是指论题能被研究的现实可能性。即充分考虑论题的难易程度、工作量、一定时间内获得成果的可能性。

1. 从主观条件的影响因素来看

(1) 选题必须考虑个人的知识、能力、专长、兴趣。毕业论文是对大学生学习知识成果的综合性考核,选题的方向、大小、难易都应与学生自己的知识积累、分析问题和解决问题的能力、写作经验相适应。只有难度适当,方可循序渐进,综合应用以前所学基础理论,参考必要的文献来解决新的实际问题。

(2) 尽可能适合自己的特长和兴趣。一个人对某一方面的研究越集中则越会发现问题,选题的内容也会越丰富;个人兴趣浓厚,平时积累资料多,写作时就会思路开阔,联想丰富,论述深刻。在自己特长和兴趣的范围内,认真发掘、仔细观察、反复思考,实际上是大有文章可作的。

2. 从客观条件的影响因素来看

选题还应考虑资料、设备、时间、经费以及科学上的可能性。一是要考虑到是否有相关资料或资料来源。资料是论文写作的基础,没有资料或资料不足就写不成论文,即使勉强写出来,也缺乏说服力。二是有无必备的实验条件及指导教师、时间、经费等。具体表现在以下几个方面:

(1) 是否具备完成选题的物质条件:学校是否能够提供完成选题所必须具备的各种实验仪器、设备、材料、试验场地。

(2) 是否具有合适的指导教师:对于初写毕业论文的大学生,如果有教师的指导,就能及时发现并纠正选题中的偏差,较快地选到适合自己研究的课题;通过直接学习、借鉴老师的科学研究经验,就能较快地掌握科学研究的方法,少走弯路。

(3) 时间与经费:时间长,可选大题目;时间短,则选小题目。经费充足,可选取那些需要特殊实验条件和贵重仪器的研究课题,否则只能放弃这种课题。一般来说,毕业论文写作时间短,经费也不充足,宜选耗资少、费时短的课题。在选题上要量力而行,尽力而为,多思考,选准方向,找准关键问题,才能为论文的成功打下良好的基础。

(四) 创新性

创新是论文是否值得一做的关键标准之一,也是选题能力的重要体现。如果所选的题目具有创新性,能够展示独到的见解,或者在研究方法上与别人不同,那么,无疑对论文有很大的加分作用。

论文创新至少应该体现在以下某一个方面:

1. 理论创新

在传统理论知识基础上有提高和发展,提出自己的新观点,构建新体系。

2. 应用创新

将已有的理论、方法、原理应用于新的实践领域,解释新问题,揭示新规律,探索理论应用的具体实施策略。

3. 方法创新

通常指使用新的研究方法或者研究方法体系来研究既有问题或新问题。

4. 内容创新

在前人的基础上有所突破,能够提出自己独到的见解,这就要求学生认真全面地查阅资料,积累知识,了解前人在这个领域的发现和成果,同时要认真思索,从前人的理论和观点中获得启发。

5. 完全创新

能够敏锐地发现学科领域内还未被别人注意的地方,即在前人没有探索过的新领域、前人没有做过的新题目上做出成果;或者是在学科交叉领域做出成绩;或者是对旧主题独辟蹊径,选择新角度阐述主题;或者是在前人研究成果的基础上作进一步的研究,从中获得新的发现或新的看法,形成一家之言,这些都可以看作是具有创新性。

当然,对于初涉科学研究的学生来说,一般不对其在创新方面有太高的要求,但作为初学者,不要以此作为降低写作标准的借口。初学者应在力所能及的前提下,力求在不同程度的"新"字上作不懈的努力。有新的发现、新的观点固然好,如果没有,也最好不要选别人早已有过许多成功研究的论题,即使选了这类论题,也要做到不抄袭别人文章,不作现成资料的剪接和拼凑,尽可能通过自己的思考,或自己新发现的材料去组织一篇新的文章。只有这样,才能得到锻炼和提高。

(五)专业性

对学生而言,毕业论文能够反映学生掌握知识的程度和分析问题、解决问题的能力。在专业范围内选题,就能为研究的顺利进行提供必要的知识基础;选择与所学专业不相干的课题,就等于在自己一无所知的领域开垦,那样做势必事倍功半,得不偿失。对学校而言,毕业论文的写作是整个教学的一个重要环节,它可用来评定学生的学术水平,假若选择非专业性的选题,就无法做到这一点。同时,非专业性的选题,指导教师也难以具体指导,就目前国内情况,跨系指导和评定毕业论文是很困难的,而且不利因素较多。所以,毕业论文的选题最好限制在本专业范围之内。这样,毕业论文才可以直接反映出大学几年来学习的状况,反映出学生对基础知识的掌握程度和处理问题的能力。此外,在本专业中选题,学生可以充分利用所学知识,有创造性地进行发挥。总之,无论是从学生、学校角度来看,还是从毕业论文写作的现实情况来看,选择本专业的论题是必要且必需的,是有百益而无一害的。

(六)科学性

科学性主要是指毕业论文的选题要适应客观需要。这里说的科学性,是要求我们选择具有科学价值的论题。毕业论文虽不以科研为唯一目的,但是却带有一定的科研的性质。即将走出校门的大学生,借写作毕业论文的机会选择具有科学价值的论题进行探索和研究,能够培养起自己对科学研究的兴趣和一定的科研能力。同时,若能在写作过程中有所发现、有所创新,既是对国家和人民的贡献,也是走出校门投身社会的良好开端。选题的科学性可以从下述两方面考虑。

1. 选题的社会价值

正如古人所说:"言不关世道不为","无益于世则不列"。选题时应该有一种社会责任感,如政治教育中的德育问题、法学中的法制观念问题、心理学中的智能问题、教育学中的教育体制问题、经济学中的经济体制改革问题,等等,都是迫切需要回答并解决的。为此,大学生应密切关注本专业的发展现状和动向,选出能够解决实际问题的具有现实意义的论题来。

2. 选题的学术价值

这里强调的学术价值,主要是针对某些领域和某些问题而言的。科学的发展有其不平衡性,无论在哪个领域,总有前人尚未论述、探讨过的东西。而且,事物总是不断发展变化的,事物发展到今天呈现出的规律,前人不可能预先论述到,即使有所见解,也有不完善、不正确的地方。这在自然科学、社会科学领域都是普遍存在的现象。这样的选题显然也是具有学术价值的。

(七)适合性

选题要适应自己的主客观条件,包括自己的专业特长、兴趣能力、原有的理论基础、现有的学术平台以及资料和时间的客观保证等,也就是说应该选择主客观都有可能完成的题目。每个人的能力水平、知识结构、兴趣爱好以及所处环境条件都不相同,选题时既要有"知难而进"的勇气和信心,又要做到"量力而行",要扬长避短,选择那种最能充分发挥自己才华和潜力的题目来完成。具体如下:

1. 选有条件完成的

选有条件完成的,是指选题的大小要适中,要适合自己。一般来说宜小不宜大,宜窄不宜宽。题目大,毕业论文写作的时间有限,要在有限的时间内搜集点的、面的、理论的、事实的等大量的材料比较困难,同时大学生写作经验缺乏,功底浅薄,要独立研究分析大问题还显不足。选题太大,难于驾驭,如要面面俱到,则会蜻蜓点水、浮光掠影、流于空泛。对于刚写论文的大学生来说,选题应当小而具体,这样便于结合自己学习实际,容易搜集资料,形成观点,使自己在完成课题的过程中切切实实地受到学术训练。

2. 选有能力完成的

选有能力完成的,是指选题一定要在自己综合能力可驾驭的范围内。毕业论文选题是大学生综合能力的体现。大学生在校期间,通过各科学习和实践锻炼,接受和储备了大量的专业知识,具备了信息搜集、综合提炼、抽象思维、概括论证等多方面的能力,但是就每一个大学生个体来说,发展不平衡,知识结构、认识能力等存在差异,有的长于想象,有的善于调查,有的擅长概括,有的富于开拓……就每一个课题来说,对知识、能力的要求也不一样,大学生一定要根据自己的具体情况,找准方向,选自己有能力、有办法驾驭的课题,量力而行,尽力而为。否则,知识储备不足,实践认识缺乏,就会极大地影响写作进程及论文质量。

二、毕业论文选题的途径

一般地说,凭空臆造出来的课题是不可取的,即使完成论文也难有实际意义。有价值的课题应当从自己熟悉的社会实践中、从文献资料中、从自己感兴趣的专业课程中、从热门话题或人们普遍关注的焦点问题上、从未开垦的"处女地"去寻找。下面介绍七种可行性较强的途径以供参考：

1. 社会实践探寻法

社会实践是人们获得科研灵感的源泉,大学生在毕业论文选题时要做一个有心人,随时在社会实践活动中发现科研题目。一个人要想在研究方面取得好成绩,在论文方面获得成功,就要提高认识问题的深度。对社会实践活动中遇到的问题经常去思考、敢于提出疑问、敢于探索,就有可能找到有价值的选题,写出有见地的好论文。

2. 文献资料探寻法

阅读和研究大量文献,可以很好地继承和发展前人的成果,丰富自身的科学知识,并对此进行积极的思考。这不但可以从中获得启迪、发现问题并且找到课题,还可以在深刻理解资料的基础上,发现并且选取别人还没有研究过的课题。

3. 专业知识探寻法

很多高校在布置毕业论文的时候都要求学生要在教师的指导下,根据所学专业的要求选定论文的题目。绝大部分学生对自己所学的课程知识比较熟悉,对专业的历史演变、研究现状、学科问题,以及某些亟待解决的问题都有着比较深刻的了解。有些学生还对某些课程非常感兴趣,在毕业论文选题时,可以在自己感兴趣的课程中发现问题和提出问题,加以推敲,形成毕业论文的选题。

4. 热点问题探寻法

在学科领域中,无论是哪一门类、哪一学科,都有一些讨论的热点。与此同时,随着社会的发展、人们观点的变化和知识水平的提高,许多以前已经有定论的问题又会引起人们的兴趣和争论。选择有争议的问题可以有利于发表自己的主张,提出自己的观点,从批评别人的观点入手,逐渐引申发展,从而深化和完善自己的观点。

5. 综合交叉探寻法

科技的发展及经济环境的变化使得各学科互相渗透、融合、交叉和分化,并由此涌现出许多新的学科门类,这为论文的选题拓宽了领域。例如,利用美学理论研究经济问题,就有很多容易出新意的选题,如"企业形象与审美"、"商品包装与审美艺术"、"审美艺术在谈判中的应用"等。因此,在毕业论文选题时,要留心学科交叉产生的新课题。

6. 老师指导探寻法

高校老师是一支重要的科研力量,许多老师都有一些研究课题,学生可以从老师的科研课题中选择子课题作为研究对象,这样就能够获得老师的指导,从而少走弯路,取得事半功倍的效果。

7. 空白地带探寻法

在科学研究工作中,由于客观事物发展本身以及人们对其认识的局限,或是由于某种原因导致研究力量投入的不平衡,出现了某一领域的冷门或空白地带,这些地方非常需要研究人员去开垦和耕耘。由于作者所选题目具有前瞻性和先进性,其新颖突出的成果必然令人瞩目,无论在理论方面,还是在实践方面都具有较为重大的意义。大学生在充分了解哪些是空白区域和未开垦的"处女地"之后,完全可以根据自己的专业基础,借助相关的学科理论,结合实践去潜心研究和探讨,在取得研究成果之后,将成果形成论文,这无疑是对学科建设和专业理论的一大贡献。同时,从未开垦的"处女地"去选题,难度一般都比较大,研究者需要有坚实的理论基础与较为渊博的知识,需要有胆略和勇气,需要甘于寂寞,付出艰辛的劳动。

第三节
毕业论文选题的方法与步骤

一、毕业论文选题的方法

毕业论文选题分为规定性命题和自选命题。规定性命题是由指导教师拟定题目,经学科(系)和学院审定批准后,由学科(系)向学生公布,由学生选做;自选命题则由学生自定选题。学生可以选择规定性命题开展毕业论文工作,也可以自选符合时代要求的创新型的论文题目。要想获得理想的选题,除了要遵循一定的原则,还必须注重选题的方法。一般来说,论文选题通常有以下几种方法。

(一)学习心得法

在几年的专业学习过程中,学生对所学课程内容会有自己的心得、体会。或者是对课程内容有独到的理解,或者是对课程内容的发展、延伸有新的发现,或者是对课程内容做不同角度的审视,甚至包括对课程内容有不同意见等。这些心得、体会和评论往往是研究课题的生长点。在此基础上形成的论文选题,一方面可加深对所学知识的综合理解,提高撰写毕业论文的效率;另一方面往往能够做到有感而发,观点鲜明,论文有思想、有内容。当然,心得、体会、评论的内容往往只是特定的观点、见解、建议等,学生要将它们转化为论题,还要全面了解相关领域的基本知识,了解和建立论题的背景知识体系;然后,在背景、知识的学术范畴和知识架构内对观点、见解、建议进行审视,确定所要解决的问题,这就是论文题目。

(二)题库选题法

在科学研究的过程中,论文题目是研究项目的开端,也往往是以往研究成果的延续。根据专业课教师的研究成果、学术前瞻建立各个专业的毕业论文题库,学生从中选择论题作为毕业论文选题也是一种直接、可靠的方法。

毕业论文题库中的论题涉及的主题会有大小之分。一般来说,小主题论题要求学生就某一具体问题进行研究,论题本身对所要解决的问题的性质、目标乃至研究的方法等都有限制,学生自行发挥的范围小;大主题论题所提供的是一个大的问题范畴,给学生的研究方向和写作论文提供了一个较大的选择空间,便于学生发挥主观能动性,毕业论文题目原则上一人一题。较大型题目,可由多个学生共同参加,但必须明确每个学生独立完成的工作内容和要求,并在题目上有所区分。在建设毕业论文题库时,指导教师除了应给出一定数量的小主题论题外,也应该给出较多的大主题选题以激发学生的兴趣、调动他们的积极性。学生从教师承担的科研项目中选题,参加部分设计任务,以培养自己的科研能力。

(三) 积累精选法

这种方法是指学生在平时学习中就要注重所学专业相关学术问题的积累,最终精选出一个最合适的问题作为毕业论文选题。积累的途径主要有两种:一是在课堂教学中,老师往往会把本学科尚待深入研究的重点和疑难问题介绍给学生,学生应把自己认为重要和感兴趣的问题随手记下来;二是平时要阅读与本专业有关的报刊,随时了解学术动态,对阅览中遇到自己感兴趣的学术问题也要随手记下来。到了该写毕业论文时,这些问题就自然构成自己的选题范围。挑选论题时,既要考虑这一论题的学术价值和实用价值,又要特别考虑论题的规模大小、搜集资料和构思以及写作的难易程度等因素。应尽量选择适合小题大做、学术和实用价值较高、在限定时间内有把握高质量完成的论题。实践证明积累精选法是最好的一种毕业论文选题方法。

(四) 追踪研选法

学生经常会遇到一些前人已研究过但尚未解决、尚未形成共识的学术问题。一般来说也就是各学科的学术难题。他们往往对这些难题比较感兴趣,总想发表超越前人的见解,形成自己的学术创建。那么,学生可不可以把本专业的学术难题作为自己的论文题呢?答案是肯定的,但是必须用追踪研选法来确定。

所谓追踪研选法就是指在学生准备把前人争论不休的问题选作自己的毕业论文题时,要在自己对此问题有一定理解的基础上,查阅前人对此问题研究争论的有关资料,弄清前人的主要观点和依据,思考自己对此问题是否确实有与众不同、超越前人的独到见解。如果经过追踪研究,发现自己也未形成超越前人的新见,那就只能放弃。因此,用追踪研选法选择毕业论文题目是有一定风险而且要花费很大力气的,它比较适合那些科研能力较强、常能独抒新见的学生。不过,追踪研选法的优点也是显而易见的:首先,它所涉及的论题一般都有较高的学术价值,只要能形成与众不同的一家之言,就容易写出具有较高水平的论文来;其次,它使选题、选材、构思融为一体,一旦论题选定,论文的基本模样也就形成了;最后,追踪研选的过程也正是学生从别人那里汲取营养、锻炼能力、超越他人和自我的过程,因而运用这种方法对提高学生的学术水平有很大的帮助。

(五) 实践调研法

现代教育观不仅看重毕业论文的学术价值,更看重其实用价值,即指导当前实践的价值,因此,从实践中发现亟须研究和解决的问题作为毕业论文题目,也应该成为当代大学生毕业论文选题的基本方法之一。特别是长期处于特定实践领域的大学生,用这种方法选定毕业论文题目就更加方便。但是,从实践中寻找恰当的毕业论文题,即使对于身处其中的大学生来说,也并非轻而易举的事。只有善于观察思考的学生才能从司空见惯的现象中发现有普遍意义的、在当前实践中迫切需要解决的问题。然而,发现问题还仅仅是第一步,还必须综合运用所学的知识对问题,从各方面做出深入调查研究,才能找到解决问题的有效方法。只有对问题的现象、原因和解决办法都弄清了,才能最终确定能否以此作为毕业论文选题。

例如,有一位在银行实习的大学生,发现在银行结算工作中普遍存在一些突出问题,而正是这些问题,严重影响了储户的利益、银行的信誉和国家的金融秩序。因此,他对这些问题进行了深入细致的调查研究,写成了题为《要改进和加强银行结算工作》的毕业论文,对该问题展开了系统的剖析,并提出了切实可行的解决办法,这样的论文对实践就有重要指导意义。

(六)浏览捕捉法

有很多学生平时并未留意毕业论文的选题,到了该写毕业论文时还不知选什么题目好,这时便可以选择使用浏览捕捉法。

所谓浏览捕捉法,就是学生先根据自己对所学专业知识或实践领域的熟悉和兴趣程度划定一个或若干毕业论文的选题范围,然后寻找相关的报纸、杂志浏览上面刊登的属于自己选题范围内的文章,边读边思,从中捕捉适合自己的毕业论文题目。用这种方法选题难免要花费很多工夫。但是由于在浏览的过程中,学生的思维始终处于目的性很强的活跃状态,外部信息很容易激发调动起学生平时积累的潜在知识,从而灵感顿生,形成很好的毕业论文选题。

(七)筛选变造法

一些大学生即使到了该写毕业论文时也没有能力主动地选定自己的论文题目,他们只能被动地依赖学校提供的毕业论文选题范围,从中选择一个自认为比较好的论题,一般都是跟着感觉走、追着热点跑。由于此前他们对有关论题的内涵外延、写作难度和所需具备的条件所知很有限,也就是说选择论题有很大的盲目性。因而其在接下来的选材、构思、起草、修改等环节中往往会遇到很多难以克服的困难,写到半截写不下去,不得不重新改题的并不罕见,勉强完成的也很难获得好成绩。为了尽量避免此类情况的发生,即使是从学校提供的毕业论文题库中被动选题,也不应该草率从事,而是应该用筛选变造法,尽可能变被动为主动,选出比较适合自己的论文题目。

用筛选变造法,首先要从学校提供的毕业论文题库中初选出两三个作为自己论文的备用题目。为了减少初选的盲目性,学生一定要牢记毕业论文选题的三个原则:一是选适合小题大做的论题;二是选熟悉和感兴趣的论题;三是选有一定学术和实用价值的论题。其中,第二个原则应该成为学生筛选论题的首要标准。所谓熟悉和感兴趣的论题是指学生以前就对其所涉及的理论和实践知识有所积累并愿意深入钻研的论题,选这样的论题是学生较顺利地完成毕业论文和获得较好成绩的基本保障。初选之后,学生可以与同学和老师交流,征求他们对自己备用论题的规模、难度、价值等方面的意见,再对照自身的实际情况选定其中的一个作为毕业论文选题。在这一过程中,学生往往会发现学校所提供的备选题目中并没有一个完全适合自己的题目,这时就需要进行变造。这种变造一般来说主要是对原题规模和角度的变造。

（八）假设验证法

每一个人都有自己关于论文的一些想法，尽管可能并不成熟。将自己论文选题假设大胆地写下来，甚至直接写成自己认为满意的"题目"，然后进行验证和修改，很快最终选题就会浮出水面。

对于自己假设的"题目"，可以进行如下两方面的验证：

1. 看一看自己的"题目"别人是否研究过，都在哪些方面研究过，自己还能够做什么。如果自己的想法与他人完全一样，甚至还不及他人已有的研究，那么这个假设就可以舍去了。

2. 看一看自己的"题目"是否有充足的理论依据，实践中的论据是否充足。即使别人没有研究过，或者研究有空缺，但自己的大胆假设缺乏理论依据，缺乏材料支撑，那么考虑到毕业论文写作的有限时间，放弃也许是不错的选择。

在整个"假设——验证"过程中，不仅只有使用、放弃两个答案。通常，验证的过程就是文献阅读的过程，更是反思的过程。对于自己大胆假设的题目而言，这就是一个不断修正的过程。在"否定"中修正，在"肯定"中也要修正、完善。最终，将从中获得自己的选题。

（九）热点冷门法

热点问题和疑点问题一贯是论文写作选题的最佳关注点，因此我们在选题的过程中一定不要忽略专业领域的前沿热点、疑点和难点，千万不要担心自己资历尚浅无法驾驭。什么才是专业的热点呢？除了阅读学术文献之外，关注新闻事件、经济活动、社会生活，都会有所收获。

当然，与关注"热点"相反，查找"冷门"往往也会是选题的绝佳办法。关注那些长期被人们忽视，别人很少关注或者根本无人问津的领域，也许会有一些新的发现。不过，选择"冷门"不是旁门左道，不能一味地猎奇寻异，必须用科学的态度、辩证的方法去思考，并将价值作为衡量选题的核心依据。没有理论和实践价值的研究，即便再哗众取宠也毫无意义。

（十）交叉边缘法

交叉是学术研究的重要思路之一。寻找专业与专业之间的交叉结合部，以及专业的边缘问题，是寻觅和发现选题的一种方法。由于不同专业性质不同，思考角度不同，学科之间的交叉部分很容易被大家忽略，许多新的研究课题往往就在其中。如你可以尝试使用经济学的观点考察教育问题，或者使用生态学的观点考察传播问题，再或者使用美学的观点研究数字，也许都会有很多新的发现，甚至开辟出新的研究领域。

同样，任何一个学科专业都会有自己的边缘、前沿问题，这些地带通常存在较多"是非"，学无定论，甚至被人们认为是研究的"禁区"。但正是这些地方，也许会让你有很多收获。

二、毕业论文选题的方式与步骤

(一) 毕业论文选题的方式

大学生毕业论文的选题方式,大体上有以下四种:

1. 院定生选

毕业论文进行前的 2—3 个月内,由专业任课老师将选题交学院或系,学院或系将各位老师上交的选题汇总,统一宣布,由学生自选,倘若学生所选题目得到指导老师认可,则学生可按此题准备,及早启动。

2. 师生共选

学院或系将撰写毕业论文的学生分配给指导老师,指导老师根据自己所从事的研究领域或方向,结合学生学识、能力、水平拟出毕业论文的选题。

3. 科研延续

学生参加学校某单位的科研攻关或科研小组,并已开展工作,到确立毕业论文选题时,正在进行的研究顺理成章地就成了该学生毕业论文的选题。

4. 学生自选

学生对本专业范围内的某些问题,实实在在下过一番苦功钻研,已经做出了创新性的成果,或有个人独创的见解,则可由学生自报选题。大学生毕业论文的选题原则上是一人一题。如有的专业可以多名学生采用同一个大的课题,则每位学生必须有独立完成的小子课题,并在指导老师填写的毕业论文任务书中予以确认。

(二) 毕业论文选题的步骤

毕业论文的选题一般需要经过以下几个步骤:确定选题方向、查阅文献资料、考虑主客观条件、确定论文的题目、确定研究目标、拟订研究方案、完成选题论证报告、学校审查批准。

1. 确定选题方向

确定选题方向的方式主要有三种:自选式、命题式和结合式。自选式是学生根据自己的兴趣、爱好、专长等因素确定选题方向。一般来说,善于观察、勤于思考、早有积累的学生会采用此种形式;命题式是学生在老师公布的选题范围中确定一个选题方向;结合式是学生受老师命题启发,找到与命题相似或相关的选题方向。

2. 查阅文献资料

确定选题方向后,就要查阅相关文献资料,了解研究领域的历史和现状,明确哪些问题已经研究透彻,哪些问题还没有人研究,哪些问题还可以深入研究等,从而避免选题的盲目性,提高研究效率。一般来说,可以从著作、期刊、报纸或专业网站等搜集文献,最常用的方法是检索法。

3. 考虑主客观条件

确定选题方向后,我们要从主客观现实方面考虑论文写作范围,一是根据知识储备、研究能力、兴趣专长等主观条件来考虑;二是根据时间、资料信息、选题的研究现状等客观因素来考虑。如果主客观条件比较充分,写作范围就可以大一些,否则,就应该小一些。

4. 确定论文题目

论文题目是论文内容的高度概括。通过对主客观条件反复分析后,可以逐渐缩小选题范围,确定论题,并初步拟定论文的题目。然而,论文的题目不是一经拟定就不再改变的,随着论文写作的深入和对相关材料的进一步了解,我们对选题的理解也会加深,因而会对以前拟定的题目进行修改和完善。

5. 确定研究目标

确定目标,是指确定研究工作想要达到的标准和地步。确定目标至关重要,如果目标错了,研究工作就会步入歧途;目标不明确,会使研究工作陷入困境;目标过大,研究工作很难得出可靠的结果。所以,一定要明确题目的界限范围,要慎重地确定自己的研究目标。

对于每个学科、每个专业来说,需要研究的课题和题目,可以说数不胜数。但是,由于主观条件和客观条件的限制,一个人不可能同时选择多个问题作为自己的研究目标。目标多,什么都想涉猎,什么都想研究,结果会是什么问题都不能研究深透,自然也就不可能写出有价值的论文;即使是想把一个问题研究深透,也不是一件轻而易举的事情,是需要付出艰辛的劳动的。所以,对于学生来讲,由于时间有限,应该选择单一的研究目标。

6. 拟订研究方案

目标确定之后就要通过创造性劳动拟出方案。方案是实现目标的途径和方法。拟订方案的原则有:多方案原则,即拟制多种方案以备比较选优;整体性原则,就是指拟制的方案应当包括所有可能的方案,详尽齐全,以保证选优;排斥性原则,即拟制的诸方案之间应有原则性差异、互相排斥,以保证选择最优方案。

拟订方案的方法,一是通过周密策划、精心设计,辅以必要的科学实验来拟订方案;二是在备选的方案拟出之后,对方案进行评估、比较,从中选择出最佳方案。

7. 完成选题论证报告

分析论证就是对所选题目及其研究目标、方案等所有因素进行可行性论证,并写出选题论证报告。选题论证报告一般包括如下内容:① 研究该选题的目的、依据和意义;② 选题相关领域目前研究水平、发展动态和趋势;③ 研究目标及实现该目标所采取的方案、研究方法和手段;④ 预期结果和研究工作所需要的工作条件,可能遇到的困难、问题以及解决的途径、方法和措施;⑤ 所需研究经费及经济性(或经济效益)分析;⑥ 论文工作量及研究工作计划;⑦ 选题者本人的理论水平及能力;⑧ 指导力量。

8. 学校审查批准

选题报告交给指导老师审查后,应送交主管主任批准。选题报告是对学生毕业论文选题工作的小结和考核,未通过者不能进入课题研究阶段,必须补充论证或重新进行选题论证。

第四节
毕业论文选题应避免的常见问题

明确了选题的原则与途径、方法与步骤后,从理论上来说,等于对选题有了基本了解与把握。但在实际操作中,要避免出现以下八个问题。

一、缺乏创新

有些学生的论文选题缺乏创新,例如,"国有商业银行不良贷款成因分析及对策"、"商业银行信用风险的防范"、"如何解决中小企业融资难问题"等,这些问题已经研究多年,有关论文已经很多,除非能从全新的角度或用新方法去探讨,否则简单重复就没有意义。然而,对于大学生来说,要想整篇文章都有创新是不太现实的,但论文中要有创新点。

二、选题过大

撰写毕业论文一般都是在大学生临毕业前的一两学期之内进行,研究时间和写作时间都比较少。一般说来,选择本学科某一重要问题的一个侧面或一个难点展开研究就可以,毕业论文以一万字左右为宜。选的题目过大,一是难以按时完成,二是不好驾驭。如"中国经济政策的策略研究"、"我国的粉煤灰综合利用现状"等,都属于选题过大,超出了大学生的能力范围。选题过大往往是学生没有弄清选题方向与具体论文题目之间的区别。这种情况可给论文题目加上适当的范围限定,例如,"我国机关行政效能建设",对于毕业论文来说短期内对我国各地机关进行调查不现实,如果以"我国工商行政管理部门行政效能建设"作为题目,选十个八个单位展开调查,效果会好得多;或以"某市工商行政管理部门行政效能建设"为论文题目,则范围更小,展开调查也比较容易,这样会保证论文的质量。

三、选题过旧

选题过旧等于吃别人嚼过的馍,没有味道。例如,我国早在 2001 年就已经加入世界贸易组织,如果现在有人把与"入世"有关的论文作为论文的选题就显得过时,就算题目选得巧妙,其价值也会打折扣。因此,大学生选题还是应该选一些具有时代感的题目,研究现实生活中的一些新问题。除往届学生没全部完成的大型课题外,一般来讲,毕业论文题目不宜重复,甚至应避免相似或相同。雷同的论文题目容易使学生被往年的论文思路所桎梏,不利于学生独立思考和开拓思维。为避免选题过旧,学生在初定选题方向后应使用 CNKI 中国学术期刊网络出版总库检索去查看该选题是否已被前人讨论透彻。已产生大量论文的选题,往往已经被人们从多个角度探讨并已经取得了一定成果,这样的选题不容易找到新的视角展开,应该避免和放弃。

四、选题过难

大学生选择的题目如果难度过大,则会受到时间、精力和资料的限制,是很难写好写完的。在写作过程中,不少大学生都碰到了类似的问题,无可奈何,只好临时换题。当然,太容易的选题也不好,实践证明,选题还是以难易适中为好。

五、选题过虚

选题要结合实际,尽量不做虚拟课题。要优先选择结合生产、科研、实验室建设和社会实践等具有实际应用价值的课题,这样可以增加学生的社会责任感、紧迫感和经济观念。如某大学药物工程专业学生在指导老师的指点下,根据江苏一家药物化工企业的实际生产情况,拟定了一个关于如何从 CCMP 二次裂解残渣中回收丙烯醛的选题。师生共同研究与完善实验方案,最终顺利解决了该企业 CCMP 二次裂解残渣的资源化利用问题。通过对该选题的研究,学生不但完成的毕业论文内容翔实、完整,具有较高的质量,而且解决了生产企业的实际问题,从而获得了很大的成就感。

六、选题雷同

毕业论文的选题要求学生一人一题,不能重复。如果选题完全相同,内容完全不同,则可以根据自己撰写的内容重新拟定新标题;如果选题相同,内容也相似,没有超越前人的地方,则需要考虑更换选题。因此,我们在选题时,最好广泛查阅资料并进行分析,避免重复。

七、选题失实

毕业论文的题材非常广泛,选择题目时,关键是要注意论题的现实意义。要既能关注到一些国计民生的大事,也能够为当前亟待解决的社会问题、经济管理问题提供理论支持。当然,关注现实绝非是急功近利的实用主义,而是要求所选的论题能够符合历史发展趋势,或对现实有借鉴意义和指导作用。我们所要反对的是那种脱离现实、咬文嚼字、考证烦琐,或者夸夸其谈、空话连篇、盲目追赶时髦等毫无意义的东西。同时,论文的选题若是脱离了本学科和专业,论证再有力的论文也会失去其研究价值,并且答辩时容易遭到批驳。选题有价值,论文不一定有价值;选题若没有多大价值,论文必定也难以有多大价值。

八、选题过易

有些学生没有认识到撰写毕业论文的意义,因此,选题时较为随意,往往选择自己认为难度不大的论题,即选择书籍、期刊、网络上有相似内容的论题,而刻意避开对一些有价值论题的分析与研究。在写作时,对于需要深入研究的问题轻描淡写,这样的论文不仅内容肤浅、没有深度,而且不能锻炼学生分析和解决问题的能力。

思考题

1. 毕业论文选题的目的与意义是什么?
2. 毕业论文选题的原则是什么?
3. 毕业论文选题有哪些途径?
4. 毕业论文选题必须经过哪些步骤?
5. 毕业论文选题应避免的常见问题有哪些?

第三章

毕业论文材料的获取与整理

学习目标

通过本章学习,懂得材料在毕业论文写作中的重要作用,它是形成论点、提炼主题的基础与支柱。一定要坚持正确的原则,对材料进行分类,通过不同途径获取大量的写作材料并予以科学整理。

能力要求

掌握:搜集材料的途径、把握获取材料的原则、掌握搜集材料的方法。
了解:材料对毕业论文写作的重要作用。

写作材料是写作毕业论文最基本的原料,是创造性地构建毕业论文必不可少的写作基础,同时既是提炼和形成文章主旨的基础,又是论文的充分依据和坚强支柱。如果写作前缺乏完整系统的写作材料,也许能写出一篇毕业论文,但不可能写出一篇优秀的毕业论文。因此,在确定了毕业论文的题目后,一项非常重要的工作便是根据毕业论文题目的需要,依据材料搜集的原则与方向着手开始获取必要的写作材料,并在此基础上,对材料进行整理,从而挑选出真实、系统、典型、新颖且足够的材料,才有可能写出一篇优秀的毕业论文。

第一节
材料获取的意义

一、毕业论文材料的含义

材料是一切写作活动的前提条件,毕业论文的写作更离不开材料的运用。论文材料是指作者为了某一写作目的,搜集的或写入文章之中的事实和理论根据。从毕业论文写作的角度来讲,材料就是围绕着选定的课题,通过调查、研究、实验、实践获得的或在图书情报资料中获得的一系列数据、事实以及解释这些数据、事实的理论等。

一般人们将资料和材料等同,但从严格意义上来讲,两者是有区别的。资料是为了某一写作目的最初搜集到的东西,而材料则是对最初搜集到的东西经过整理和筛选而得到的东西。也就是说,材料比资料更有条理性和针对性。

人们在社会生活中,可以用来作为写作的材料纷繁众多,大致有两种类型:一类是富有形象性的材料;另一类是富有观念性的材料。富有形象性的材料,大都用于那些寓思想于形象中的文体或文章;富于观念性的材料,大都用于寓认识于观念中的文体或文章,如毕业论文等。当然,这两类材料的用途不是绝对的。例如,我们写作毕业论文,在论述时也会用到许多富有形象性的材料。

二、毕业论文材料的特点

毕业论文的材料具有以下几个方面的特点:

1. 充足性

材料是毕业论文写作的各个阶段都不可或缺的,就像盖房子所打的地基,地基打得不牢固,外观设计再漂亮的房子也会倒塌。我国著名历史学家吴晗曾说:"扎扎实实读完一批必须读的基础知识的书,这个过程是逃避不了的,是一定要经过的。有了广泛、深厚的基础了,第二步才是在这基础上进行专题研究。"材料的充足与否,在很大程度上决定了学术研究的成就和价值。所以,一定要对其给予足够的重视。

2. 真实性

在进行论文撰写的过程中,无论是初期的准备,还是后期的研究和论证,都要特别注意材料的真实性。保证材料的真实性有以下几个可以借鉴的方法:一是尽量使用第一手材料。一般来说,通过实地调查获取到的材料肯定比从别人论文中引用的材料要更准确、更真实。二是尽量选择可信度高、质量有保证的文献资料。对于入选的材料要从严核实、查证其原始出处,辨明真伪,对于引用资料的书名、页码、版本都要认真核对,所引用的原文,尽量不做任何改动。

3. 适用性

有了充足、真实的材料,就可以进行毕业论文写作。但并不是要求把所有的材料都写进论文中,还要进行一定的筛选,要选取与论文中心论点关系最密切、最有说服力的材料,以防止论文出现冗长繁杂、不知所云的情况。

4. 新颖性

创新是学术研究的根本,对于毕业论文所必需的材料,当然也要具备这个特点。材料的新颖性,是指其从未出现或从未被使用过。这样的材料本身就具备极强的学术价值,对其进行任何角度的研究都有可能得到有价值的成果。

三、毕业论文材料的类型

由于材料的来源广泛,种类繁多,因此,在进行材料搜集之初,首先要了解材料的分类及各自特点,以提高搜集材料的工作效率,更好地促进毕业论文写作的开展。按照不同标准,可以将材料分为不同的类型。

(一) 按材料来源划分

按照材料来源不同,可以将论文材料分为直接材料与间接材料。

1. 直接材料

所谓直接材料,是指作者直接参加社会实践活动和科学实验活动等所获取的材料(通过观察、考察、调查等获取的材料),即"第一手材料"。由于这些材料是作者自己直接采集的,一般都比较真实、确凿、可靠,用来写作毕业论文就能使论文在论证时"事实胜于雄辩",因而更具有现实意义和实用价值。

2. 间接材料

所谓间接材料,是指作者通过阅读报刊、资料、网页或文献检索等方式所获取的,或是由他人提供的材料,即"第二手材料"或"第三手材料"。由于这些材料一般都不需要自己直接去实践与验证,采集比较方便,写作时也就相对"省事"。但我们又要看到,有些间接材料也往往会因抄录、印刷、下载特别是口传等失误,而与事实有出入,因此,我们在使用时一定要核实一下。现在,由于高科技的发展,储存文献的手段也越来越多样,越来越先进。如图书微缩照相、电视录像、电影、电脑、光盘、互联网,使我们查找材料更加便捷,也为写作毕业论文提供了极大方便,我们应该充分利用。

(二)按出版形式划分

按照出版形式的不同,可以将论文材料分为图书、专业学术文献、期刊、报纸、应用性特种文献。

1. 图书

图书包括科学论著、教科书、科普著作、文艺作品、通俗读物等,是各种文献资料中数量最多、信息量最大的一种形式。我们可以通过阅读专家、学者的著作,学习有关理论,将其运用在论文的"理论基础部分",例如,可以利用书上的内容界定概念、撰写文献综述等。

2. 专业学术文献

专业学术文献指围绕某个专题进行学术研究的正式研究成果,包括学位论文、学术报告、专利文献、会议文献等。这类材料往往展示了学科领域最新的研究动态,对大学生的论文选题有着极强的指导意义。当然,这些专业学术文献会存在一些尚未经过实践检验的试验性成果,或者一种全新的观点,在查阅使用这些材料时,要根据自己的研究需要,进行必要的思考和检验。

3. 期刊

期刊是指由依法设立的期刊出版机构定期连续出版的出版物。期刊通常包括多篇文章,其内容有专题论文、新知识简介、综合述评、学术动态、会议总结、书刊评价等。期刊与图书相比,出版周期短,刊载速度快,内容较新颖,是我们获取新理论和新信息的重要途径。

4. 报纸

报纸是以刊载新闻和时事评论为主的定期向公众发行的印刷出版物,是大众传播的重要载体,具有反映和引导社会舆论的功能。它具有信息传播快的特点,所反映的社会各方面新动向,往往能使读者从中捕捉到新灵感。

5. 应用性特种文献

应用性特种文献是指辞典、政府出版物(指令性文献和指导性文献)、技术标准、产品资料(产品样本及说明书)、地图、年鉴、大事记、地方志、家谱等具有很强的应用性的专门文献。

这些文献材料,在学术研究中往往起着辅助和核查的作用,是获取信息材料的重要渠道。

(三) 按不同要求划分

按照材料要求的不同,可以将论文材料分为事实性材料与观念性材料。

1. 事实性材料

所谓事实性材料,就是指那些客观存在的具体事物或由书籍(含电子出版物)、文章(含网络文章)所提供的具体事实。这些事实包括人物、事件、数据等。事实材料一般都具有真实、可信、零散和可写性强的特征,各类文体写作均可采用。事实型材料包括以下几种:第一,经验型材料。作者从长期生活、工作的实践中获得的材料,就是经验型材料,也称直接材料。要获取和储存这方面的材料,必须提高观察力,养成积累习惯。不少人在生活和工作中漫不经心,往往时过境迁,没有留下丰富的积累和宝贵的收藏,十分可惜。须知"世事洞察皆学问,人情练达即文章",千万不要忽视直接经验。第二,实验型材料。实验是根据科学研究的需要,人为地控制研究对象和模拟客观条件,排除偶然因素的干扰,以更好地显示事物的本质和规律的一种活动。通过这种活动获得的可靠性比较强的材料,称为实验型材料。自然科学的论文可以使用实验型材料,心理学、教育学、语言学等人文社会科学的论文也经常使用实验型材料。第三,调查型材料。作者为了某一目的,通过问卷法、访问法、座谈法等方式获得的材料称为调查型材料。调查的目的在于寻找事物内在的真实联系,弄清事情的真相,使主观认识符合客观实际。第四,统计型材料。物质世界的发展包含着一定的数量关系,是数量之间的相互作用和影响的结果。因此,不但要权衡各种材料的性质,还要权衡各种材料之间数量的多少,量变可以导致质变,调查要调查事物的性质,也要调查事物的数量。调查本身也要通过一定的数量来考察精确度。

2. 观念性材料

所谓观念性材料,就是指那些来自人们社会生活实践的,经作者观察、实践、抽象后逐步形成的意念或材料且已经实践验证的真理和结论,包括科学的原理、定义、定律、名言、警句、格言、俗语、谚语、歇后语等。观念性材料具有理念(即意识、观念、看法等)权威、科学和可写性强的特征,在写作学术论文、毕业论文、市场调查报告、经济活动分析报告、经济预测报告、可行性研究报告等时被普遍采用。

(四) 按性质用途划分

按照性质用途的不同,可以将论文材料分为个别性材料和综合性材料、中心材料和背景材料、历史材料和现实材料。

1. 个别性材料和综合性材料

所谓个别性材料,是指那些单独存在,能够单独使用的材料。由于个别性材料一般都比较单纯,因此就很适用于那些短小精悍的文体或文章的写作,如杂文、消息、说明文等实用文体的写作;所谓综合性材料,是指那些相对于个别材料而存在的材料。它是把若干个相同或相似的"个别材料"归纳、综合出来的材料。综合性材料一般内涵都比较丰富,又极具表现力与说服力,因而适用于学术论文、毕业论文、调查报告等文体的写作。

2. 中心材料和背景材料

所谓中心材料,是指作者获取的众多材料中的核心部分的材料。它是写作对象的主体部分与正面部分。任何一种文体都不可缺少这种材料,它最能反映文章的主旨;所谓背景材料,是指那些用以补充和说明中心材料所处背景(自然背景和社会背景)的材料,对中心材料起烘托、诠释的作用。在写作各类文章时,若能将这两种材料很好地结合使用,就能大大增强文章的说服力。

3. 历史材料和现实材料

所谓历史材料,是指那些已经过去的、年代久远的材料(包括人物、事件、典籍故事等)。这些材料,有的可用来写历史题材的小说、电影或史论、专著、教材等,有的可用来作为毕业论文的生动材料,如一些数据所反映的情况,用以今昔对比,非常具有说服力;所谓现实材料,是指作者从现实社会生活中获取的材料。现实材料具有鲜活、新颖的时代感,因而是写作各种文体最需要的,也是用得最多的材料,写作毕业论文更是不可缺少。

四、毕业论文获取材料的意义

全面搜集材料是论文写作过程中继选题之后的又一重要环节。虽然在实际写作中,经常出现这样一种情况,即先搜集一定的材料,然后确定论题,最后再围绕论题搜集和整理材料。但是,不管何种方法,搜集材料、积累材料、整理材料都是必不可少的。王力先生在谈论文写作时说:"一个小小的题目,我们就要占有很多的材料,往往几十万字,要做几千、几万张卡片。"他还说:"别看写出来的文章只有一万字,几千字,搜集的材料却是几十万字,这叫作充分占有材料,材料越多越好,材料不够就写不出好文章。"由此可见,搜集材料对论文的写作有着重要意义。俗话说,"巧妇难为无米之炊"。同样的道理,没有丰富适宜的材料,再好的论题也会失去价值。因此,在写作之前,必须搜集大量的材料,并详尽地占有材料。

1. 材料是论点的依据

毕业论文最重要的是要有一个鲜明、准确、新颖的论点。论点,是作者在文章中加以论证的基本看法与主张,是文章的中心思想。鲜明、准确、新颖的论点的形成与提出,不是空穴来风,不是作者凭空想出来和随意提出来的,材料是它们的依据。这是因为任何论点的形成,实际上就是对客观事物(即材料)的本质和规律性的认识结果。

毕业论文的写作不仅要占有材料,而且要大量地、详细地占有材料。有的作者在写作文章时,仅靠手中寥寥无几的材料,就急于动笔写,下结论,这种结论难免存在片面性,其内容也必然会空洞无物。要写出观点正确、内容充实、观点和内容高度统一的论文,就必须大量地、详细地占有材料。由此可见,论点的依据就是材料。没有大量的、足够的、有用的材料,没有对这些材料的分析综合、加工提炼,论点就无从而来。因此写作实践告诉我们,当作者在采集材料与分析材料时,实际上论点已在渐渐形成。所以,从这个角度来认识,材料确实是非常重要的。写作毕业论文时一定要重视材料的采集、分析与综合,一定要重视材料对论点的影响与作用。

2. 材料是形成科学研究的基础

从事论文写作是一种研究工作,而研究工作的基础就是占有材料。没有材料或者缺少材料,研究工作就无法深入展开。马克思在写《资本论》时说:"研究必须充分地占有材料,分析它的各种发展形式,探寻这些形式的内在联系。只有这项工作完成之后,现实的运动才能适当地叙述出来。"论文的撰写过程其实就是以事实为依据,通过作者的观察、实验、分析、综合、加工提炼,从中找出规律性的东西,并上升到理论高度的过程。这便构成了一篇学术论文。材料不仅指事实材料,而且还要包括理论材料。一篇论文,只有事实材料和理论材料都具备,才能使论文具有科学价值和实用价值。

3. 材料是论文成功的重要因素

毕业论文写作在一定意义上取决于对材料的占有。如果说观点是毕业论文的灵魂,那么材料对论文来说,就犹如人的血肉,灵魂虽然为人之精,但是灵魂脱离了血肉,就无可依托。应尽可能多地搜集相关材料,包括相关刊物上的论文、学术报告方面的材料、统计年鉴、政府报告、行业协会调查材料和发展报告,并深入实践进行调查,获得第一手调查材料。在保证一定质量的前提下,占有的材料越多,在写作时就越便于鉴别比较。只有占据充足的材料,才有可能筛选剪裁,才便于去粗取精、去伪存真;才容易发生联想,由此及彼、由表及里地去思索;才能在写作论文时得心应手、游刃有余。如果写作前材料准备不足、储备贫乏,势必导致毕业论文写作时思路阻塞,思维迟钝,论证乏力。

4. 材料是论文写作的基础

材料是论文的血肉,材料的质量高低是体现论文水平的一个重要标准。从事研究工作的基础就是最大可能地占有材料,没有材料或者缺少材料,研究工作便无法深入。搜集、积累材料的过程,同时也就是研究深入并逐步取得进展的过程。毕业论文的撰写过程其实就是在事实根据的基础上,通过作者的观察、实验、分析、综合,从中找出规律性的东西来,并上升到理论高度的过程,这便是一篇论文的构思。这里需要强调指出的是,材料不仅包括事实根据,而且也包括理论根据,为了方便起见,我们一般把它们称作事实材料与理论材料。对于论文的写作,这两种材料都是不可或缺的,如果光有事实材料,缺少理论材料,论文就会凌乱不堪,没有主题;反之,如果只有理论材料,而没有事实材料,论文就没有说服力,显得空洞无味。毕业论文属于学术论文的范畴,所阐述的内容无非是社会科学和自然科学两大类。写这类文章除了选题要科学和有价值外,在写作中就是要尽量让事实说话,以理服人。如果一篇论文的论述分析很"精辟"而材料很单薄,那么给人的印象也只能是头重脚轻,根基不稳,从而严重地影响到论文的质量。

5. 材料是产生和表现主题的基础

当作者确定了自己的论题后,他就会围绕这个论题,主动地、由浅入深地搜集和整理这方面的材料,其中包括有关论题的研究动向,新的研究成果,著名学者、专家的有关论述。经过对材料的分析研究,就会自然而然地形成自己的见解和看法,再经过一番思考和提炼,就形成了论文的主题,也就是平常所说的中心论点。

在一篇文章里,论文主题的产生离不开材料,主题的表现也离不开材料。材料是表现主题的基础,论文主题的表现是否准确、妥当,是由内容决定的,同时也和论文的结构、语言、表达方式有着密切的关系。但是,材料却是论文内容构成的重要因素,是表现主题最根本的东西。运用材料证明观点,是写文章最基本的方法。

总之,材料是论文写作的"本钱",搜集和占有材料是写作前的一种极为重要的"投资"。根据美国科学家基金委员会统计,一个科研人员完成一项科研活动所用的时间中,查阅文献、搜集资料占 50.9%，实验、论证、研究占 32.1%，写作行文占 9.3%，计划、思考占 7.7%。由此可见，搜集材料占整个科研工作时间的一半以上。因此，要写好毕业论文，应该舍得花时间、精力去广泛地搜集、充分地占有材料，这也是我们为什么说材料是论文成功的重要因素的原因。

第二节
毕业论文材料的获取

一、毕业论文材料的选取原则

学生通过信息检索、亲自调查，搜集了大量的材料，对形成论点、提炼主题发挥了重要的作用，但面对这些庞杂的材料，不能胡子眉毛一把抓，都放进论文，还要经过选择，才能使用。有人说，搜集材料要像奸商一样贪得无厌，选择材料则要像酷吏似的百般挑剔。这话道出二者的区别，也形象地说明了选材的严格性。那么怎么选材，必须要有标准。具体来说，选择材料必须遵循如下原则。

1. 真实性

所谓真实性，是指作为表现主题的材料必须真实和准确，客观存在，并反映事物的本质。它是材料的生命力所在，也是科学立论的基础。真实，就是选择材料要实事求是，不胡编乱造，符合客观事实，经得起实践的检验。如果使用的材料失实，将无法支撑论点，还会使别人对论文的可靠性产生怀疑，这样不仅削弱对论点的说服力，而且影响整篇毕业论文的质量。准确，就是确实无疑、可靠无误，这里既有数量方面的界定，又有程度方面的要求。所以，在平时搜集材料时，对每一条材料都要认真考虑它的准确性，摘录的材料一定要注明出处。对于直接材料，要反复核实，不要偏听偏信，不要凭想象推测，不要把可能当现实。要亲自调查研究，获取信息；对于间接材料，要求其来源可靠，从多个方面进行考证，防止以讹传讹；要注意认清"真实"材料的本质，不能以偏概全。局部真实的材料，从全局看并不一定具有普遍性。所以说材料真实，不仅要看是否真有其事，而且要看这个事实是否具有普遍性，它说明的是局部还是全局问题，不能把一些非本质、非主流和非全局的事实，扩大为本质、主流和全局的事实。

2. 重要性

所谓重要性，是指所选的材料有明确的目的和定向性，能为主题服务的材料。所谓主题是指论文内容的主体和核心，是作者在对现实的观察、体验、分析、研究的基础上，经过提炼而得出的思想结晶。契诃夫说过："要知道在大理石上刻出人的脸来，无非把这块石头上不是脸的地方都剔掉罢了。"围绕主题选择材料，要使主题和材料和谐地融合在一起。能够充分表现主题的材料要留下，舍弃那些与主题关系不大甚至无关的材料，这样才能使论题研究既有深度，又有广度。

3. 典型性

所谓典型性，是指那些能反映客观事物本质与共性，具有说服力的材料。典型材料，能把道理具体化,把过程形象化,有较强的说服力。也可以说,材料既典型又必要才能很好地表现主题,切中要害,以少胜多,以一当十。反之,材料平庸,论点的可信度会降低,此类材料再多也只能使读者感到厌烦乏味。要保证材料的典型性必须占有大量的材料,才能有较大的选择空间。为此,我们提倡要深入挖掘、广泛搜集、认真比较、精心选择。对于在典型程度上难分高低的材料,要结合论文的主题,选用那些最有新意的材料,舍弃意义雷同的材料。写论文时,不可能也没有必要把所有称得上典型的材料都写进文章里去。

4. 新颖性

所谓新颖性,是指所搜集的材料一方面是前所未有,近期才出现的新事物、新理论、新发现、新方向;另一方面是指某种事物虽早已存在,但人们尚未发现其价值。新颖的材料,最能反映时代发展变化的现状,最能反映论文的新观点、新思路、新思想,也最能使论文变得生动吸引人。如果一篇论文使用的材料全都是"别人嚼过的馍馍",毫无新意,那么,论文的观点也不会有什么新意或价值。但是,新颖性不仅仅是对材料产生的时间有所要求,更重要的是要从普遍常见的材料中,发掘别人尚未利用的东西。没有新颖的材料,就难有新颖的文章。材料是否新颖,还有个看问题的角度问题。角度即是事物的一个侧面,一个事物有多个侧面,"横看成岭侧成峰,远近高低各不同",同一事物,可以从各个不同的侧面去观察、论证。从不同的角度观察和分析问题,可能给人耳目一新的感觉。

5. 主题性

选择材料的主要目的是为了充分表现主题,使主题更加深刻、突出。学生必须根据主题的需要决定材料的取舍、主次和详略。凡是能有力表现主题的材料,就选用,而那些与主题无关,不能说明、表现、烘托主题的材料,就舍弃。

二、毕业论文材料搜集的途径

论文的写作,需要大量的、足够的和有用的材料,只有了解材料从何处而来,才能做好材料的搜集工作。一般来说,材料搜集可以分为直接材料的搜集与间接材料的搜集两种途径。

(一)直接材料的搜集

1. 科学观察

观察是搜集直接材料的一种重要途径。所谓观察,是指人们对客观事物感性认识的一种主动形式,属于一种特殊的智力行为。人们通过细心观察和感悟社会生活,可以获得各方面的信息,从中受到启发。为了研究某一课题,有计划、有选择、能动地对自然状态下所发生的某种特定过程或现象,作系统、细致的考察是完全必要的。观察具有自然性和客观性,它是在自然状态下直接观察所发生的过程或现象,而且是客观的,对自然过程和现象不进行人为的加工或干预。因此,观察要求:一是在自然状态下进行;二是保持过程的客观性;三是持续到底。这样做的优点是获得的数据、信息较为自然、客观、真实;缺点是比较耗费时间。为了进行有效的观察,要做到全面、系统、动态地观察事物;要不带主观框架或成见客观地观察事物和现象;要细心准确地做好观察记录,边观察边思考。科学观察的方法是做好观察记录,对所使用的技术手段、环境条件、观测的数据、发现的新现象,应成为记录的重点。

2. 实地调查

调查也是人们认识客观事物的重要方法之一，是我们搜集写作材料的另外一种重要手段。所谓调查，是指对某一事物、某一事件、某一情况或某一问题亲自深入了解情况进行考察，分析研究，掌握它们的真实情况，从而取得解决问题的发言权。调查的实质就是研究和探索。所谓实地调查，是指研究者置身于研究对象之中的考察，是对研究对象在不施加任何干预的条件下进行的观察活动。通过实地调查，可以获得大量的数据、实例、典型经验、图片、标本等相关材料。

调查的常用方法有：普遍调查、重点调查、典型调查、抽样调查、跟踪调查等。

(1) 普遍调查。普遍调查也称全面调查或全体调查。是指在一定的调查总体范围里对所有对象进行调查。由于这种调查涉及的范围广，通常一个人是难以办到的，需要依靠组织或社会力量"集体调查"。例如全国人口普查。其好处是能直接取得比较接近实际的全面材料。但由于涉及的范围广，要花大量的人力、物力，除了非常重要的科研项目，一般不宜采用。

(2) 重点调查。重点调查是指在一定的调查总体范围里，选取重点样本为对象进行调查。通过对重点样本的调查，能够对总体有一个基本的了解。因为重点样本虽然不多，但调查的样本却在数量上占整个调查总体的比重的绝大部分。例如，为研究人才流动状况的选题，要调查某个地区人才的外流状况，只要重点调查这个地区的高等院校和科研部门就基本上了解了。

(3) 典型调查。典型调查是指在一定的调查总体范围内，选择有代表性的典型样本为对象进行调查。也就是"解剖麻雀"的调查方法。麻雀虽小，五脏俱全。它是通过深入细致地调查一个(或几个)样本，总结经验教训，推进整个工作的一种好的方法。典型调查对写作论文很有好处，能够获取典型材料，大大丰富文章的内容。典型调查的一个关键是，所选的典型一定要是真正的典型，有代表性。同时，也要看到这个典型是否有变化。如果选错典型，是假典型，就会使文章产生不良影响。

(4) 抽样调查。抽样调查是指在一定的调查总体范围里抽出部分样本作为调查对象进行调查，以它来推算全体。这种调查，实际上是全面调查与典型调查的一种结合，并兼具二者之优点，效率较高。由于有足够的样本，人们就能从所得出的数据上推算全体，因而在非普遍性的调查方法中，它是一种有科学依据的、比较准确的调查方法。然而，由于它是以概率论作为理论基础的，样本又是按随机原则抽样，所以它对总体的推论结果与实际情况还总会存在着一定的误差，是大致的或近似的。抽样调查在经济管理工作中很有用，能使我们在搜集毕业论文的写作材料时省事、省时。

(5) 跟踪调查。跟踪调查是指在一定的调查总体范围里对同一个对象在不同时间(时期)里，按规定的周期进行同项目的调查。运用这种调查方法，可以比较某一事物或现象在不同阶段的情况，探索、分析造成变化的原因等，从而认识与掌握变化的规律，增强工作的针对性和预见性，避免造成工作损失。

调查方式可以根据具体情况，采取各种各样的方式，如开会、访问、问卷等。采取何种方式方法进行调查，要根据调查的内容、对象、时间、条件等来决定。但是，无论采用什么样的调查方法，务必要记住：一是要态度端正；二是要实事求是；三是要讲究调查艺术。

3. 科学实验

科学实验是指根据选题的需要,人为地控制或干预研究对象,使某一事件或现象在有利于观察的条件下发生或重复,从而获得科学事实的一种研究方法。它是在观察方法基础上发展而来的,是观察方法的延伸和扩充。通过科学实验,使得研究对象的某种属性或联系以简单的状态表现出来,能强化研究对象,使其处于极端状态,有利于揭示新的特殊规律,并且经济可靠,能以较小的代价取得较大的成果。科学实验在自然科学领域中应用很广泛,在社会科学领域中应用得比较少,而科学观察与实地调查则比较常用。

（二）间接材料的搜集

间接材料的搜集主要是利用图书馆和互联网。高等院校的图书馆一般藏书比较丰富,是广大毕业论文撰写者搜集文献资料最主要的渠道。互联网目前已经成为世界上最大的信息材料库,由于网络信息资源具有信息的时效性、内容的规范性、访问的快速性、搜集的网络性、资源的丰富性等特点,因此成为作者获取信息资源的主要手段和渠道。

1. 通过图书馆寻找材料

（1）通过图书馆可以找到的材料类型。

通过图书馆可以找到的材料类型主要有图书、期刊、报纸、会议文献、学位论文和其他特种文献。

① 图书。图书中论述的观点都比较成熟,能够帮助作者比较系统、全面地了解某一问题。对于初涉研究领域的大学生来说,在开始毕业论文写作之前,很有必要找一些相关书籍来帮助对所选题目做一个全面的了解。

② 期刊。期刊通常分为中文期刊和外文期刊两大类。最新的科学研究成果很大一部分是通过期刊发表的,具有学科前沿性的特点,是学生掌握各种新知识、新理论和最新信息的重要途径,而且期刊是连续出版的,通过查阅期刊,有助于了解掌握某一学科领域和专业方向的研究动态。

③ 报纸。报纸是最迅速、最灵活、最有时效性的信息来源。它反映的各方面新动向往往能够使毕业论文撰写者从中捕捉到新的灵感。

④ 会议文献。会议文献具有专业针对性强、反映信息早的特点,通过会议文献能够搜集到最新的观点、材料和研究成果,而其中的许多信息是通过其他途径无法获得的。

⑤ 学位论文。学位论文主要分为学士学位论文、硕士学位论文和博士学位论文三种。尤其要注重对硕士学位论文和博士学位论文的查阅。这两类论文的选题一般较为新颖,特别是博士学位论文,具有一定的创新性,具有较高的参考价值。

⑥ 跟踪调查。跟踪调查包括科技报告、政府出版物、技术标准、科技档案、产品资料等。

（2）利用图书馆进行文献检索。

图书馆是人类一切知识载体的总汇。研究者要想以较少的时间从"知识海洋"里寻找比较多的可用材料,就要学会文献检索,掌握文献检索的方法。

① 了解资料来源。撰写学士学位论文和硕士学位论文所需要的文献资料来源一般可从学校图书馆获得。由于图书馆基本上对所有学生开放,因此,毕业生搜集材料时可以立足于图书馆。图书馆的藏书具有很强的专业性,特别是专业期刊及核心期刊比较系统和完整,

并藏有科技报告、会议文献、政府出版物、技术标准、专刊文献、学位论文、科技档案、产品资料等特种文献。图书馆的藏书也涉及人类知识的各个门类，它依照一定的分类方法，将信息载体组成一个庞大的、从属明确的科学分类体系。

图书馆收藏有某一学科及相关学科的文献检索工具(目录、索引、文摘等)和参考工具书(专题述评、动态综述、手册、年鉴、大全、百科全书等)。通过图书馆查找检索工具书和参考工具书，是进行文献检索最基本、最常见的方法。

② 明确检索范围。要从课题研究的中心内容和研究重点出发，从各方面进行分析。一般可从区域界限、时间区间和专业范围三个方面进行考虑：所谓区域界限，是指要取得某一作者的某一具体文献，还是要取得某一地区、某一国家有关某一问题的全部文献；所谓时间区间，是指要取得近一年内有关某一问题的文献，还是要取得若干年的全部文献；所谓专业范围，是指要明确查找的专业，是金融类还是企业管理类，是理论型的还是应用型的，等等。

③ 选择检索工具。在查找文献资料前，首先要了解和熟悉检索工具的具体情况。例如，哪些检索工具收录的所查专题的文献资料比较丰富，哪些检索工具中选录的文献资料价值比较高等。有关这方面的问题，学生可以直接到图书馆文献检索室咨询，工作人员可以回答你提出的问题，当然也可以请教指导老师。

④ 确定检索途径。文献检索途径可以分为两类：一类是按照文献外表特征(即作者、标题和编号)进行检索；另一类是按照文献内部特征(即分类和主题)进行检索。查找资料的方式有手工检索和计算机检索两种，目前已普遍以计算机检索为主。

⑤ 查找文献以及原始文献。利用各种检索方法就能查到所需的文献资料的线索。有时通过题录、简介、文摘等就可满足课题需要，完成查找文献的工作；如果不能满足需要，则可以根据检索工具所提供的出处"按图索骥"，查找出原始文献。

2. 利用互联网搜集材料

以互联网中获取所需要的资料已成为当今人们获得信息的最通用的一种途径。通过互联网，能够以最快的速度查找到国内外比较新的资料。在论文材料的搜集过程中，学生应充分利用好这一方法。

(1) 利用数据资源库和报刊网站搜集材料。目前各类中外数据库急剧增加。这些数据库规模不等，内容包括自然科学、社会科学各专业，专题或大或小，部分为免费使用，部分为有偿服务。常见的中文数据库包括：中国知网(http://www.cnki.net)、万方数据资源系统(http://www.wanfangdata.com.cn)、中国科技网(http://www.stdaily.com)等。常见的外文数据库有 EBSCO、Proquest、LexisNexis 学术大全、Emerald 管理学全集数据库等。目前每个学科和专业领域已逐步开发相应的数据库供使用，如心理学方面的 Psycholnfo 数据库(http://www.psychoinfo.com)。

此外，还可从报刊网站搜索材料。目前几乎所有的报纸均建立了自己的网站，可以通过浏览其网站来查询相关标题和部分内容。如《光明日报》(http://www.gmw.cn)、《中国证券报》(http://www.cs.com.cn)。许多期刊已经建立了自己的专门网站，可在上面查阅已发表的论文的题录、摘要和部分样板论文全文，如《经济研究》杂志(http://www.erj.cn)、《管理世界》杂志(http://www.mwm.net.cn)。

(2) 利用公共图书馆和高校图书馆网站搜索材料。公共图书馆和高校图书馆网站的资料通常可分为非电子资源和电子资源两种,其中电子资源日益增多。很多高校购买了大量的数据库供用户使用。目前,高校学生一般是通过所在高校图书馆阅读和下载各种电子资源,包括电子版论文和书籍。高校的每个院系基本上都建有网站,建立了与本专业相关的许多链接,使学生能够迅速查到许多的专业信息资源。一些高校已经建立了馆际互借的制度,学生或老师可以免费或有偿使用馆际互借,将外校电子资源下载回来使用。

(3) 利用搜索引擎搜索材料。互联网的迅速发展使互联网上的信息呈几何级数增长。因为互联网上的信息是极其无序的,所以信息量越大,也就越难被人们有效地利用。因此,如何快速、有效地获取和利用互联网上的信息就成了一项艰巨的任务。目前解决这一问题的最佳途径就是利用搜索引擎。当前国内的主要搜索引擎包括:谷歌(http://www.google.com)、百度(http://www.baidu.com)、一搜(http://www.yisou.com)、中国搜索(http://www.zhongsou.com)、北大天网中英文搜索引擎(http://e.pku.edu.cn)。例如,用"谷歌学术搜索"(http://schlar.google.com)可以找到许多相关的学术论文的标题、作者、摘要、发表刊物和日期,甚至全文。

常见的英文搜索引擎有:Yahoo! (http://www.yahoo.com)、Infoseek (http://www.Infoseek.com)、Lycos(http://www.lycos.com)、Alta Vista(http://www.altavista.com)、AOL (http://search.aol.com/index.adp)、HotBot (http://www.HotBot.com)、Excite (http://www.excite.com).

每个搜索引擎都有自己的查询方法,只有熟练地掌握它们,才能运用自如,但有一些通用的查询方法,各个搜索引擎基本上都是相同的,充分掌握这些必要的搜索技巧,即可获得最佳和最快捷的查询结果。

① 使用双引号("")。给要查询的关键词加上双引号,可以实现精确的查询。这种方法要求查询结果要精确匹配,不包括演变形式。例如,在搜索引擎的文字框中输入"电传",它就会返回网页中有"电传"这个关键字的网址,而不会返回"电话传真"之类的网页。

② 使用加号(+)。在关键词的前面使用加号,也就等于告诉搜索引擎这些词必须同时出现在搜索结果的网页上。例如,在搜索引擎中输入"经济+管理+金融"就表示要查找的内容必须要同时包含"经济、管理、金融"这三个关键词。

③ 使用减号(-)。关键词的前面使用减号,也就意味着在查询结果中不能出现该关键词。例如,在搜索引擎中输入"经济-循环经济",它就表示最后的查询结果中一定不包含"循环经济"。

④ 使用通配符(*和?)。通配符(*)和问号(?),前者表示匹配的数量不受限制,后者表示匹配的字符数要受到限制。例如,在中文搜索引擎中输入"电*",查询结果可以包括电脑、电影、电动机等内容。

⑤ 使用括号(())。当两个关键词用另外一种操作符连在一起,而又想把它们列为一组时,就可以对这两个词加上圆括号。例如,在搜索引擎中输入"(企业管理-营销)+(国家政策)",就可以搜索到包含"企业管理"、不包含"营销"但同时包含"国家政策"的网页。

⑥ 使用元词检索。大多数搜索引擎都支持"元词"功能,依据这类功能,用户把元词放在关键词的前面,这样就可以告知搜索引擎自己想要检索的内容具有哪些明确的特征。例如,在搜索引擎中输入"title:清华大学",就可以查到网页标题中带有"清华大学"的网页。

在输入的关键词后加上"domain:org",就可以查到所有以 org 为后缀的网站。其他元词还包括:image 用于检索图片,link 用于检索链接到某个选定网站的页面,URL 用于检索地址中带有某个关键词的网页。

三、毕业论文材料的搜集范围

在进行毕业论文写作之前,一般要搜集以下五个方面的材料:

1. 第一手材料

第一手材料包括与毕业论文课题直接相关的文字材料、数字材料(包括图表)等,如统计材料、典型案例、经验总结等,还包括自己在实践中取得的感性材料。这是论文中提出论点、主张的基本依据。没有这些材料,撰写的毕业论文就只能成为毫无实际价值的空谈。对第一手材料要注意及早搜集,同时要注意其真实性、典型性、新颖性和准确性。

2. 他人的研究成果

他人的研究成果是指国内外对有关该选题学术研究的最新动态。撰写毕业论文不是凭空进行的,而是要在他人研究成果的基础上进行的,因此,对于他人已经解决了的问题就可以不必再花精力重复进行研究,可以以此为出发点,并能从中得到有益的启发、借鉴和指导。对于他人未解决的,或解决不圆满的问题,则可以在他人研究的基础之上再继续研究和探索。切忌只顾埋头写,不管他人的研究,否则,撰写的毕业论文的理性认识可能会低于前人已达到的水平。

3. 边缘学科的材料

在当今的信息时代,人类的知识体系呈现出大分化、大融合的状态,传统学科的分界逐渐被打破,出现了交叉学科以及令人眼花缭乱的分支学科和边缘学科。努力掌握边缘学科的材料,对于所要进行的课题研究是非常有益的。它可以使研究视野更开阔,分析的方法更加多样。例如,图像工程的有关课题就是一个研究各种图像理论、技术和应用的新的交叉学科,研究方法与数学、物理学、生物学、心理学、电子学、计算机图形学等许多学科可以相互借鉴,研究范围与模式识别、计算机视觉、计算机图形学等多个专业相互交叉。大量的研究实践表明,不懂得一些边缘学科知识,不掌握一些边缘学科的材料,就很难写出高质量的毕业论文。

4. 名人的有关论述、有关政策文献等

名人的论述极具权威性,对准确有力地阐述论点非常有好处。至于党的有关方针、政策,既体现了社会主义现代化建设的实践经验,又能反映出现实工作中面临的许多问题,因此,研究一切现实问题必须占有和清楚这方面的材料,否则就有可能会出现与党的方针、政策不一致的言论,使毕业论文出现很大的缺陷。

5. 背景材料

搜集和研究背景材料有助于开阔思路,提高毕业论文的质量。例如,要研究马克思的商品经济理论,不能只研究他的著作,还应该大力搜集他当时所处的社会、政治、经济等背景材料,从而取得深入的研究成果。

四、毕业论文材料的辨析与利用

刘勰说:"综学在博,取事贵约,校练务精,捃理须核,众美辐辏,表里发挥。"大意是讲,各

种学识都要广博地吸收，而运用时却须讲究简约，校核和提炼时务必精当，搜集材料要抓住关键，像车辐集中于车毂一样，围绕中心，发挥材料的表里多层作用。用现代人理性的语言来说，则要求在搜集丰富材料的基础上，进一步进行辨析工作，即分析材料的不同发展形态，并探寻出这种形态的内部联系。而在论文的写作中这种辨析又同材料的运用密不可分。

论文写作中的材料辨析往往经过这么几个步骤：

首先是辨析材料的独特意义，看看能否从中得到有利于论文展开的启迪与启发。例如一位作者在进行中西方节日习俗比较时，就将百科全书中得到的有关节日的资料进行了一番辨析，由此得到启发，展开了有关中西节日的分类比较研究：

何谓"节日"？这是首先会碰到的问题。《简明大不列颠百科全书》是这样界定的："节日，holiday 原专指举行宗教仪式的日子；现也指举行世俗纪念活动的日子。世界各大宗教很多节日都与较古老的异教节日结合。早期基督教会有意识地把宗教仪式安排在异教节日举行，以夺其势，此法大大优于单纯取缔仪式。同时人们习惯于在季节转换之时举行庆祝活动也是原因之一。上述两种因素有时同时起作用。在很多国家，世俗节日多是历史事件的日期或民族英雄的诞辰。"

这基本是西方节日的来历。有意思的是，除了所谓异教节日的关系这一因素外，其余的完全适合中国。所以，中西节日一般都不外这么四大类：一、基于宗教仪式或图腾的日子；二、季节转换或植物成熟的日子；三、历史事件的纪念日子；四、民族或国家英雄的诞辰或忌日。相对而言，西方宗教节日多，中国季节节日多；西方娱乐性、情感性节日多，中国伦理节日多；西方动植物名目节日多，中国政治性、社会性节日多。

其次是将材料放在一起，反复阅读、审视，从它们之间的联系、差异、对比中找到它们的属性与意义。

此外，分类也是材料辨析中的一个重要步骤与方面。分类体现了作者的创见性，因为按照什么标准、依据哪一种逻辑进行分类本身就蕴含了作者的思想。

从方法上说，分类有形式逻辑、辩证逻辑和两者相结合等三种形式。

形式逻辑揭示概念外延，辩证逻辑揭示概念的基本矛盾、内容、运动形式和内外关系。例如研究中国社会，形式逻辑将它分为政治、经济、文化、军事四方面；辩证逻辑将它分为原始、奴隶、封建、殖民地半殖民地半封建、社会主义、资本主义等；而一般的研究又将两者结合在一起。当然，论文写作中还需进一步将历史分出的各个类别再作概念界定和评析，以此展开论述。例如有一篇谈文化建设导向问题的论文，作者将 20 世纪 80 年代以来我国学术界关于文化发展战略方向问题的讨论材料观点归纳与划分为三种：向外看的"西化论"、向后看的"传统论"和向前看的"创建论"，并对三种导向分别进行了具体的阐释与论说。作者写道："本文所谓的'西化论'，是指一种理性的文化思考，即主张按照西方现代化的模式来推进中国文化现代化的学说、观点。""所谓'传统论'，就是以中华民族传统文化，特别是优良传统美德为根基来光复中国文化。在这种观点看来，中国古代文化是世界上最优越的文化，它包含了解决现代问题的智慧和出路，因此将引导人类的未来。""'创建论'即主张以'我'为主，立足于现实,以实践为原动力,以'向前看'为取向,建设现代中国文化。"如此一解说,就使三项分类概念既明确又科学,后面的论证也就有了明晰而又坚实的理论基础。

对材料进行细致而科学的辨析,最终是为论文写作提供理论与事实依据。一篇优秀的论文总是需要有翔实的材料来支撑其论题与论点,全面的、多方位的材料作论据,会使论文更具说服力。

第三节
毕业论文材料搜集的方法

搜集材料的方法很多,但是比较常用的是做卡片、做笔记、剪报纸、阅读等方法。

一、做卡片

所谓卡片,是指用来记录各种事项以便排比、检查、参考的纸片。我们在读书阅刊时发现有价值的材料,应随时记下,然后分门别类,需要时一索即得。卡片具有方便、灵活、可分可合、可随时另行组合的特点。

卡片最好按统一的标准制作,一般与出版社或信息机构出版发行的图书提要卡或论文文摘卡片规格一致,也可以买现成的卡片柜使用。根据文献的特点和自己的具体需要,可以将卡片写成不同的样式。

1. 索引卡片

只抄录论文的题目、著者、出处,并在左上角注明所属类目。这种卡片不反映论文的详细内容,仅起到索引作用,制作迅速,含信息量少。写卡片时,用字要精练,有些论文标题没有明确反映文章的内容,可以在题下加注。

2. 提要卡片

注明论文的题目、著者、出处,用最简练的语言概括全文的要点和主旨。一般而言,数千字至万余字的论文,提要写 300 字左右即可。提要资料一般应按原文的顺序,写出简短、连贯的重述的文字,它应包括基本观点、基本事实、中心思想和结论意见以及有关数据等。有的期刊发表的论文,标题下附有论文提要,可依次作为写作提要卡片的参考。

3. 摘录卡片

它是指摘录报刊、书籍、论文中有价值的片段。摘录时要注明原文名称、作者、出处、日期、页码等。要忠于原文,一字不差地摘录,宜加上引号,原文中不需要摘录的文章可用省略号表示。

4. 心得见闻卡片

它是把读书的心得、所见所闻写下来。心得卡片创造性、发挥性成分较高。其书写形式可以多种多样,依各人的习惯而定。一般来说,先把原文的有关部分摘录下来,然后写上自己的心得。

一卡只能记一条材料或一个问题,以便于分类检索。最好单面写,不要写满整张卡片,在卡片左侧留些空白,以便以后阅读卡片时在上面加按语或补充资料。

二、做笔记

做笔记对任何一个毕业论文撰写者都是必要的,好记性不如烂笔头。阅读书报杂志时,搞调查研究时,或在进行课题研究实验实习的时候,都要随身带笔和纸,随时记下所需材料的内容或有关的想法体会、理论观点等。在做笔记时,最好空出纸面的三分之一左右,用来记载对有关摘录内容的理解、评价和体会。做笔记的基本方法摘录、提纲等形式,可根据个人的习惯和课题研究需要灵活选择。

1. 作摘录

作摘录就是根据毕业论文研究的需要,把有关书籍、报刊中文章的重点和精华部分摘录下来,也可以把调查访问对象谈话的重点和精辟之处摘录下来。在摘录时应注意忠实于原文和原话的内容,不能断章取义。

2. 做提纲

做提纲就是编写查阅和访问到的材料的提纲,以便记录相关材料的观点和见解,启发自己的思路或提供一些例证。

3. 做提要

做提要就是对相关材料的内容、主要观点、例证和数据等进行简要的介绍,提要的内容要求少而精。

4. 作改写

作改写就是用自己的语言把所需要的原文材料进行改写,使客观材料和自己的主观见解能够融为一体。

三、剪报

将有用的资料从报纸、刊物上剪下来,或用复印机复印下来,再进行剪贴。对所剪材料,要在上面标明报刊名称、日期和版面,以备引用或查找。把所剪的材料贴于相同规格的纸上,便于整理保存。对剪报中的精彩之处,要用红笔标出,以便选用。当积累剪报到一定时期、一定数量时,可进行分类整理,装订成册。这种方法的优点是可以节省抄写时间。

四、目录、索引

目录、索引是学习和检索材料的工具。目录是用来记录图书名称、作者、版本等,索引则是用来汇集编排散见于图书期刊中的相关材料,编排时要注明出处、页码。

五、因特网检索

由于因特网的迅速发展和广泛应用,信息处理技术也发生了革命性的变化,如信息的搜集、利用和检索等都可以在因特网上实现。

通过材料的搜集,应准确及时地掌握前人已取得的成果,以便自己能了解所研究的课题目前已达到的研究程度和它的"终点",从而找到自己毕业论文的"起点",还应该了解前人从事该项研究工作的经验教训,以此作为自己写论文的借鉴,以便少走弯路。此外,还要把握完成毕业论文各阶段搜集材料的重点,一般来讲,开题时,要求资料"全"而"新";撰写论文时,要求资料"全"而"可靠";准备答辩时,要求资料"全"而"有理"。

毕业论文材料的整理

通过各种方法搜集到的诸多材料不能简单地将其罗列添加到毕业论文中,也不要随意放置一边,不看不用,而应认真研究,仔细整理,进行分类和鉴别,有选择性地使用。

一、毕业论文材料的分类

毕业论文材料的分类是指先对搜集到的材料进行归类整理,主要有以下两种分类方式:

1. 主题分类法

按照一定的观点把材料编成组,这里所说的"一定的观点",可以是综合而成的观点,也可以是自己拟定的观点。例如,为研究培育建筑劳动力市场的前提条件,作者拟定了自己的四个观点:一是市场经济体制的确定为建筑劳动力市场的产生创造了客观环境;二是建筑产品市场的形成对建筑劳动力市场的培育提出了现实要求;三是城乡体制改革的深化为劳动力市场的形成提供了可靠的保证;四是建筑劳动力市场的建立是建筑行业用工特殊性的内在要求。并按这四个观点对资料加以分类,这样可以加深对资料的认识,进一步使认识条理化、系统化。

2. 项目分类法

按照一定的属性,把搜集的材料分项归类。下面是辽宁大学王连山的项目分类:

理论类项
1. 经典作家、名人言论
2. 概念
3. 科学的定义、定理、公式、法规
4. 一般公理、常识、成语、谚语、密句、名言
5. 资料作者本人的观点

事实类项目
1. 个别事例,包括资料作者所引用的古今中外的事实、人物活动、言论、诗词等
2. 各种统计数字、图表
3. 资料作者的片断论述

随想类项目
1. 本人随时记下的感想
2. 观察所得
3. 调查所得
4. 零星的文字记录

二、毕业论文材料的鉴别

毕业论文材料的鉴别是指对搜集到的材料进行分析整理的过程,达到去粗取精,去伪存真,以获得自己真正需要的材料。材料鉴别的过程实质是材料的辨析过程,在这一过程中应注意做到以下几点:

1. 辨析材料的适用性

选择材料的依据,只能是作者所要阐明的中心论点。什么材料可以用,什么材料不能用,都要根据这个中心论点来决定。毕业论文的中心论点一经确定之后,它就是统率一切的东西,材料必须服从于中心论点的统帅。不要把一些不能充分说明问题的材料搬进来作牵强附会的解释,也不能将所有材料统统塞进毕业论文里,搞得毕业论文臃肿庞杂,中心反而不突出。

2. 辨析材料的真实性

材料的真实与否直接关系着毕业论文的成败,只有从真实可靠的材料中才能引出科学的结论。这方面应注意以下几点:

(1) 要尊重客观实际,避免先入为主的思想,选择材料不能夹杂个人的好恶与偏见,不能歪曲材料的客观性。

(2) 选择材料要有根有据,采用的第一手材料要有来历,选取的第二手材料要与原始文献认真核对,以求获得最大的准确性。

(3) 对资料的来源要加以辨别,弄清原作者的政治态度、生活背景、写作意图,并加以客观地分析评价,社会科学方面的材料更应注意这一点。

3. 辨析材料的典型性

所谓材料的典型性就是指这种材料对于它所证实的理性认识来说具有充分的代表性。例如,恩格斯的《论权威》,选择了纱厂、铁路和航海三个例子作为论据。第一个论据阐述得最详细,第二个论据比较概括,第三个论据只是轻轻一笔。他没有用更多的阐述,就把问题说明了。一方面是一定的权威,不管它是怎样造成的;另一方面是一定的服从。这两者,不管社会组织怎样,在产品的生产和流通赖以进行的物质条件下,都是我们所必需的。材料不多,却具有无可辩驳的逻辑力量。产生这样的效果,一个重要原因在于材料选择得十分典型。

三、毕业论文材料的选择

毕业论文材料的选择是指如何对已经鉴别的材料进行取舍,搜集材料要"全",鉴别材料要"细",选择材料要"严"。一般来说,选择材料应遵循以下原则:

1. 选择紧贴主题的材料

通常作选择要依据一个或几个标准来进行,选择毕业论文材料的首要标准就是看材料是否能够紧贴主题。和毕业论文主题密切相关,并且能够有力地突出、说明、烘托主题的材料,就把它留下来放到毕业论文中去;反之,与主题关系不大或无关,不能说明和烘托主题的材料,一定要把它从毕业论文中删除,并不是说毕业论文中的材料越多越好。以《"城市更新"与园林绿化关系的几个问题》一文为例,作者搜集了大量有关园林绿化的材料,却没有搜集城市建设与园林绿化关系的材料,这些不适用的材料塞入论文之中,导致论文中心被冲淡,降低了论文质量。

2. 选择典型的材料

毕业论文中典型材料的选择就是要求所选取的材料能够揭示客观事物的本质,具有代表性和说服力,能通过个别反映出一般,通过个性反映出共性。俄国著名作家契诃夫指出,所谓写作技巧,其实并不是写作的技巧,而是删掉不大好的地方的技巧。

3. 选择新颖的材料

所谓新颖的材料通常包括两方面的含义,一方面是指前所未有,最近才出现的新事物、新技术、新思想、新发现、新方向等;另一方面是指某种事物虽已存在,但人们尚未发现其价值。毕业论文中的新颖材料选择就是要求所选取的材料是具有新意的、能反映时代气息的材料,当然,能选取别人没有用过的新事实、新观点和新情况材料更好。新颖的材料能够表现更新鲜生动的内容,也具有更强的感染力。还应注意的一点是,新颖不仅仅是对材料的产生时间有所要求(一般要求是近五年之内的材料),更重要的是要从一些常见的材料中发掘别人还没有利用的东西。

4. 选择全面的材料

所谓全面的材料是指要选取各个方面的材料,如果材料不全面,缺少了某一方面的材料,毕业论文的论述往往不圆满、不全面,会出现偏颇、漏洞,或由于证据不足而难以自圆其说,从而影响了毕业论文的质量。以《单片机电子钟应用系统的设计》为例,如果作者只搜集了某种型号单片机的有关资料,只介绍了用 C 语言来实现的方法,而没有搜集当前流行的其他种类单片机和用另外一些方法设计电子钟的一些材料,以及对不同方式设计电子钟的方法进行比较,也没有说明采用 C 语言与采用汇编语言实现的区别,那么毕业论文的内容就会不够全面,从而降低了毕业论文的质量。

第五节
材料的阅读与使用

一、材料的阅读

对已搜集到的文献信息材料,必须通过阅读了解内容,决定材料的主次、轻重。如果把搜集来的文献信息材料束之高阁,不去阅读、学习、思考,那么这些材料等于没有搜集到。在阅读时要有计划、有目的地认真阅读,力求掌握其内容的精华。阅读的方法可分为浏览、选读、通读和研读四种方法。

1. 浏览法

浏览法也叫快速阅读法,它是不求深细,但求梗概,不必逐篇字斟句酌的阅读方法。特别是对到手的材料不知底细的情况下,一般都必须经过这一步骤。通过浏览,一方面可了解材料全貌,确定它有什么价值;另一方面可分清材料的主次、轻重,以便有计划、有成效地阅读材料。浏览材料有以下方法:① 看文献标题、作者、出版者,了解材料所属范围及其价值;② 看材料的大小题目,了解全文内容要点和结构纲目;③ 看两头,就是只读文献的两头,即序言、前言、绪言和后记(附记),了解作者的写作意图、写作经过和今后研究动向;④ 看文献的摘要、关键词,了解文献的大意。

2. 选读法

选读法就是有选择地阅读。选读法也称作跳跃读法,它一般只看文献资料的标题、摘要、目录、关键词、开头、结尾,确定阅读的主次顺序,主要的先读,次要的后读,或只选取文献资料中有用的部分阅读。文献或文献中的部分内容如果与已掌握的文献相重复或无创新内容的,可放弃不读。

3. 通读法

通读法是指在浏览的基础上确定重点阅读的资料,将资料从头到尾快读一遍,注意资料提出的问题、论点和得出的结论,在了解资料梗概、分清主次、掌握其中心思想与要点的基础上,确定是否进一步研读。

4. 研读法

研读法也就是钻研文献的阅读法,是指对重要文献的全文或文献的部分章节进行仔细精心的阅读,从研究的角度,充分地理解内容,并从中获取自己可用的资料。对材料中内容深奥的部分,一时读不懂的或不能理解的,要反复阅读和思考,直到完全透彻理解为止。对一些重要的数据、结论,可加以摘录,必要时应予以记忆。研读要求对文献内容理解、吃透,不是只把材料看一遍,而是要把材料读懂弄通,有时需要看数遍。在研读过程中,要注意对读到的内容随时做出分析、评价、质疑,判断文献资料中的论点是否正确,论据是否充分,论证是否妥当,结果是否能推广等。最好能把读到的东西随时与其他有关资料加以对照思考,这样就能做出更恰当的评价,从而比较准确地了解文献资料的价值。

二、材料的使用

使用材料,不外乎"真"、"准"、"精"、"活"这四字方针,也就是平常所说的真实性、准确性、典型性、灵活性。这和前文选择材料的原则是相对应的,在此无须赘述。但是,相对来说,其要求又更深了一层,比如就"精"而言,一方面,务求材料具有典型性,对于某个主题,需要最能表现它的材料来论证。这和古代诗人精炼文字是同样的道理,要表现一种情绪或一种意境,唯有一个字是最佳的,流传于世的"推敲"典故所体现的正是这个意思。另一方面,"精"还意味着简练,要以尽可能少的材料来说明问题。所以,在选用材料时,要从论述的实际需要出发,选用那些经过历史积淀后具有高度概括性和普遍性的事例、言行、著论等,对于那些一家之言,要仔细斟酌,如果不具备相当程度的典型性或者与主题关系不大的,最好不用,否则只会画蛇添足,适得其反。

当然,只有深入了解材料的思想内容、见解观点,才能灵活自如、准确恰当地将它运用到写作中。一般说来,在遵循上述四字方针的基础上,使用和安排材料还要注意以下三个方面的问题:

1. 详略得当,重点突出

毕业论文材料的使用和安排,应根据主题决定详略。主题是材料使用的重要依据,能够直接而深刻地表现主题的材料要详写,其目的是为了突出重点,使主题鲜明;与主题关系不大的材料要写得概括些、简略些。此外,新颖的、鲜为人知的材料要详写;那些尽人皆知的材料宜略写。

毕业论文在使用材料时,一般以概括性材料为主。它不像在记叙文章中,对人和事物的叙写,要从头到脚,一一叙来。因此,对材料进行"量"的控制,是写作毕业论文时应特别注意的一个问题。

使用和安排材料详略得当,繁简相宜,文章才能主题突出、生动活泼,而不致堆砌材料、显出平板呆滞之相。

2. 逻辑清晰,层次分明

作者面对众多的材料,不能将其全盘吸收、杂然并存,而应把它们按照写作的要求分类、排序,然后有条不紊地展现出来。文章要做到条理清楚,使用材料就得注意先后顺序。先后顺序的决定,必须考虑材料使用的大小、时间的先后、材料间的逻辑联系等问题。如果不考虑这些因素,写进文章的材料就可能是聚沙成堆、漫然杂陈,或前后倒置、顺序不清、缺乏逻辑性。这样势必造成文章条理不清,层次不明,读来茫然不知所云。

3. 错落有致,张弛有度

错落有致是指交错使用相关的各类材料,互相印证、互为补充,以充分表现主题,这样可使文笔灵活多变。古人写文章很讲究章法和句法的变化,刘大櫆主张"文贵变",要求"一集之中篇篇变,一篇之中段段变,一段之中句句变。神变、气变、境变、音节变、句句变……"。其实,材料使用的变化是这一切变化的根本,离开了材料的变化,字句的变化就失去了依据,段落的变化也失去了依据。只有善于使具体材料、概括材料、正面材料、反面材料、现实材料、历史材料、理论材料等互相搭配,交错使用,它们方能珠联璧合,相得益彰,进而充分表现主题,文章也才能生气勃勃,事理交融。所以说,使用材料错落有致,是又一个使文章不致呆滞沉闷、平铺直叙的有效方法。

总之,材料积累要丰富,选择要严格,使用要根据实际情况,灵活多变,只有在此基础上,毕业论文的写作才能有坚实的保障。

三、材料使用过程中的问题

在材料使用过程中常见的问题主要有三个:

1. 堆砌材料,逻辑性不强

有些同学虽然能够搜集到很多材料,但是在材料使用环节中因缺乏分析评价,未能突出对选题有较大贡献的材料,而把一些与研究无关的材料也一并使用,边缘材料占据很大的份额,模糊了主题,造成材料堆砌的现象。建议在使用材料时,先对材料进行逻辑分析,定好论文框架之后,再合理安排材料的顺序位置,使材料更好地为主题服务。

2. 无法驾驭和充分使用材料

一些同学在使用材料时,没有明确自己毕业论文的观点,虽然手头上有很多材料,却无从下手,无法驾驭材料使其为论文的观点做出应有的贡献。也有部分同学在论述观点时,不能充分利用现有的材料,造成材料的严重浪费现象,最后导致论文的内容空泛,质量不高。因此,在使用材料时,要注意吃透材料的内容,区分重要材料与次要材料,尽量突出对主题表现有重要作用的材料,以达到充分使用材料的效果。

3. 使用材料不作文献引用,有抄袭嫌疑

毕业论文中使用的材料很多是前人的研究成果,为表示对前人研究成果的尊重,按照学术规范的要求,使用别人的材料后一定要注明出处和引用相关的文献,否则就有抄袭别人成果的嫌疑。但是一些同学在选用他人的材料后,由于粗心大意,或者缺乏这方面的学术训练和版权意识,并没有在正文中注明为引用,也未在正文后的参考文献中列出。这种情况可能严重侵犯他人的著作权,违反知识产权法,因此要特别注意。

思考题

1. 什么是毕业论文的材料? 材料具有什么作用?

2. 毕业论文材料的来源主要有哪些?

3. 简述毕业论文材料的搜集范围、搜集原则和搜集方法。

4. 如何鉴别毕业论文材料?

5. 毕业论文材料的选择和使用应注意哪几个方面的问题?

第四章

毕业论文的结构

通过本章学习,掌握毕业论文结构的含义、基本结构、毕业论文的章节、段落和层次。

掌握:毕业论文结构的原则、如何开头、怎样结尾。

了解:毕业论文的层次。

毕业论文要具有较强的逻辑性,就必须在谋篇布局上完整缜密、结构严谨。谋篇布局说的就是关于文章组织结构的方法。一个好的结构是写好一篇论文不可忽视的因素。如果说主题是论文的灵魂,材料是论文的血肉,那么,结构就是论文的骨骼了。有了完美的结构,才有可能把论文的主题、材料有机而自然且不失尺度地统一为一个整体。人们评价一篇好论文,从结构上来说,就是一定要思路清楚、布局合理、衔接紧凑。

第一节
毕业论文的结构概述

一、毕业论文结构的含义

文章结构就是文章的内部组织构造。所谓结构,就是按照事物的内部联系和发展规律,根据主题的需要,把那些零碎的材料进行合理的安排,使之条理化、系统化,成为有机的整体。

一篇完整的毕业论文的结构,一方面要以论点为中心,构建起文章宏观的全篇框架,对每个大的层次的内容要作精心布局;另一方面作者还要安排逻辑关系,构建起文章微观的蓝图,对段落的组织、论点、论据材料的主次、详略等做出具体的安排,使之浑然一体。

毕业论文各部分内容的先后顺序关系到论文的总体布局以及如何开头、如何展开、如何结尾等具体的操作问题,而论文各部分之间的内在联系又涉及论文的完整性、条理性以及层次与组合方式等问题。论文的结构实质是作者对客观事物的认识和反映,是作者基本思路的体现。作者要把某一客观事物用文字表现出来，就必须对该事物进行深入研究。只有充分认识了该事物，才有可能写出高质量的毕业论文。

因此，动笔之前，必须首先集中力量对主题进行调查研究、分析综合，以便确立合理、科学的论文结构。如果没有结构，或者科学的结构，毕业论文的材料、观点就难以表现，内容与形式不统一，局部之间、局部与整体之间无法衔接，也就不能成为文章了。

二、毕业论文结构的原则

毕业论文的结构要明晰、严谨、规范。所谓明晰就是纲目清楚，分门别类地把问题写明白，让人有一目了然、主次分明的感觉。所谓严谨是指结构严密完整、有头有尾、前后呼应、过渡自然、衔接紧凑、浑然一体。所谓规范是指符合文体的结构格式，毕业论文已经形成比较固定规范的格式，必须严格遵守。规范的结构格式是长期实践形成的固定模式，任何人都不应随意变更，否则，势必出现不规范的四不像文体。因此，在安排毕业论文的整体结构时，要考虑以下几个原则。

首先，依理定性，顺理成章。

所谓"理"，就是客观事物的内在联系，是事物发展的逻辑性；所谓"章"，就是篇章、章法。这就要求论文写作过程中以客观事物的内部联系和发展规律作为基础构思篇章。一般说来，论文的基本内容决定着论文的内在结构。例如，论述事物一般与个别的关系，或者从个别到一般，或者从一般到个别，或者从个别到个别。反映在结构上，从个别到一般，总是要逐一分析个别事物的特征，然后归纳出一般事物的特性；从一般到个别，也必然一般结论在先，而后再触及个别事物的特征。如果违背了这一发展逻辑，文章结构就会显得不合理。比如，有的学生为了得出一个一般结论，将结论只建立在对一个事例的分析上。如果没有充分理由证明这一事例本身具有普遍性，那么从中得出一般的结论是没有说服力的，论文的结构是不合理的。再如，在论述事物的对立统一关系时，总少不了对正反、前后、表里、上下、质量等各对矛盾的两个方面的分析对比。忽略一个方面，就会产生片面性。这种偏激的论述方式往往经受不住时间的考验。所以，理的发展，不能不遵循人类的思维规律。违反了，理就不通，文就不顺，结构就不合理。这就是说，论文结构的确定，首先考虑的一个原则是依照该文的内容，具体对待，切不可盲目地"照抄、照搬"。

其次，以意为主，首尾贯一。

"意"是意思，是中心，是文章的统帅、灵魂，无论写什么文章都要紧紧围绕表达的主旨。结构要服从于表现中心思想（主题）的需要。这个中心应当是简洁明了的，能一言以蔽之，可以达到以简驭繁的目的。抓住这样的中心紧紧不放，贯彻始终，就能达到"首尾贯一"的目的。

作为一篇优秀的论文，从思想的认识过程来说，要循序渐进，一层一层地讲，讲透了一层，再讲另一层意思，层层深入剖析。开头提出的问题，当中要有分析，结尾要有回答，首尾呼应，才能真正做到"文以传意"，不流其词，文章自然严密、科学。

再次，条理清晰，层次分明。

文章的层次就是行文的次序。它是作者思路的直接反映。它表现出事实发展的阶段性，或客观矛盾的各个侧面，或某一论断所包含的几个方面，或人们表达思想的先后步骤。

安排层次,必须分清哪些内容是主要的,哪些内容是次要的;哪些内容之间的关系是递进的,哪些内容之间的关系是并列的;哪些内容应当先说,哪些内容应当后说。材料之间的互相关系不同,处理方式不同,不能错乱,否则层次不清楚,自然也不会有条理。

为了使层次清楚,有些文章常常使用"第一"、"第二"、"第三","其一"、"其二"、"其三"或"首先"、"其次"、"最后"等序列词,标明几层意思、几个方面之间的联系,或者用词语的重复来表示思路的层次。

最后,承转自然,逻辑严密。

自古作文就有起、承、转、合的讲究。起、合是总起、总结问题;承、转是过渡、转折问题。要使文章脉络贯通,线索分明,上下前后浑然一体,过渡和转折是不能忽视的。

过渡是上下文之间的衔接。没有必要的过渡,文章的各个部分、各个层次之间可能会脱扣以至于松散。需要过渡的,大体上是在由总到分、由分到总的开合关键处,或者文章内容由一层意思到另一层意思的转换处,或者在叙述与议论以及顺叙与倒叙、插叙的交接处。这些部位的过渡,起了承上启下的作用。过渡的形式有过渡段、过渡句或连接词语等。

过渡不仅使上下、前后情节连贯,结构紧凑,避免了突兀,而且也是一种表现思想理论逐步深入的方法。

转折,指两层意思的转换。在论文中有段落作转折、句子作转折或词语作转折这几种方式。例如有一位毕业生对传统劳动用工制度进行剖析,先实事求是地论述了我国国有企业实行的固定工制度曾起过作用,接着要论述这种固定工制度的实行越来越不适应社会经济的发展,带来了一系列的问题,中间就插入一句"但是由于长期来片面地把固定就业当作社会主义制度的优越性看待,由此带来了两大问题",这就是以句子作为转折,使上下文之间的转折得体、自然。

第二节
毕业论文的基本结构

毕业论文内容的千差万别,决定了其构成形式的多种多样。但是一般来说,毕业论文是由标题、作者、内容提要、正文(包括绪论、本论、结论)、注释、参考文献等几个部分构成的。下面对毕业论文常见的构成形式做一些简要的介绍和说明。

一、毕业论文的标题

标题是文章的眉目。文章的标题样式繁多,但总是全部或部分地体现作者的写作意图、文章的主旨。毕业论文的标题一般包括正标题、副标题、小标题。

1. 正标题

正标题是文章总内容的体现。正标题位于首页居中位置。常见的类型如下:

A. 提问隐含型。这类标题用设问句的形式,隐去要回答的内容,实际上作者的观点是十分明确的。这种形式的标题蕴含着论辩的因素,容易引起读者的注意。例如《国有企业能退出竞争领域吗?》

B. 中心表述型。这类标题是论文中心内容的高度概括。例如《诉讼契约论》等。

C. 范围限定型。这类标题将全文内容予以限定,研究对象是具体的、狭窄的,但是引申的思想又必须有很强的概括性和较宽的适应性。这种从小处着眼、大处着手的标题,便于科学思维和科学研究的拓展。例如《日本政治动向对亚太地区经济发展的影响》等。

D. 判断确定型。这类标题是用判断性语言,或者结论性语言表达文章的中心论点。例如《大学生应当学会防治心理疾病》等。

2. 副标题

在论文的写作过程中,为了点明论文的研究对象、内容、目的,对总标题加以补充解说,常常需要副标题。特别是一些商榷性的论文都有一个副标题。例如《纠纷·秩序·法制——探寻研究纠纷处理与规范形成的理论框架》。此外,为了强调论文所研究的某个侧重面,也可以用副标题。例如《在新的层面上拓展邓小平理论体系研究——〈中国特色社会主义理论体系研究〉读后感》。

3. 小标题

小标题的设置主要是为了清晰地显示文章层次。有的小标题是用文字将一个层次的中心内容高度概括,昭然地表示出来;有的小标题是直接用数字编码,仅标明一、二、三等顺序,起承上启下的作用。值得注意的是,无论采取哪种形式,都要紧扣所属层次以及上下文的内容。

总之,设置标题时要遵循以下三点要求:一要明确。要能够揭示论题范围或论点,使人看了标题便知道文章的大体轮廓、所论述的主要内容以及作者的写作意图。二要简练。要用言简意赅的语言做标题,过长的标题容易使人产生累赘、烦琐的感觉,得不到鲜明的印象,从而影响对论文的总体评价。标题也应避免采用生造的或不常用的词,以免让人觉得有哗众取宠之意。三要新颖。标题和文章的内容、形式一样,应有自己的独到之处。做到不落窠臼,使人赏心悦目,从而激起读者的阅读兴趣。

二、毕业论文的摘要

摘要即内容提要,位于标题和前言之间,是论文的内容不加注释和评论的简短陈述。

摘要撰写有三个特点:短、精、完整。短,即篇幅短小精悍。毕业论文摘要一般300至500字即可。精,即内容精练,应筛选文章的精华。完整,即要求作者以精简的笔墨,勾画出全文的整体面目:提出主要论点、揭示论文的研究成果、简要叙述全文的框架结构。

摘要分为报道性摘要和提示性摘要。报道性摘要主要介绍研究的主要方法与成果以及成果分析等,对文章内容的提示较全面。提示性摘要,只简要地叙述研究的成果(数据、看法、意见、结论等),对研究手段、方法、过程等均不涉及。毕业论文一般使用提示性摘要。

常见的摘要位置有以下两种:一是单独成文,放在论文封皮的后边。在第一行正中写上"摘要"或"内容提要",再另起一行,空两格写摘要的正文。二是独立的小段,放在论文的标题下边、正文上边。"摘要"或"内容提要"几个字用方括号括住,写在段首,紧接着写提要的内容。作者可以自由选择这两种安排方式。

三、毕业论文的关键词

关键词是为了文献标引工作从论文中选取出来用以表示全文主题内容信息的单词或术语。关键词一般是名词。每篇论文选取 3 至 8 个词作关键词。关键词的位置,一般位于内容摘要之下,正文之上。作者在内容摘要下边一行空两格,写上本文的关键词。然后空一行,空两格,写正文。

四、毕业论文的正文

正文是论文的主体部分,是作者科研成果的具体反映和表述,包括绪论、本论、结论三部分及如何开头、怎样结尾。

(一)绪论、本论、结论

1. 绪论

绪论也称引言或导言。主要包括以下内容:

说明研究这一课题的理由、意义。力求用简洁的语言、清晰的层次向读者展现研究的背景和实际研究的问题。

提出问题是绪论部分的核心任务。问题的提出要明确、具体。有时可以写一点历史回顾,如关于这一问题,前人做了哪些研究,研究的程度如何,作者本人将有哪些补充、纠正或发展。同时说明作者论证这一问题将要使用的方法。

绪论只需简要地交代上述各项内容,尽管绪论可长可短,因题而异,但其篇幅的分量在整篇论文中所占的比例应很小,几百字即可。

2. 本论

这是展开论题、表达作者个人研究成果的部分。它是毕业论文的主体部分,必须下功夫把它写好。

要层次分明、逻辑严密地写好本论部分,应解决好以下几个问题:首先,要正确处理本论中的要素关系。本论是由论点、论据、论证等要素构成的。论点是论文的灵魂,是决定成功与否的关键,须集中、明确、深刻。论据是论点的根据和理由,论据的数量和质量直接关系到论点的说服力和活力,因此论据要真实、典型、新颖。论证就是揭示论点和论据之间的联系。作者要根据论点的需要,把论据组织起来,使两者成为有机的整体。其次,要合理安排本论的结构。一般说来,安排好本论的结构方法主要有顺式结构、逆式结构、并列式等几种。最后,是复述和摘引。为了增强论点的说服力,论文常常不止一次地复述和摘引他人著作和文章。引文从内容上看,一般有研究方法的引用、观点的引用和材料的引用。在引用他人文章时,一定要尊重原文,真实、准确,不可断章取义,违背原文意思。

3. 结论

结论是文章全部内容推出的结果。这一部分要对本论分析、论证的问题加以综合性的概括、总结,引出基本论点。结论的语言要字字斟酌,斩钉截铁地得出结果,决不能用"大概"、"好像"、"似乎"等含糊的词语。此外,还须注意的是,结论必须是序论中提出的、本论中论证的、自然得出的结果。毕业论文最忌论证得并不充分就妄下结论。结论要首尾贯一,成为一个严谨、完整的逻辑构成。

（二）如何开头与怎样结尾

1. 文章开头

许多人写文章，为怎样开头大伤脑筋。其实，文章开头的写作往往不是在落笔的时候，而是在全文基本完成之后。因为"开头"是关系全局的，它反映作者对他所要表达的思想观点的"整体认识"。如果作者对于事情或问题的整体还没有形成明确的认识，那他就很难确定文章的第一句话从哪儿说起。只有全局在胸，才知道该怎么开头。所以在写作的时候，首先不要为文章的开头耽误很多的时间。等到全文基本完成之后，再回头来设计文章的开头就比较容易。论文的开头，没有固定的格式。一般要求"开门见山"，主张"起句切题"，由浅入深，由简到繁，一步步把读者引进自己的逻辑思考之中。

2. 文章结尾

毕业论文的结尾一般要总结全文，加深题意。所以很多论文的结尾，往往有"总之"、"综上所述"等字样。结尾要用心考虑，因为全文的内容到此结束，它要托负全文，点明题旨。既不可草草收兵、虎头蛇尾，也不可画蛇添足、拖泥带水。

五、毕业论文的引文

任何一项科研成果，都是在前人研究基础上发展起来的，有一定的继承性。撰写毕业论文是进行科学研究的初步尝试，因此常常要引用他人著作、论文中的观点、材料、方法作为自己论文的根据。引文就是借鉴前人研究成果的一种方法。

运用引文，必须符合论文论证的需要，为证明论点服务。所以，作者应该深刻理解文献资料的原文原意，准确运用引文资料，不能断章取义，各取所需。

引文的种类可以分为：

原意引用。即不完全引用原作中的原文，而是论文作者用自己的语言将原作的原意概述出来。这种引文方法适用于原作篇幅较长，要引用的意思较分散、较复杂的情况。引用原意，要注意完整理解原作者的观点，并融入表述思想的行文中。它虽然不加引号，但要注明其原意引自何处。

原文引用。即照录原文，不任意删减或增添另外的内容。引文前后加引号，夹插在作者论述的文字中。原文引用主要是为了充实文章的内容，用具有权威性的思想来代替自己所要表达的思想。原文引用的形式有：

1. 行中引

有两种具体的引法：A. 引文部分在行文中本身可以构成完整意思的，要在引文后的引号内点上原文的语意终止符号（如"。"、"！"、"？"等）。B. 引文本身不能构成行文中完整的意思，须与自己的阐述结合在一起，才可详细达意，则引文时只加引号，无论原文原有的标点是什么，引号内都不要添加标点，而在引号之外加上行文所需的标点。

2. 提行引

这种引用的方式是将引文自成段落，用不同的字体或每行左右均缩进两格排列。引文前后不必加引号，其目的在于突出和强调。

使用提行引时要注意语言的连贯性以及必要的解释和说明。引用原文之后要用序号或括号注明引文的出处。

引用关键词。关键词的引用多是为了加强表达效果,这种引文,使语言浓缩、凝重,原意与己意合为一体,可以达到意想不到的效果。引用的关键词要加引号,以示他人之言与己之言的区别;引号后不能加任何标点,使他言与己言在形式上合而为一。

我们使用引文一定要给以明确的标记。这样做,既是表明对他人劳动成果的尊重和自己论证的根据,又是为读者继续研究提供查阅文献的方便。因此,使用引文时参考文献和注释是必需的。

第一,参考文献。参考文献也就是参考书目,是作者在撰写论文过程中曾经借鉴、引用过的重要文章和著作。参考文献附在论文后边。在编辑参考文献时要注意文献的选取。一般说来,只有与论文密切相关的、有学术价值的文献才将之编入目录,其他一般性的文章或资料就没有必要编入了。编辑参考文献的顺序,按文中引文的先后顺序,这样会使书目井井有条、逻辑清晰。

第二,注释。注释是对引文中出现的词语、内容或出处的说明和解释。注释在形式上主要有四种:一是夹注,即在引文中,边引边注。二是脚注,即在本页页下作注。三是章、节注,注在一节或是一章之后。四是尾注,即在全文末尾附上注释。作尾注时,要把全文的引文从头到尾统一编排顺序。在使用注释时要注意的是,在一篇文章中,只能采用一种注释方法。

第三节
毕业论文的结构提纲

一、编写毕业论文结构提纲的意义

当材料搜集齐全,开始动笔撰写毕业论文之前,一般都要经过编写论文提纲的过程。这是毕业论文写作的一个重要环节。从提纲本身来讲,它是作者谋篇布局、组织设计毕业论文篇章结构的具体体现。毕业论文的写作要用大量的材料、繁多的层次、严密的逻辑来展开论述,因此必须事先对要写的东西有一个明确、整体的鸟瞰,而且通过提纲还可以检查一下要写的东西是否充分、是否还有模糊之处。具体说来,编写提纲的好处有以下四个方面:

1. 提纲有利于作者理清思路

思路是思维活动的轨迹,是思维过程的线索,是作者有规律、有条理,又具有一定连贯性的思想发展脉络。作者在确定了研究方向或论文题目以后,开始积累有关材料,产生相关的想法、观点,但是它们是零乱的,不系统的。如何根据论题的需要,将所搜集的材料和所形成的观点有机地结合起来,条理化、系统化,这就需要作者进行精心、周密的思考,形成一条明晰、畅达、连贯的思路。编写提纲的过程就是理顺思路、形成粗线条的论文逻辑联系、框架结构的过程。如同一项高质量的建设工程必须有事先设计的蓝图一样,毕业论文只有先设想出一个提纲,使作者易于掌握论文结构的全局,才能进行具体写作。

2. 提纲有利于作者谋篇布局

一篇毕业论文洋洋洒洒近万字,对于一个初学写作的人来说,没有全局在胸,是难以写好的。在论文中,提出什么问题,分析什么问题,解决什么问题;如何提出,怎么分析,怎么解决;中心论点是什么,围绕中心论点分几个部分展开,各占什么地位,互相关系如何;哪些详写,哪些略写;如何进行论证,有步骤、有层次、有说服力地解决问题;如何一环扣一环、层层递进、触及核心,以及怎样删繁就简、突出重点,把中心问题分析得鞭辟入里,令人信服。这些问题,都需要事先编写提纲,通盘考虑安排。论文提纲,是由序码和文字组成的逻辑结构图。有了它,论文结构的全局才容易把握,才容易使论文中心突出、层次分明、结构紧密,有较强的逻辑性。

3. 提纲有利于作者避免失误

如果不写提纲,对于初学论文写作的大学生来说,难免会出现"下笔千言,离题万里"的现象。因为在毕业论文的撰写过程中,作者的思路是非常活跃的,经常变化。一些似乎不重要的材料,往往会使作者产生新的联想或观点。如果不认真编写提纲,动起笔来就会被干扰,甚至不得不停下笔来重新思考,推翻重来。这样势必会延误时间,影响作者的写作情绪。由此可见,在动笔之前先拟订一个比较详细的提纲是十分必要的,这不仅可以防止写作上走弯路,也便于指导教师作及时、具体的指导。

4. 提纲有助于文脉贯通

毕业论文篇幅较长,难度较大,写作时间较长,这就更需要借助提纲来保证全文文脉贯通,不受阻塞。有了论文提纲后,作者可以依纲逐段写作,将笔墨相对集中于主旨、主题,以便于检查每一部分在全文中所占的地位、所起的作用;在各部分之间是否有逻辑关系;每一部分是否能为全局所需要,是否成为整体的有机组成部分。经过这样的反复考虑,论文的结构才能统一、完整,一脉贯通。

二、编写毕业论文结构提纲的原则

1. 以论点为中心,围绕论点决定材料的取舍,突出重点

尽管有些材料是煞费苦心搜集而来的,但我们必须时刻牢记,材料是为中心论点服务的,无论多么好的材料,与主题无关时,都应当毫不可惜地予以舍弃。

2. 详略得当,简明扼要,安排好各部分的比例

论文的结构是由绪论、本论、结论三部分组成的。一般说来,第一、第三部分在文中都较第二部分简略,在拟订提纲时要注意详略得当。而第二部分是全文的重点,是要集中笔墨写透彻的部分,在拟订提纲时则要尽量详细、全面。但是提纲只是论文的骨骼框架,是剔去了血肉的简化形式。因此,提纲的语言要简洁明了,概括要点叙述大略即可。但简洁不等于简单,也不是图省事。初写论文提纲还是详细些较好。

3. 充分考虑各部分之间的逻辑关系

初学论文写作的大学生常犯的一个毛病是论据和论点之间没有必然的联系。有的只是反复阐述论点,而缺乏切实有力的证据;有的是材料一大堆,论点不明确;有的是各部分之间没有形成有机的逻辑整体,这样的毕业论文是不合乎要求的。拟订提纲时,一定要注意这点,力求把虚实结合起来,论点与论据统一起来。

三、编写毕业论文结构提纲的步骤

1. 确定文章提要,结合所需材料,形成全文概要

提要是论文的缩影。一般说来,各种理论专著、教科书、教学参考书,都有反映全书内容的提要,以便于读者一看提要就知道书的大致内容。做毕业论文也需要先写出文章的提要,以便于逐步扩展为提纲、论文。撰写论文提要一般是在执笔之前把论文题目和大标题、小标题列出来,再把选用的材料插进去,就形成论文的内容提要。

2. 确定各部分大致写作字数,合理分配篇幅

写好论文提要之后,就要根据全文内容,考虑篇幅的长短,各部分大体要写多少字。毕业论文的长短,一般以 8 000 至 10 000 字为宜。正文一般用宋体 5 号字及行间距,以此计算要用多少页纸。在本论部分还可以根据论文具体内容的详略、字数的多少再合理分配。有了这样一个事先拟就的篇幅分配,可便于资料的配备和安排,使写作更具有计划性。

3. 编写提纲

一篇论文提纲应对以下几方面酝酿成熟并予以反映:

A. 标题及副标题。

B. 论文的写作意图,包括选题理由、题材价值、中心思想等。

C. 内容纲要。这是提纲的主要内容,也是论文结构的骨架。

第一部分:论点,论据一、二、三……简要结论。

第二部分:论点,论据一、二、三……简要结论。

第三部分:论点,论据一、二、三……简要结论。

D. 主要参考资料。

提纲的内容有详略两种。简单的提纲一般只有两个层次:扼要地提示论文要点;编排论文目次。至于各部分怎样论证,用哪些材料,何种方法等都不写。详细提纲,即除了列纲目,还要写出每部分的主要论点、论据、材料、论证方法及篇幅大小等详细内容。初学写作的大学生由于驾驭材料的能力和熟练程度有限,故适宜采用后者。

第四节
毕业论文的章节、段落和层次

一、毕业论文的章节及各章标题

毕业论文正文按章、节撰写,每章应另起一页。各章标题要突出重点、简明扼要,字数一般在 15 字以内,不使用标点符号。标题中尽量不采用英文缩写词,如必须采用者,应使用本行业的通用缩写词。毕业论文的层次根据实际需要选择,层次代号格式各院校规定不尽一致,表 4-1 和表 4-2 列出一些格式供参考,一般各层次题序及标题不得置于页面的最后一行(孤行)。

表4－1　理工类毕业论文层次代号及说明

层次名称	示　例	说　明
章	第1章□□…□	章序及章名居中排,章序用阿拉伯数字
节	1.1□□…□	题序顶格书写,与标题间空一格,下面阐述内容另起一段
条	1.1.1□□…□	
款	1.□□…□ □□…□ □□…□	题序空两格书写,下面阐述内容在标题后另起一行空两格书写
项	(1)□□…□□□…□□…□□□□…	题序空两格书写,以下内容接排

表4－2　文、经、管、艺术类毕业论文层次代号及说明

层次名称	示　例	说　明
章 节 条 款 项	一、□□□□ (一)□□□□ 1.□□□□ □□□□□□□□□□□□□□ □□□□□□□□□□□□ 2.□□□□ □□□□□□□□□□□□□□ □□□□□□□□□□□□ ①□□□□	居中书写 空两格书写 空两格书写 空两格书写 空两格书写

二、毕业论文的段落

段落是毕业论文结构的核心,段落叫作"自然段",层次叫作"意义段"。段落是文章结构的单位标志,一段一个意思。段落还有一些特殊的作用,如过渡、转折或强调各分论点等。

一般来说,每段都有自己的"段意",段落划分的长短,虽然没有一定的标准,但是段落的长短一定要适度。段落的长短同文章篇幅长短有关,如长文章的段落可以相对长些;短文章的段落可以相对短些。通常毕业论文的段落相对其他文体要长一些。如果段落过短,会影响对某一问题或论点论证的展开,但若段落过长,叙述或议论分散,势必造成论文结构失衡,同时也会给读者的理解造成困难。例如,有些大学生的毕业论文,在结构方面很明显的缺点是段落过长,一个自然段有上千字之多,读起来不仅费力,有时还不知所云。从技巧上说,这是不善于划分段落,该另起一段的时候,没有另起一段;从思路上说,是层次不够清楚,几个意思纠缠在一起,理不清头绪。

三、毕业论文的层次

层次是指毕业论文内容安排上的先后次序,也是毕业论文展开的步骤,它是学生写作思

路的直接反映。层次一般表现出事物发展的阶段性,或客观矛盾的各个侧面,或某一论断所包含的几个方面,或人们表达思想的先后步骤。层次是一种有机联系,而非形式上的、人为的联系。因此,要特别注意事物本身的层次,或议论的问题自身矛盾发展的层次。要做到这点,就要熟悉事物,分析问题之间的联系,而不能单纯凭主观去安排毕业论文的层次,以避免行文中的"颠三倒四"或"主次不分"。

在毕业论文中,比较常见的安排层次的方式有以下三种:

1. 递进式,即论文的各层意思之间是层层推进的关系。按所研究课题的实施过程或各个分论点作为中心论点的论据,呈现出一种纵向联系的层次关系。

2. 总分式,即采用"总题分述"的方式,先总括起来说,然后分开说;或者先分开说,最后再总结。

3. 并列式,即论文各层意思之间是并列关系,各分论点的段落相互平行,从各个不同的角度论证中心论点,各个分论点呈现出一种横向的内在联系。

四、毕业论文层次和段落有着密切的关系

一般情况下,层次着眼于文章内容的划分,段落侧重于文字表达的需要。它们之间有时是一致的关系,即文章段落的划分正好反映内容的层次;有时层次大于段落,即几个自然段表达同一个层次的内容;有时段落大于层次,在一个大的自然段里,又可以划分为若干个小层次。

五、毕业论文的过渡和照应

文章是一层一层递进,一段一段展开的。为了使它脉络贯通,线索分明,上下前后浑然一体,经常需要在某些部位安排"过渡"和"照应"。

所谓过渡是指上下文之间的衔接和转移。没有必要的过渡,毕业论文的各个部分、各个层次之间可能脱节以至于松散。一般地,在论文由总到分、由分到总的开合关键处,或者论文内容一层意思到另一层意思的转移处,需要过渡,从而起到承上启下的作用。所谓照应是指前后文之间的相互关照、呼应。前有交代,后有照应,或前有"伏笔",后有照应。

过渡和照应不仅能使论文上下前后内容连贯,结构紧凑,而且也是论述逐步深入的方法。在句与句之间,段与段之间,开头与结尾之间,或正文与开头、结尾之间,在必要的地方都应该安排某种形式的交代和照应。如果论文缺乏必要的过渡和照应,或过渡牵强,照应欠妥,就会造成结构散乱。

思考题

1. 安排毕业论文的整体结构时,要考虑哪些原则?
2. 毕业论文常见的构成形式有哪些?
3. 编写毕业论文结构提纲的步骤有哪些?
4. 毕业论文中比较常见的安排层次的方式有哪些?
5. 毕业论文如何开头、怎样结尾?

第五章

毕业论文的撰写

通过本章学习,掌握毕业论文写作的基本流程、开题报告的作用、开题报告的内容、拟定论文提纲的基本原则、拟定论文提纲的具体步骤、如何提高初稿撰写质量。

能力要求

掌握:毕业论文写作的基本流程、拟制论文提纲的具体步骤、提高初稿撰写质量的措施。
了解:开题报告的作用、开题报告的内容。

确定了毕业论文的题目,搜集了充足的写作素材之后,就进入了论文的撰写阶段。这一阶段是论文写作工作中最关键、最主要的阶段。拟定提纲,撰写初稿,然后定稿。在毕业论文定稿后,还必须花大力气进行修改和精加工,经过多次的反复修改和完善,才能完成一篇合格的毕业论文。

第一节
毕业论文写作过程概述

一、毕业论文写作过程的重要性

(一)论文写作过程的概念

毕业论文写作过程是指作者在构思基本完成以后,运用书面语言,把研究过程、研究结果和发现、主要观点和结论等按照论文的格式和要求写成文章的过程。写作过程处理得好不好,直接决定了论文成果的质量,因此要予以重视。

(二)论文写作过程的重要性

毕业论文写作过程的重要性主要体现在如下两个方面:

1. 写作过程做得是否到位直接影响毕业论文的质量

在毕业论文写作过程中学生不能完全脱离结果来关注过程的价值,也不能脱离过程来追求纯粹的结果。处理好过程与结果的关系,是写好毕业论文的基本要求。写作过程是成果的基础和前提,应将过程与结果结合起来,注重两者的互动作用。既用规范的过程深化和促进阶段性成果的提升和发展,又以阶段性成果作为新的规范来约束和指导写作过程,从而进一步扩大和充实成果,使最终成果质量达到最优化。如果把写作过程与成果割裂开来,忽视过程的努力,就会影响成果的扩展与提升。因此,要将可预见的成果作为写作过程的指导,把成果作为新起点,有的放矢地加强写作过程的监督与检查,重视毕业论文的写作过程。

2. 毕业论文的写作过程有助于提高学生的综合素质

毕业论文的写作过程有助于提高学生的综合素质,包括工作态度、科研能力和写作能力。严格、规范和到位的毕业论文写作过程需要认真、严谨、踏实的工作态度,这种工作态度对学生是很好的锻炼,将使他们终身受益。同时,临近毕业,如何在有限的时间内完成毕业论文是个值得注意的问题,能否按期完成论文是学生能否毕业的关键,学生要合理分配课程学习、专业实习和毕业论文写作之间的时间,这样也有助于提高学生的时间管理能力。毕业论文写作过程需要缜密地思考和分析,使用恰当的语言表达思想,按照学校或者学院规定的格式编排内容,这些都有助于提升学生分析问题、解决问题和写作的能力。

二、毕业论文写作的基本流程

毕业论文的写作时间长、内容多、环节多、工作量大,要按时按质完成各项工作,必须遵循一定的规律,循序渐进,按照论文写作的基本流程进行写作。论文写作的基本流程大致可以分为四个阶段。

第一阶段:确定选题,搜集整理材料。这是进入论文写作的初级阶段。学生在撰写论文之前,首先要选择确定所要研究的方向、要论证的问题。选题要全面反映专业培养目标要求和学科、专业的特点,有理论价值和应用价值,满足社会需要。同时,深度、广度、难度应适当,要考虑适合写作的客观条件和自己的主观能力。根据所选论题,进行广泛的材料搜集,查阅中外相关文献,包括选题的第一手资料、他人的研究成果、相近学科的材料、名人的论述、政策文献、背景材料等。

第二阶段:整理材料,完成文献综述和基本构思,进行开题。对所搜集的材料进行广泛的整理、分析、阅读,完成文献综述,对文献资料进行分析、归纳整理,进行全面的、深入的、系统的评述。拟定论文提纲,确定毕业论文的主要内容、写作思路和篇章结构。完成开题报告和开题手续,根据导师的开题意见转入论文正式写作。

第三阶段:开始论文正文的起草、修改、定稿等各项写作工作。根据拟定的写作提纲和搜集整理的材料,将论点与论据进行有机结合,把自己的设计构思草拟成文,以形成论文初稿。在完成论文初稿的基础上,进一步对论点、材料、结构、文字和标点符号中存在的错误、不足等进行改正,以形成论文正稿,并作最后定稿。

第四阶段:编校、打印和装订。完成论文正稿后,按规定的论文格式规范进行文体编辑,制作论文封面、论文目录,根据格式规范要求编排论文内容。对论文的文字、用语、用词、标点符号、数字、公式、文体格式进行最后的校对,并按规定要求进行打印和装订。

根据上述,毕业论文的写作流程主要分为选题、搜集和处理材料、撰写开题报告、编写论文提纲、撰写论文初稿、修改与定稿、论文提交七个步骤,如图5-1所示。

```
        ┌──────────────┐
        │     选题      │
        └──────────────┘
               ↓
        ┌──────────────┐
        │  搜集和处理材料 │
        └──────────────┘
               ↓
        ┌──────────────┐
        │  撰写开题报告  │
        └──────────────┘
               ↓
        ┌──────────────┐
        │  编写论文提纲  │
        └──────────────┘
               ↓
        ┌──────────────┐
        │  撰写论文初稿  │
        └──────────────┘
               ↓
        ┌──────────────┐
        │  修改与定稿   │
        └──────────────┘
               ↓
        ┌──────────────┐
        │   论文提交    │
        └──────────────┘
```

图 5-1

第二节
毕业论文编写开题报告

一、开题报告与作用

(一) 开题报告的概念

开题报告是学生完成文献调研、确定选题方向后,在初步研究的基础上撰写的报请指导教师和指导委员会(小组)批准的选题、写作计划。它主要说明为什么要对该选题进行研究、具备的研究条件及如何开展研究等问题,初步规定了具体的研究内容、步骤和工作方案,是对选题所进行的论证和设计。

(二) 开题报告的作用

开题报告的主要作用有如下两个方面:

1. 提请导师和学校相关老师帮助论证,完善研究计划

撰写开题报告的主要目的,是要请导师和其他老师及专家们帮助判断一下所研究的选题有没有价值,研究方法是否有效,论证逻辑有没有明显缺陷。通过审阅开题报告以及听取学生的开题汇报,导师、其他老师及专家们甚至同学能够提供一些非常有价值的信息以及值得作者进一步思考的问题和改进研究的意见和建议。通过回答他们提出的问题,学生能够深化对所研究问题的认识,扩大或者缩小研究范围,注意到原先被忽视的问题,想出改进课题研究的方法,放弃或者修正可行性较差的研究方案。

2. 实施毕业论文工作过程的监控,保证毕业论文质量

通过开题报告这一环节,可以促使学生查阅大量的文献资料,深入调查研究,促进前期的文献调查和研究工作的开展。假如学生撰写出了开题报告,那么毕业论文的前半部分的内容(即引言、文献综述和研究方法)也就基本有了,这样也可以适当减轻后面写作的压力。导师和院(系)通过对学生开题报告的审定,来衡量论文选题的科学性、创造性、实用性、可行性,从而确定学生是否能够进入毕业论文撰写阶段,避免学生开展毕业论文工作的盲目性。

高质量的开题报告是获得优秀毕业论文的先决条件。加强开题报告的管理和监控,是增强学生学术研究活动计划性和培养学生科研创新能力的重要手段,也是监督和保证毕业论文质量的基本方法。它可以强化学生的积极性、主动性和创造性,有利于优化培养过程,促进预期培养目标的实现。因此,开题报告这一环节,不但不能省略和简化,还应该加强其规范化管理,从而进一步提高毕业论文的质量。

二、开题报告的内容

开题报告主要是围绕课题研究的主要内容展开论述,其中,包括拟解决的主要问题(或阐述的主要观点)、国内外研究现状、研究步骤、方法及措施、研究的内容、目标和难点、积累和前期工作、进度计划及预期成果。毕业论文开题报告的内容主要包括以下几个方面:

1. 选题名称

毕业论文开题报告的选题名称即毕业论文的选题名称。

2. 选题的目的、意义

为什么要选这个论题,即选题的目的、意义。选题的目的、意义就是选题的依据,也就是为什么要研究它,研究它有什么价值。选题的目的和意义一般可以从两个方面入手:一是选题的有关背景,即根据什么、受什么启发来提出选题、确定选题的研究方向,从现实需要方面去论述指出现实当中存在的,需要去研究、去解决的问题,本选题的研究有什么实际作用;二是通过分析问题的实际,指出为什么要研究该选题,选题的理论和学术价值,要解决的问题,等等。

3. 本选题国内外研究的历史和现状

要求对现有的大量素材进行归纳整理、综合分析,使搜集的文献资料更加精练、明确、层次分明、富有逻辑性。同时,要求对各家学说、观点进行评述,提出自己的见解和观点,完成本选题国内外研究动态的综合评述。该部分内容主要用于叙述各家学说、阐明所选课题的历史背景、研究现状和发展方向。其叙述方式灵活多样,可按国内和国外研究动态、年代、问题、观点、发展阶段等来进行叙述,一般应包括历史背景、现状评述和发展方向三方面的内容。历史背景着重说明前人对本选题的研究成果;现状评述重点论述当前国内外对本选题的研究现状,着重评述目前存在的争论焦点,比较各种观点的异同,亮出作者的观点;发展方向主要通过纵向、横向的对比,肯定目前国内外已达到的研究水平,指出存在的问题,提出可能的发展趋势,指明研究方向,提出可能的解决方法。为了着重反映本选题相关国内外的研究历史、现状、发展趋势,还要罗列参考文献,这是综述的原始素材,也是综述的基础。

4. 主要研究内容和预期目标

论文的主要研究内容是一个更具体、更明确的研究方向和基本结构,是论文写作的基本提纲,一般包括对选题名称、基本论点论据、研究的基本思路,对论文写作具有实际性的指导作用,也是开题报告的核心内容。预期目标是选题最后要达到的具体目的,要解决哪些具体问题,即选题研究的目标定位。确定目标时要紧扣选题,用词要准确、精练、明了。只有目标明确而具体,才能知道工作的具体方向和研究重点。

5. 主要研究方案

研究方案主要包括拟采用的研究方法、准备工作情况及主要措施。研究方法,是确保论文写作顺利进行的重要条件,从大的分类来说,一般包括实证分析法和规范分析法;从具体的研究方法来说,包括观察法、调查法、实验法、经验总结法、个案法、比较研究法、文献资料法等。学生应根据选题方向、研究内容和实现目标的需要,选择合适的方法加以应用。准备工作情况,主要是指当明确论文主题时对于选题分类已经完成的主要工作,指导教师通过了解准备工作情况来确认学生是否具备了研究条件。主要措施,是指学生在接下来的具体研究过程中,如何确保写作任务的完成。

6. 研究工作进展安排

即选题研究在时间和顺序上的工作步骤安排。研究的步骤要充分考虑研究内容的相互关系和难易程度。一般情况下,都是从基础问题开始,分阶段进行,每个阶段从什么时间开始,至什么时间结束都要有规定。选题研究的主要步骤和时间安排包括:整个研究拟分为哪几个阶段,各阶段的起止时间,各阶段要完成的研究目标、任务,各阶段的主要研究步骤及日程安排等。

7. 指导教师意见、院(系)指导委员会(小组)的开题意见

学生完成开题报告后交至指导教师,指导教师会同指导委员会(小组)组织开题,对学生选题进行论证,同意开题,就签署开题意见;不同意开题,则签署修改意见。

三、开题报告的要求

(一)通过专业理论思维选择课题

专业理论是人们由长期实践概括出来的关于专业知识的系统、全面的结论。毕业论文要想创造新理论很难,多数是在既有理论的基础上加以发展的。同时,发现理论问题,需要运用理论思维能力。这就需要不断锻炼和提高自己的理论思维能力,需要在日常的学习中,不断总结和分析以往的研究者大体从哪些视角来分析和研究问题、运用了哪些工具和方法,通过学习和总结来不断提高自己的理论思维能力,从而选择具有学术理论价值和应用价值、并与国家经济建设以及导师承担的科学研究项目紧密结合的研究课题。

(二) 认真研读文献,为开题报告打好基础

毕业论文出现的普遍问题是对文献研读不够,对研究背景的了解不够深入,对国内外在该研究方向上的具体进展和情况了解不够全面、详细,资料引用的针对性、可比性不强。很多学生没有将开题报告与文献综述区分开来,他们的开题报告仅仅是对前人工作和研究成果的叙述,而对自己即将开展的研究工作和工作计划则介绍甚少。

要想写好开题报告,必须认真研读文献,对所研究的课题有个初步的了解,知道别人都做了哪些工作,哪些方面可以作为自己研究的切入点。因此,文献调研是否深入和全面,会在一定程度上影响开题报告的质量,是学生充分发挥主观能动性的客观基础。

四、开题报告写作方法

(一) 提出选题和研究问题,明确选题的目的和意义

选题是撰写毕业论文的第一步,选题是否妥当,直接关系到论文的质量,甚至关系到论文的成功与否。此外,研究的问题贯穿于整篇毕业论文的始终,论文的后续内容必须紧扣研究问题展开。因此,开题报告必须明确交代选题和提出的研究问题。明确选题的目的和意义,评审专家和老师才能够真正了解和理解论文选题的理论价值和实际价值,并对此给予中肯的评价。

(二) 重视对主流文献的阅读与整理

文献资料是撰写毕业论文的基础,一般来说,文献越多,论文的基础就越牢固。要注意所选文献的代表性、可靠性及科学性,应该从本学科的核心期刊、经典著作等中选取文献;最好是先看近期的,后看远期的,广泛阅读材料,在必要时还应该找到有关文献所引用的原文阅读,在阅读时,注意做好读书卡片和读书笔记。整理资料时,要注意按照一定的思路组织文献资料。写文献综述不是将看过的资料都罗列和陈述出来,而是要按照一定的思路将其提炼出来。只有写出好的文献综述才能写出好的开题报告,进而为写出好的毕业论文打下基础。

(三) 研究目标具体而不死板

开题报告一般都要求明确毕业论文的研究目标,但是研究目标不宜定得太死板,这是因为即使条件确定,研究工作本身也会涉及诸多因素,研究设备等研究条件也可能不同,因此目标是偏高还是偏低,往往难以准确判断。毕业论文的研究目标体现了研究工作的价值特征。因此,在选择研究目标时要注意具体而不死板,这样才能写出有质量的毕业论文。

(四) 注重对研究方法的描述

写开题报告是为了请老师和专家判定所选的课题有没有研究价值,选用的研究方法是否有效,论证逻辑有没有明显缺陷。因此,开题报告的主要内容,就是要按照"研究的背景

和问题""研究的目的和意义""文献综述和所采用的理论框架""基本论点和研究方法""资料搜集方法和工作步骤"等若干方面展开。其中,"基本论点和研究方法"是重点,许多人往往花费大量笔墨铺陈文献综述,但一谈到自己的研究方法和研究设想时寥寥数语、一掠而过。这样评审老师怎么能够评判你的研究前景?又怎么能够对你的研究方法给予切实的指导和建议呢?因此,必须注重对研究方法的描述。

五、开题报告存在的主要问题与对策

(一)思想重视不够

长期以来,尽管许多高校把开题报告作为毕业论文工作的一个重要环节,建立了相关制度,提出了具体明确的要求,但在实际操作中仍然存在着重形式轻内容、弱化指导、宽于审核、放任自流等现象。认为学生培养质量的高低,能否顺利毕业,关键看其毕业论文情况和导师指导情况,把开题报告与毕业论文人为地分隔开来,使开题报告成为可有可无的东西,学生任意写,导师轻易过。因此,学生有必要对开题报告的撰写和评价给予足够的重视,把开题报告视为毕业论文写作的重要组成部分,进而提高毕业论文的质量。

(二)缺乏统一规范

开题报告是毕业论文的前提和基础,也是学生真正意义上学术研究活动的开端,是培养学生养成严谨治学风尚和科学求实态度的"训练场",具有很强的学术性。但在实践中,一些高校的管理部门或管理者认为开题报告无碍大局,仅就形式和框架上泛泛要求,缺乏统一的制度文本,以至于不少学生的开题报告内容不完整,学术规范性不强,一人一个样,想怎么写就怎么写,或者随意复制、敷衍了事,从而给接下来课题研究的水平和论文的质量埋下诸多隐患,也对其职业道德、敬业精神和学术研究态度产生了不良的影响。因此,高校有关部门要建立严格的开题报告制度,统一规范好开题报告的内容、要求与格式,防止学生随意应付开题报告的现象发生。目前,高校普遍建立了毕业论文开题报告制度和统一格式,缺乏规范的状况正在得到有效遏制。

(三)指导流于形式

指导教师是学生开题报告的主要指导者和第一阅读人,也是开题报告质量的第一检查人和把关人。但随着招生规模的扩大,每位导师指导的学生数量相对增多,导师整体工作量明显增大,师生间的直接互动相对减少,加之导师工作忙,事务多,而对导师的考核,许多学校又偏重于科研项目和科研成果,从而导致在指导学生开题报告撰写的过程中,导师时间和精力的投入都难以到位。同时,部分导师的责任心不强,主观方面的约束不够严格,也影响了开题报告的质量和效果。因此,应当强化导师的指导把关责任,把导师的考核与指导学生写作情况与质量挂钩,发挥师生双方的积极性,促进学生成才。

(四)与毕业论文工作脱节

开题报告是毕业论文写作与指导的制度文本,对师生双方和毕业论文写作具有强烈的约束作用,应当贯穿于毕业论文的写作与指导中。由于开题报告的撰写时间仓促,文献资料查找不足,研究现状把握不准,师生交流不充分,相应的论文分析不到位,已有的条件不成熟或者设备不够完善、先进等原因,常常出现论文与开题报告相背离的现象,使开题报告失去应有的作用。往往出现学生离题万里,导师也缺乏督促的情况,以致论文形成后,虽不合乎要求,但也无可奈何。为不影响学生正常毕业,匆匆答辩、草草过关,导致毕业论文质量难有保障。因此,学生应严格按照拟好的开题报告进行毕业论文的写作;同时院(系)也要发挥监督和审核功能,督促学生与导师一起遵循有关的开题报告规范,保障毕业论文的顺利完成。

第三节
毕业论文提纲的拟定

在毕业论文结构确定之后,正式撰写毕业论文之前,拟定写作提纲是十分必要的。拟定提纲是进入毕业论文写作状态行之有效的办法之一,其作用主要是帮助撰写者梳理写作脉络、细化论述框架的设计和清理论据材料。论文提纲的质量直接影响到初稿撰写的质量。如果在拟定提纲时不能对论文的全局作一个完整的布局,不能对论文可能涉及的材料和问题做到心中有数,则很可能导致初稿撰写的夭折。一般来说,提纲写得越完善,写作的脉络越清晰。

毕业论文的提纲是论文整体结构的延伸和细化,类似建筑工程中的图纸,可以帮助作者勾勒出全局的框架或轮廓,形成完整而有序的构想。提纲的拟制,意味着论文框架的生成,意味着从无序走向有序,也意味着感性意图被转化为理性的整体蓝图。有了提纲,就有了具体的、可依据的"路线图"。事实上,拟制提纲的过程,本身就是理顺思路的过程。经过反复的推敲和思考,思维会更加周密,论文布局会更加有序。反映到行文内容和结构形式上,自然层次分明,有条有理。

一、拟定论文提纲的重要意义

1. 梳理写作脉络

梳理写作脉络是拟制论文提纲的首要任务,其实质是对所选论题进行细致分析,进行深度整理和定量化的布局。通过对所选材料进行分析、提炼、整合等"物理变化"后,再确定中心论点,并且将围绕中心论点展开的所有相关问题按逻辑关系进行梳理。一般要求围绕选题列出一级标题,并写出每个一级标题下设的二级标题,使其能围绕主题层层展开,以全面说明中心论点。

拟定论文提纲,可以使学生更加清晰地认识自己所要论述问题的内容和可能涉及的相关问题,并且依照它们之间的逻辑关系,对论文的论述思路进行梳理,把笼统的东西明确化,把模糊的东西清晰化,对论题必须涉及的重大问题进行及时补充,对可能形成烦琐重复的内容适当删减,为起草论文初稿做好内容上和逻辑上的准备。

2. 设计论述框架

设计论述框架实质是对所要论述的问题寻找一个恰当的论述路径,即对论述的过程和形式进行安排和布局。一篇成功的论文,其论点是否深刻有价值,其论据是否充分可靠等固然重要,但是用怎样的形式和方法来把这些内容表现出来也不容忽视。方法形式的不当,会极大削弱论述的力度,并且会加大写作难度。所以,在拟制提纲的阶段就必须对论述的框架给予足够的重视。其实,有的学生对所要论述的问题了解是较多的,但结果往往是表述杂乱,充满重叠或遗漏,结构不平衡、不优美,致使有价值的选题不能很好发挥。其原因就是在提纲拟订阶段没有缜密地设计论述框架,总是"跟着感觉走"。可见,形式的缺欠会使原本很有价值的内容失去价值。

3. 清理论据材料

清理论据材料实质是基于对所写内容的理解和写作方式的选择,寻找和安排相应的论据支持。写论文需要大量的资料数据,虽然这些资料和数据在确定论文选题时就会有所准备,但并不意味着这些资料的搜集就能够满足写作的需要。因为在选题阶段,学生的思考往往是较为笼统的,对所需的材料并非十分了解,仍需要进一步整理、分类和布局。而拟制提纲正是可以清楚了解用以支持论点的材料在数量上是否充分、质量上是否有力。提纲是对写作的布局和细化,所搜集材料在各个写作部分的布局必须在提纲中充分体现出来,所以经过提纲的拟制,学生就能清晰地知道自己的材料是否齐全,是否存在核心材料的欠缺等。

在学生的论文写作中常有两种相反的情况,一种是对欠缺材料不以为然,不下功夫补充;另一种是过分依赖材料而淹没了自己的观点,甚至材料本身发生矛盾,致使论文逻辑混乱。尤其是在当今通过网络就能轻易找到大量材料的环境下,后一种情况十分普遍。这些问题虽不单纯是写作提纲要解决的问题,但是作为认真拟制提纲的作者,上述两种弊端都应当避免。

二、拟定论文提纲的基本原则

在提纲的起草和推敲过程中,作者都会自觉不自觉地先从自己的大脑信息库和所搜集的文献资料中反复地搜索、归纳、提取有用的材料,再进行文献查阅,了解涉及研究对象的国内外研究现状,明确理论前沿,这样不仅可以使之和相应的内容配合,以形成文章的完整构架,而且会保证论文是自我的"原则",易于创新。

1. 突出中心论点,认真选取材料

根据中心论点的实际需要,决定材料的取舍。坚决舍弃与主题无关、关系不大或陈旧的数字统计等材料。尽管这些材料是作者煞费苦心搜集来的,但是为了确保论文的质量,必须时刻牢记:材料是为论点服务的,无论多好的材料,只要与所写论文无关,就一定要舍弃,从而使毕业论文的中心论点突出。

2. 充分考虑论文各部分之间的逻辑关系

在现实中,有一些学生撰写的毕业论文,论据和论点并没有必然联系。有的只限于反复阐述论点,而缺乏切实有力的论据;有的是材料一大堆,论点不明确;有的是各部分之间没有形成有机的逻辑关系。这样的论文都是不合乎要求且没有说服力的。拟制论文提纲时,一定要将论点与论据统一起来,尽可能增强论文的逻辑性。

3. 笔墨匀称,安排好各部分之间的比例

一般来说,毕业论文的基本结构由提出问题、分析问题、解决问题或者由绪论、本论、结论三大部分组成。第一、第三部分在提纲中都应比较简略;第二部分是论文的主体和重点,要集中笔墨写深写透,因此,在拟制提纲时,这一部分要详细、全面。本论部分一般应设置三到五个问题,每个问题至少要分为两个层次,层层深入,层层推理,以便体现总论点和分论点的有机结合,将论点讲深讲透。

三、拟制论文提纲的具体步骤

1. 写好提要

提要是论文的缩影,有点类似于最终形成的论文摘要的扩展材料。大学生写毕业论文也需要先写出论文提要,以便于逐步扩展为提纲、论文。撰写论文提要,一般是在写作前将论文题目和大标题、小标题列出来,再将选用的主要材料插进去,并作简要表述。

2. 初步拟定各部分的文字篇幅

写好论文提要之后,就要根据论文内容,考虑篇幅的长短,分配各部分大体上要写的字数。以一篇15 000字的毕业论文为例,如果本论部分(10 000字)准备写四部分内容,第一部分2 000字,第二部分2 000字,第三部分3 000字,第四部分3 000字。这样的意向性字数分配,便于资料的配备和安排,使写作更具有计划性。学士学位论文的长短,一般以12 000~15 000字为宜。

3. 确定编拟提纲的方式

编拟学士学位论文提纲,主要有列项式和陈述式两种,作者可以根据需要进行选择。

列项式提纲是粗线条地搭起的全文大体的框架,即作者用简洁、概括的句子、材料序号,把中心论点、分论点、材料一一排开,制成一个草图。列项式提纲的特点是一目了然、简明扼要,便于学生与指导教师或者他人共同讨论、研究。

陈述式提纲是用不加任何修饰的陈述句,直白地把分论点和材料,分段、分层地表述出来。这种提纲不但在内容上已经成熟,而且可以宣示外形,成为学士学位论文的缩影。到写作时,基本上不用大动,只按着提纲的顺序写作即可。陈述式提纲事实上就是学士学位论的雏形。对于本科生来说,采用陈述式提纲会有一定难度,一般采用列项式提纲比较适宜。

四、拟定论文提纲应注意的问题

1. 把握好提纲的"粗陋"与"琐碎"

学生在拟定毕业论文提纲时常常出现过于粗陋或过于琐碎的问题,这两种极端的情况都会影响到论文的写作。提纲过于粗陋,体现不出提纲的作用,许多应当在提纲中发现的问题发现不了,结果就像没有拟过提纲一样。指导教师也很难从中看出学生的思路,难以发现潜在问题,不能进行有效的指导。过于粗陋的提纲在撰写初稿时会遇到困难,往往不得不在写作过程中大幅、频繁地进行调整,延误时间并降低了质量。而过于琐碎的提纲往往是提纲与初稿的交杂,和初稿难以划分,同时又没有初稿所需要的完整性和严密性,因而表现出的往往是思路不清晰。这种情况不仅容易掩盖问题,还可能束缚后面的写作思路。所以提纲的粗细把握一定要适度,既要完整体现写作思路,又要留下可供充分发挥的空间。

2. 根据论文需要随时调整提纲

虽然强调提纲是对写作思路的准确反映,但要知道,写作论文本身是一个思想不断延展和深入的过程,在这个过程中,随时可能有新的思想火花闪现,也可能会有对原有想法的修正,这不仅是正常的,而且是应当鼓励的。所以一个好的提纲,应当为这种可能性留下余地和空间。写作提纲并不是一成不变的,它有一定的不确定性,一旦在问题思考和论述的过程中有较大的改变,就需要重新调整提纲,使其能够反映和引领写作的深入。

3. 毕业论文材料必须为主题服务

在拟定提纲时可能会遇到思路和材料不吻合的问题,有时可能是自己所持有的观点一时找不到合适和充分的材料支持,但又不愿放弃或改变自己认为很有价值的观点;有时则可能是找到了很有价值很感兴趣的材料却觉得材料与自己的观点不能直接对应,但又舍不得放弃精辟的材料,于是陷入矛盾之中。这就需要对思路和材料的关系作一个恰当的处理:当一个好的想法无法找到相应的材料支持时必须放弃。作为毕业论文,必须"持之以故,言之成理",不能空穴来风,言之无据;如果实在感觉观点有价值,可以将其作为问题提出,但不能作为论文主体与重点。当材料多且与论点不太吻合时,一定要大力删除,即便是合适的材料也不宜过量堆砌。

4. 在每层次、每段落动笔之前要先考虑其内部结构

因为毕业论文构思时一般不能深入到段落内部,写作时也不宜考虑一句写一句。一是要把这一层一段的主要意思和材料安排一下,以求更好地表达出本层次、本段落的主要意思,并能有条理地展开。二是要寻求较好的方式解决上下文的衔接。三是按照本层次、本段落在文中的地位,充分发挥其服务于中心论点的作用。

5. "大改小不改"

拟定提纲、构思论文不可能把一切细微之处都想妥帖了,起草是一个创造过程,这一阶段精神高度紧张,可以把理论思考和构思的成果进一步检验、修订、发挥、升华,会有新的创造和突破。所以,按照提纲写,绝不是束缚手脚,那是一个大框框,起草论文的时候活动余地还是很大的。所谓余地,就是在起草的时候可以重点解决那些不周密、不合理、不顺畅的地方。

在起草毕业论文过程中并非凡是遇到不合适的地方就停下来,是否停下来改动有一个原则,叫"大改小不改"。那就是发现文章大的方面,像总论点、立论的关键材料、主要的观点等变化了或大的架子——整体结构——有了问题,要立即停住,想好再写,甚至另起炉灶,不能将错就错。如果发现细枝末节或局部存在的问题,如材料不够、不合适、不确切,要停下修改、校对、查找的,可先做上记号等写完再说。不要被小问题、小毛病拖住不能前进。这里果断是必要的,犹疑是有害的。

五、如何提高初稿撰写质量

毕业论文初稿应在论文中期检查时形成。这时论文虽然有了雏形,但学生仍不可放松,接下来面临的将是更加严峻的完善与修改的任务。学生必须本着精益求精的思想提高初稿撰写质量,排除万难,在不断的阅读与调整中,使论文达到理想效果。

1. 抓住论文核心,完善写作细节

从毕业论文结构的策划到拟制论文提纲,再到论文初稿的撰写,终于有了一篇论文的诞生。在整个"诞生"过程中,无论哪一个环节都对撰写者提出了相应的要求。可以说,在毕业论文这项"工程"中,毕业论文的撰写也是最关键性的环节,它决定着论文质量的优劣,考验着撰写者的写作功底和一种持之以恒的攻关精神。对此,归结以下几点供学生参考。

(1) 紧紧围绕论文的主题和核心观点进行论述,不偏不离,做到对问题的层层分析并逐一解决,力求在毕业论文目录中显示出严密的逻辑性。

(2) 充分利用资料,为论述主题服务,不能空论,既不能以"理论材料"解决"理论问题",而没有实际案例来说明问题;又不能堆积资料,即案例较多,但论点模糊。所以,论文材料必须做相应的取舍和恰到好处的安排,唯其如此,方能使论文"骨肉分明"。同时,还应注意,资料的选取应随着研究方向而为,要有系统地、选择最适当的资料来回答提出的问题,不能太凭运气,也不能不花工夫,只引用手边现成的资料。资料分析要深入,应建立在资料的基础上,与既有的理论对话。

(3) 处理好论文结构,拟制提纲和起草初稿三者的关系,既不能割裂又不能完全统一。有的学生抱有对毕业论文急于求成的态度,如论文材料确定以后就试图起草初稿,这不仅没有提高毕业论文的撰写效率,反而出现了较频繁的"返工"现象。也就是说,毕业论文这样的极具学术价值的"大文章",不可以一蹴而就,一定要按基本的步骤循序渐进地完成。

(4) 注意语言表达的完整和语法知识的运用。毕业论文的语言要明确,不含糊其词,无任何歧义;要规范,体现学术领域的特点,不使用方言、俚语、俗语、土语等;要准确,不使用文学语言,也不要用太过情绪化的字眼。而在具体的表述上则不能采用散文、记叙文等文体常用的"埋下伏笔"、"先抑后扬"以及"多种修辞手法的运用"等手段,而是力求论点突出、论据充分、环环相扣、层次清楚、逻辑严密即可。

2. 锤炼写作功底,坚定必胜信念

作为本科阶段的学生,第一次撰写大型的论文,将是一生中难以忘怀的经历。它不仅是对写作功底的锤炼与打磨,在这样的过程里,更是实现了师生写作与审美水平不同程度的提高。然而,困难也会接踵而至,在这种情况下,就应把握撰写原则,转化自身劣势,分步落实。学生在毕业论文初稿形成以后,应对自己的实际撰写水平有一个客观公正的评估。总结出撰写环节中最大的难点在哪里,是选材还是制定提纲;是不会以案例说明问题,还是拥有了较多案例却提炼不出相应的论点,等等。总之只有查清写作"病根"后,才能及时地"对症下药",与指导教师作深层次的交流,以便在下一阶段的论文修改与完善中转化自身劣势。以下归结几种常见论文撰写问题。

(1) 构思不够缜密,影响行文过程。

有时候因为构思不够缜密,导致提纲写得太粗,而到了写作正文的阶段,发现写着写着就写不下去了。这时就要重新构思,审视对总论点理解把握得如何、对材料熟悉的程度、结构安排是否合理。总之,经过重新构思把问题想透,把提纲写细,就会顺利写下去了。

(2) 缺乏写作训练,下笔一片空白。

虽然研究了论文写作材料,构思了论文写作提纲,但一提笔就发怵,写不下去,这是因为缺乏长期的写作训练。在这样的情况下,首先要谨记在心的是,写作并非成竹在胸,把已经在心中想好的、很完整的东西,如实地再现;相反地,写作本身就是一种思考与分析。只有真的下笔写出来,才了解自己到底懂得多少,其间是否有破绽,有没有矛盾不清之处。因此,绝对不要等到分析架构都很完整的时候才开始动笔写。否则,就会觉得这样写好像不对,那样写好像不够完整,又怕将来万一分析架构修改了,会不会以前写的就白写了……如果有这些顾虑,其结果往往是困在那里,迟迟无法动笔。所以,只要有一点想法,就应动笔写下来,因为反正还可以持续修改。

最好的方式是,在研究过程中就不停地记笔记。以访谈为例,除了逐字记录,还有关于访谈情境以及访谈经验的描述笔记,以及关于访谈内容的分析笔记等。这些笔记很容易就成为将来论文的基础内容。开始写的时候,应尽量一次写得详细些,因为将来删减内容总是比增添内容容易。

(3) 材料不能和提纲有效对接。

论文有的部分好写,有的部分比较难写(如资料分析、结论,有时可能在书桌前坐几个小时,就是写不出几个字),两者可以交叉进行,不要先把好写的写完,然后每天总是面对最困难的部分。总之,文章最终还是要依靠材料,当材料不是自己所需要的理想材料时,不要着急,可以稍停一下再看看其他材料,看看有关的文章,变换一下角度,思路就来了,就可以再继续写下去了。

总之,毕业论文凝聚着撰写者与指导教师的心血,尤其是在整个论文撰写过程中,学生水平的提高是潜移默化、水到渠成的,关键要看学生在每个撰写环节的认真程度和老师对学生的要求标准。原则上老师应鼓励学生的原创与创新,但对于应用型高等院校的学生,则更多地应关注学生对文字的驾驭、材料的组织、结构的安排以及对核心问题的阐述等方面。

事实上,论文即便完成了,也总是有所局限的,会让作者看到研究前所没有看见的问题,会产生新的观点。未来的研究方向,就可能建立在这次论文研究的基础上,论文应能启发学生进入新的研究领域,而不是机械式地推论。这样论文写完了,就不会是一个结束、画上一个句点,而是开启了另一个研究起点。

思考题

1. 论文写作的基本流程有哪些?
2. 开题报告有哪些内容?
3. 拟定论文提纲的基本原则有哪些?
4. 拟定论文提纲应注意哪些问题?
5. 怎样才能提高初稿撰写质量?

第六章

毕业论文的修改与定稿

学习目标

通过本章学习,掌握毕业论文修改的重要性、修改的范围与内容、修改的不同方法。

能力要求

掌握:毕业论文的格式。

了解:论文校对、定稿和提交。

毕业论文初稿出来之后,并不能算论文已完成,因为在大多数情况下,初稿是不完美的,只是半成品,还必须通过多次修改和加工,才能成为优质成品。所以,修改和加工是写作毕业论文不可缺少的环节,是提高论文质量的有效方法,一定要引起高度重视,花大力气做好此项工作。因而,学生必须了解和掌握如何对论文进行修改和加工。

第一节
毕业论文的修改

一、毕业论文修改的重要性

毕业论文写作是一项十分严肃的学术研究工作,它不仅需要热情,更要有严谨的科学态度,未经修改过的毕业论文只能算是"半成品"。刀不磨不快,文章不改不好,作家巴金说:"写到死、改到死,用辛勤的修改来弥补自己作品的漏洞。"由此可见,修改对毕业论文质量的提高至关重要,从某种意义上可以说是写作论文过程中一个具有决定性作用的环节。因而,要采取积极的态度,应有求知的韧性、研究的耐性,认真地修改。

1. 修改是对客观事物的进一步认识

修改的过程,也是对所论述的客观事物不断加深认识和选择最佳表达形式的过程。毕业论文要求大学生综合运用所学的理论和专业知识,紧密联系实际,反映出对客观事物的认识。但是,客观事物是千变万化、丰富多彩和曲折复杂的,认识它并不容易,反映它更是困难。这一方面是由于客观事物本身的内部矛盾有一个逐渐暴露的过程,它的发展是曲折复杂的;另一方面,这种困难来源于人的认识要受到各种主客观条件的制约,在认识过程的各个阶段中稍有疏忽,就容易出现片面性和主观性。认识过程的这种复杂性,决定了毕业论文的写作难以一挥而就,撰写毕业论文的过程从本质来说也是一个认识过程,在写作过程中,多一次修改就多一次认识;多一次修改就前进一步,至少可以减少失误和克服不足。

2. 修改是贯穿写作始终的重要环节

毕业论文的修改看似是毕业论文初稿完成以后再做的事,只要把初稿再完善一下就可以了,是完成毕业论文写作的最后一道工序。但是从总体过程来讲,修改应贯穿于整个毕业论文写作过程中。通常可将毕业论文的写作划分为 4 个阶段,在每一个阶段都应该注重对毕业论文的修改。

第一阶段,构思中的修改。在选好毕业论文的题目,知道了毕业论文的基本格式和要求后,先不必急于动笔写作,磨刀不误砍柴工,起草动笔之前要酝酿构思,修改就要从这里开始。比如,对如何确立中心、选择材料、布局谋篇等需要进行认真的思考。虽然在脑海中的修改是看不见摸不到的,却能使真正落笔写时少走弯路,有时甚至决定着通篇的成败。因此,在动笔前一定要深思熟虑,不要信笔写来最后却发现问题又作大的调整和改动。

第二阶段,动笔后的修改。动笔之后就进入了细致的思索过程,要边写边改,边改边写。这个阶段从时间上来说是最长的,一定要耐心细致,形象思维与逻辑思维交替使用,反复进行分析、对比和抉择,处理好层次的划分、材料的使用、段落的衔接、词汇的斟酌推敲等之后完成初稿。

第三阶段,初稿后的修改。全文完成之后要逐字逐句、逐层逐段地审读,进行全面的修改。在修改中不仅要字斟句酌,还要考虑材料取舍、层次安排、结构组织、中心表达等。这一阶段的修改非常关键,因为在起草论文初稿的过程中不可能对每个论点、论据都想得很周密,表达则更难做到准确无误。而在初稿完成后的着眼点就可以从局部写作转到总体审视,居高临下地检查,推敲中心论点的表达是否突出,各层次、段落的安排是否妥当。此外,可以从读者角度对全文各个部分进行"评头论足"和"挑三拣四",这样做可以更客观和更严格地认真思考、反复推敲,使毕业论文趋于成熟和完善。

第四阶段,在指导老师指导下修改。指导老师审阅全文后会对论文优点给予肯定并指出存在的不足,在虚心听取指导老师的点评后,要深刻领悟,然后重新考虑修改。这个阶段的修改非常必要,如果改好了,毕业论文的水平会有显著提高。

3. 修改是提高写作能力的重要途径

毕业论文的写作是一项提高综合能力的训练。要提高写作能力,不仅要多写,还要多改才行。有不少大学生思路敏捷,写东西也比较快,但是由于不重视修改,推敲和琢磨得较少,写成的毕业论文往往会出现结构松散、格式不规范、词句重复啰嗦、错别字较多、标点常常用错等问题,因而写作水平提高不快。应该把修改看作是写作过程的一个重要阶段,学习怎样修改毕业论文,也是提高写作水平的一项基本训练,而且还是非常有效的训练。鲁迅把领悟"不应该那么写"——即修改初稿的方法,称为"极为有益的学习方法"。从某种意义上说,会不会写,可以用会不会修改来衡量。只有到了会写也会改的时候,才可以说已具有一定的写作水平和写作能力。正如契诃夫所说,"写得好的本领,就是删掉写得不好的地方的本领"。通过修改论文,可以进一步提高遣词造句、布局谋篇和逻辑推理的能力。

4. 修改是培养严谨治学态度的需要

写文章是给别人看的,会对社会产生一定的影响。因此,作者必须抱着对读者、对社会的高度负责的精神认真修改论文。认真修改论文,严格把关,这是一种严谨的科学的治学态度。鲁迅说过:"写完后至少看两遍,竭力将可有可无的字、句、段删去,毫不可惜。"马克思在《资本论》第一卷写完后,从头到尾作了修改。后来的德文第二版和法文译本,他又分别作了修改。他写《资本论》长达 40 年,中间经过多次修改,现在的前两卷的前一部分原稿,光保存下来的就有 8 种之多。保尔·拉法格在《忆马克思》一书中说:"马克思绝不出版一本没有经过他仔细加工和认真琢磨的作品。他不能忍受他未完成的东西公之大众。要把他没有做最后校正的手稿给别人看,对他是最痛苦的事情。……有一天他对我说,他宁可把自己的手稿烧掉,也不愿半生不熟的遗留于身后。"这种对社会的高度负责精神,值得我们很好地学习。

5. 修改是不断增强理论水平的必要环节

毕业论文作为学术论文的一种,具有很强的理论性。论文的理论色彩在于它不是现象的简单罗列,不是一般原理的阐释,也不是实践经验的介绍,而是一种高度的概括和升华。事实往往在论文中被浓缩、抽象,或凝聚成数据,或衍变成各种表格与图式,感性的东西深化为理性的东西,客观存在加入了思维的序列,从而上升到一定的高度。而人们对事物的思维认识总是经过从感性认识到知性分析再到理性把握这样三个阶段,每一个思维环节都会影响到最后的研究结果。所以,在文章初稿完成后,要根据人的思维可逆性和可重复性的特点,检查每一个思维环节:感性认识是否强烈、知性的分析是否全面深刻、理性认识是否把握了事物的本质,这是符合人的思维特点的。论文写作,从确定选题到搜集整理材料进行研究,再到执笔写出初稿,是要经过相当长的时间的。在这一过程中,不可能对每个论点、论据都想得十分周密;表达则更难做到准确无误、一针见血。论文的修改,是作者对自己作品仔细琢磨、认真加工、精益求精的过程。修改过程中,作者的着眼点可以从局部写作转移到总体审视,可以客观、整体地检查,推敲中心论点是否突出,各层次、段落是否安排合理。使认识不断深化,错误加以改正,使论文趋于成熟和完美。

二、论文修改的内容

论文修改的目的是使文章能够更准确、更鲜明地表述研究成果。修改的范围包括主题论点、层次安排、结构组织、材料使用、语言表达等方面,总的来说,就是发现什么问题,就修改什么问题。具体而言,包括修改论点与标题,修改材料,修改结构,修改语言。

(一) 修改论点与标题

1. 修改论点

文章的论点在确定选题、撰写提纲、动笔写作前的再审查、初稿的写作、导师的检查等过程中,已经经过了反复推敲。但完成初稿后,仍然要将论点放在首位来审视,检查论点是否正确。修改论点时应该注意两个方面的问题。一是观点的订正。检查全文的论点及由它说明的若干问题是否带有片面性或表述不够准确,反复斟酌和推敲。如发现问题,应重新查阅资料,对实验方法及数据给予增补、改换。二是观点的深化。修改时应检查自己的论点是否与别人雷同,有无新意,如果全篇或大多数观点都是别人已经阐述过的,没有自己的讲解和新意,则应从新的角度提炼观点,形成自己的见解。否则,宁可"报废",也不勉强凑合成文。

2. 修改标题

完成初稿后,要从整篇论文的角度,对论文的标题进行重新审查,检查文题是否相符,概括是否准确、确切,标题大小、长短是否合适,涉及面是否过宽、过深,标题是否新颖等。论文题目是论文的"眼睛",如果题目短小、精练、鲜明,就能紧紧抓住读者的目光,激发读者的阅读兴趣。所以,对论文题目进行反复推敲是非常必要的。如果文不对题,不够准确,题目过长或过短,缺乏新意等,都要对论文标题进行修改。

(二) 修改材料

材料是证明论点的论据,论文选用的材料必须典型、真实、可靠,与论点相统一。完成论文初稿后,要对论文中选用的材料进行认真核实与调整。

1. 核查材料是否真实、可靠、准确

对论文初稿中引用的事例、数据、典型材料、引文出处等进行核对,检查是否有疑点,前后是否有矛盾,是否有失误之处,一定要搞清楚、弄明白。如果引用了他人的论述,应尽可能核对原文,确保论文建立在坚实可靠的基础之上。

2. 根据论证要求,对材料进行修改

对于材料缺乏、单薄,不足以说明论点的,就要充实典型材料,使论据更加充实,使论证变得更加有力。对于与论点缺乏严密逻辑关系、与论点不统一的材料,一定要更换或修改。对于杂乱、重复的材料,则要删减,以突出观点,不能以材料多而取胜,应以适度为佳。对于陈旧、一般化的材料,则要进行调换,换上更合适的材料。

(三) 修改结构

论文结构是论点的逻辑展开形式,是作者研究思路的语言表现形式。所以结构的好坏,直接关系到论文内容的表达效果。所以,对初稿结构进行审查与调整,首先要看论文结构是否完整,标题、摘要、引言、绪论、本论、结论、注释及参考文献等各部分是否齐全。其次主要检查正文部分各层次、各段落是否围绕中心论点进行严密的逻辑论证,中心论点放射出的若干分论点是否合乎事理,论证层次之间的关系是否严密清晰,轻重、主次是否得当,各部分的过渡、照应、衔接是否自然。

修改论文的结构,就是对论文"顺序"的调整,包括论文总体的部分顺序,每一部分的层次顺序,每一层次中的语言顺序。在调整顺序的过程中看每一部分的分析、论证是否达到了目的,看层次之间是否得到了深化,看得出结论的形式是否水到渠成。因而论文结构的调整一般会有两种情况,一是全篇结构欠妥,需要重新组合,这种情况较少;二是局部结构须作小修小改的调整。

总之,修改结构就是要从大处着眼,抓住主要矛盾,使骨架搭配得坚实合理,结构安排得天衣无缝,使论文严谨、自然、完整、统一。

(四) 修改语言

要把自己的研究成果很理想地描述出来,就必须在语言修辞上反复斟酌,反复修改。在论文表达上,要求用词十分精确,语法完整严密。要使论文内容表达得更准确、更完美,在语句的修改上,就必须字斟句酌,千锤百炼。所以既要重视对论点、框架结构、材料方面调整的大动作,又不能忽视对论文语句,包括字、词、句、标点符号检查校正的小修补,这些问题都会影响表达效果,直接关系到论文的质量。论文语言的修改,主要是在如下四个方面下功夫。

1. 对字词句的选择推敲

论文中用词和造句必须恰如其分地反映选题的本来面貌,并能如实、贴切地表达写作意图和思想。一是用字用词要做到准确、无误,合乎事实;二是造句要合乎语法规则,句子成分要完整,词语要搭配得当,词序要有条理。为此,在进行论文修改过程中,要通读全文,要把似是而非的话改为准确的文字。要避免使用生造词语、词类误用、词义混乱等不良现象,杜绝错别字和不规范的简化字、自造词。对结构残缺、结构混乱、搭配不当等不合语法的句子,要进行修改,使之合乎语言规范。

2. 选择简洁、明快的语言

论文中语言要简洁、明快,能精练地表达文章的内容。简洁就是造句干净利落,用语简明扼要,以最简洁的语言表达尽可能丰富的内容。在思想明确、深刻认识选题的本质基础上,开门见山,在论文开头就鲜明地提出自己的观点,不必拐弯抹角。论文的结尾也应适可而止,果断利落。使用最精练的词语,节约用字,删繁就简,以能清楚地表达思想为准。毕业论文该长则长,该短则短。从实际出发,在准确、全面、深刻地反映论文内容的同时还要做到语言简练。为此,在论文修改时,一定要在通读全文的基础上,对语言表述比较啰嗦、重复情况比较严重的地方多作一些修改。

3. 语言生动形象

语言要能通俗易懂地表达论文的内容。毕业论文在具备观点正确、语言简练的前提下,还要力求做到语言生动,让人读起来不觉枯燥乏味。一是要使用形象化的语言,把深刻的道理写得明晓易懂,生动活泼;二是用词要新,要重修辞;三是要使用多样化的语言。在修改论文时,要努力增加语言的可读性。

4. 标点、书写要规范

标点符号是论文的有机组成部分,用得恰当,能够准确地表达内容;反之,就会影响内容的表达,甚至产生歧义。检查标点符号,主要是看标点符号的用法是否正确,标点位置是否准确。修改时,要按照《中华人民共和国标准标点符号用法》的要求,严格按规定的格式进行书写。修改时,一定要对论文中的文字、图表、符号、公式进行认真检查,使其合乎规范,对比较复杂的容易出错的,更应仔细校正。

三、论文修改的方法

毕业论文的修改方法有多种,且因人因文而异。但根本方法只有一种,即由学生自己进行认真修改,所谓具体的方法也就是在学生自己进行认真修改的基础上多借助于一些外在的力量而已。

（一）读改式

所谓读改式，是指修改文章时边读边改的修改方式。这是论文修改的主要方式。完成论文初稿后，由作者自己认真通读全文，并放声地读，多读几遍。这样，凭借语感的作用就能发现问题。语感与人们平时的读书或谈话联系紧密，语感对检查语病、缺字、错别字十分有效，也能使语句啰嗦、语句不通畅等问题随时被发现。所以，初稿写出来后，自己要大声读上几遍，边读边改，这是人们常常采用的一种修改方法。

（二）冷改式

所谓冷改式，是指初稿完成后，先搁置一段时间再修改的一种方法。许多人常有这种情况，有时初稿写好了，也很想马上把它修改好，可是自己怎么也发现不了毛病，自我感觉相当不错，不愿修改或不知怎么修改。这时候，可以采取冷改式，把初稿放一段时间再修改，就会发现要修改的地方还很多。这种拉开时间距离的阅读与修改，容易使作者心明眼亮。此时作者的思维比较容易跳出原有的圈子，从另外一种角度冷静地审视自己的论文。只要时间允许，改好的论文可以搁一搁再进行修改，如此反复数次，有益于提高论文质量。

（三）热改式

所谓热改式，是指初稿完成后，趁热打铁，立即对论文进行修改的方法。这种方法的优点是作者对论文记忆清晰，印象深刻，修改及时，避免遗忘。缺点是作者还处于论文写作的兴奋状态，不够冷静、清醒，思想和情绪还难以从论文中超脱出来，还不能摆脱原来的写作思路，难以发现初稿中存在的问题，难以判断论文写作的成败，即使发现了问题，也舍不得修改。

（四）求助式

所谓求助式，是指作者完成论文初稿后，请他人阅读或与他人讨论等方式来发现自己论文中存在的不足和问题，并获得指点修改的一种方法。这也是一种比较常用、比较有效的修改方法。俗话说："当局者迷，旁观者清。"自己写的文章，自己总认为好，看不出问题来，而别人站在比较超脱的位置，容易发现论文中的问题。一个人写论文，难免有考虑不周之处，论文写完后请别人来看看，听听别人的意见，是一个很好的方法。

求助式修改借助的是他人的力量来修改论文。论文修改即使求助他人，也不是由他人来完成论文的修改，而是通过他人指点再由作者自己来完成修改。作者在听了他人意见后，要进一步消化、分析，取长补短，集思广益，进而通盘考虑，抛弃自己的成见，吸收他人见解，使论文达到比较理想的水平。所以，求助式修改只是论文修改的一种补充方式。根据求助对象的不同，求助式修改又可以分为两种：

1. 求助导师修改

毕业论文是在导师的精心指导下进行写作的，并要有导师签字同意才能参加毕业论文答辩,因此初稿写好后,要虚心请自己的导师审阅文稿,他们不仅能发现文稿中的问题,而且能提出具体的修改意见,这对修改好毕业论文、提高论文质量无疑是大有裨益的。所以每个毕业生都应重视这种修改文章的好方式。

2. 求助同学帮助修改

请同班同学或有共同兴趣爱好的学友一起讨论自己的论文初稿,放开思路、畅所欲言,最后将修改意见进行汇总,再根据这些意见进行修改。

(五) 抄改式

所谓抄改式,是指有时初稿的文面写得或涂得较乱,难以下笔修改,就采用一边抄写誊清一边进行修改的一种方式。这种方式,作者通常是看一段、改一段、誊抄一段,直到全文抄完、改完为止。这种修改方法比较费工夫,而且有时可能不是连续进行的,会造成前后文不连贯。所以写毕业论文应尽量少采用这种方式,而应在写初稿时就使文面整洁有序。

(六) 比较式

即学生把自己的毕业论文和自己选题相似、相近的论文进行比较,在比较中发现毛病的一种诊断修改法。"有比较才能鉴别",通过比较就会发现自己论文中的见解、看法、思想、观念哪些是发人之未发,哪些做到人无我有、人有我先、人先我优,哪些材料能赋予鲜明的时代感和前瞻性,哪些是老调重弹又无法揭示出客观事物丰富多样的属性、没能从不同的角度达到"横看成岭侧成峰,远近高低各不同"的绝妙佳境,哪些是重复累赘、毫无意义的类型化的东西……通过比较看到别人论文的长处,发现自己论文的不足,以便于修改。

(七) 排他式

也叫间接反证法,即不是直接证明某一论断,而是先证明与这个论点相对立的观点是正确的,反证这个论点是错误的,或者先证明与这个论点相对立的观点是错误的,反证这个论点是正确的。

(八) 归谬式

也叫谬误引申法,即先假定对方的论点是正确的,再对它加以合理的引申,使其破绽百出,从而充分暴露其荒唐之处,得出荒谬的结论,以证明对方的论点是错误的。

四、论文修改符号

常见的修改符号如表 6-1 所示。

表6-1　常见的修改符号表

序号	修改符号	作用	用法案例
1		改正	市场营销专（门）毕业论文（业）
2		删除	市场营销（学）理论和实务
3		增补	经济学是研究经济∧的基础理论分解问题（问题）
4		对调	当前消费（理论）（热点）的问题 完善农村（承包）责任（土地）制
5		接上段	金融市场的 发展对象
6		另起行	品牌效应使格力产品市场占有率不断提高 （格力通过
7		保留	沪深两股市（今日）收盘情况
8		移行	加强对前沿性理论的研究 目的很清楚（强调要）
9		分开	中国∨北京理工大学

第二节
毕业论文校对、定稿和提交

一、论文校对、定稿和提交

1. 论文校对

论文校对是写作论文的最后一道工序。这时即便是感到非常厌倦,也要把论文再完整地阅读一遍。最好的做法是朗读,要一个字一个字慢慢地读,不要速读。校对可以使自己的论文趋于完善,这样才不会辜负自己之前所投入的时间、精力和思想。

毕业论文经过反复修改后,还要对照毕业论文撰写的规范和要求再进行校对。这种校对,不仅是在文字方面,还必须按照论文格式的要求(如字体、字号、行距、排版等)加以校对。需要特别注意的是,目录和正文中的内容和页码要相互对应,这也是校对的一个重点之一。

2. 论文定稿

毕业论文的初稿经过多次认真修改加工和校对以后才能定稿。所谓定稿就是作者对毕业论文的结构和内容、编排格式以及文字表达等,作最后的定夺和拍板,使它固定下来,不再做改动。

3. 论文提交

毕业论文提交的传统方式是学生亲手把纸质论文交给导师或学校有关部门,但是随着计算机技术的快速发展,许多高校采用纸质和网上提交毕业论文相结合的方式。网上提交毕业论文的优点是省时省力,学生可以很方便地在学校规定的电子系统上提交论文。一些高校对电子版毕业论文做出了相应的规定和要求,学生必须根据这些规定和要求对毕业论文进行整理和排版,提交论文后一般还要经过验收。

二、论文在修改、定稿和提交过程中存在的主要问题

1. 不重视论文修改的作用

一些学生在毕业论文初稿完成后就认为可以直接上交,马虎应对论文的修改工作,最后影响了论文的总体质量,甚至被退回修改或是重新写作。有经验的导师一般能够很好地把握一篇合格的毕业论文的底线和标准,因此,必须认真对待导师的修改意见和建议,至少对导师的主要意见和建议要不打折扣地采纳。修改通常会经历从粗改到细改的过程,也就是前面的一两次修改主要是对结构、逻辑、主要结论和观点等方面的修改,而后面的修改主要是对文字、格式、排版等方面的修改。一篇毕业论文一般要经过多次修改,才能达到合格或者成为优秀论文。一篇优秀毕业论文修改八次以上是正常的。但是,目前因为时间仓促和学生的不负责任而仅修改一两遍的现象也是存在的,这是毕业论文总体质量不高的原因之一。

2. 忽视校对作用

由于时间、经验等因素的限制,一些学生在很短的时间内就完成了毕业论文的定稿,整篇毕业论文的质量达不到导师规定的要求。出现这种情况,很大程度上是因为没有很好地对论文进行校对。缺乏校对的毕业论文,常常会有错别字、用错的标点符号、段落不清、目录内容与正文标题不符、目录页码与正文页码不符等问题,无形中降低了论文的整体质量。更有一些学生把校对等同于修改,从而省略了校对工作。这些行为忽视了校对之后才能定稿打印的要求。如果情况允许的话,可以请身边的同学、朋友校对,千万不能匆匆忙忙定稿,无视校对工作。

3. 没有按照规定时间提交

每所高校都有自己的一套毕业论文提交标准和规范,要求学生认真遵守。有些学生却因为各种原因(如出外实习、找工作等),未能按照学校规定的流程提交论文,甚至错过了规定的提交时间。甚至也有学生不能在规定时间内完成毕业论文写作,严重影响了论文的成绩。针对这些情况,学生应该好好地向导师或其他知情的学生了解论文提交的要求、时间和最新情况。争取在规定的时间内完成毕业论文,以免错过提交时间而影响正常毕业或者获得学位。

第三节

毕业论文的格式规范

一、毕业论文的装订

毕业论文装订规范一般包括以下内容。

（一）论文装订的基本要求

1. 规范
即按照学校规定的统一顺序和格式进行装订。

2. 整齐
即稿纸的大小、格式在同一篇论文中要统一，不可混杂。

3. 美观
即装帧设计要尽可能舒展，封面要清新，装订线要缝直。

（二）论文装订顺序

毕业论文必须按规定的要求进行装订，装订顺序为：

1. 封面
2. 声明
3. 中文标题、中文摘要、中文关键词
4. 英文标题、英文摘要、英文关键词
5. 目录
6. 引言
7. 正文
8. 结论
9. 谢词
10. 参考文献
11. 注释
12. 附录

二、毕业论文的格式

（一）封面

第一页为封面。封面一律按照学校规定的统一封面的式样打印出来，必须要素齐全，能全面反映出毕业论文的基本信息，正确无误，并且封面要简洁美观。

（二）声明及论文使用的授权

声明及论文使用的授权：题目，可用三号黑体字，居中。声明内容一般为："本人郑重声明所呈交的论文是我个人在导师的指导下独立完成的，除了文中特别加以标注和致谢的地方外，论文中不包含其他人已经发表或撰写的研究成果。"声明可用四号宋体字、2倍行距，在题目下空一行左起空两格。

使用的授权内容一般为："本人同意××学校有关保留使用论文的规定，即学校有权保留送交论文的复印件，允许论文被查阅和借阅；学校可以上网公布全部内容，可以采用影印、缩印或其他复制手段保存论文。"可用四号宋体字、2倍行距,在上一内容下空4行左起空两格。

论文作者签名:必须用签字笔签名,不能打印。日期:年月日要填写完整。用阿拉伯数字填写,如"2015年5月26日"。

(三) 中英文题目、摘要与关键词

中英文题目、摘要与关键词一般可各为一页。其中,前一页为中文题目、摘要与关键词,后一页为英文题目、摘要与关键词。

1. 中文题目

论文题目可用三号黑体字,可以分为一行或两行居中排列,副标题可用四号楷体。

2. 中文摘要

论文题目下空一行左起空两格打印"摘要:"二字(小四号黑体字,字间空一格)。"摘要:"二字后接中文摘要内容(小四号楷体字)。

3. 中文关键词

中文关键词置于摘要文后,另起一行左起空两格,中文关键词前应冠以"关键词:"(小四号黑体字),后接关键词内容(小四号黑体字),关键词之间用分号分隔。

4. 英文题目

英文题目(为三号正体字,加粗,可以分为一行或两行居中排列)。

5. 英文摘要

论文英文题目下空一行左起空两格打印"Abstract:"(小四号正体字,加粗)。"Abstract:"后接英文摘要内容(小四号正体字)。

6. 英文关键词

英文关键词置于英文摘要文后,另起一行,英文关键词前冠以"Key Words:"(小四号正体,加粗)作为标志,后接英文关键词内容(小四号正体字),关键词之间用分号分隔。

(四) 目录

题头置"目录"二字,为三号黑体字,中空两格,居中排列。下空一行,接具体的目录,为四号宋体字。论文目录必须清楚无误标明页码,应按内容顺序逐一标注该行目录在正文中的页码。目录构成内容包括序号、章节标题和页码。序号、章节标题从左列起,页码从右列起,中间用"……"连接。论文目录一般只需要排到二级标题,即章和节,不需要列出三级标题和四级标题。

(五) 正文

正文页包括引言和结论部分,正文页不再列毕业论文题目,直接排论文正文。

1. 正文字体与字号

正文采用小四号宋体字,纸张选用A4。上边距2.54 cm,下边距2.54 cm,左边距3.17 cm,右边距3.17 cm,页眉2.0 cm,页脚1.75 cm。字间距为标准,采用1.5倍行间距。

2. 标题

一级标题以三号黑体字居中排列,格式为"一、二、三……";二级标题以四号黑体字左起

空两格排列,格式为"(一)(二)(三)……";三级标题以小四号加粗宋体字左起空两格排列,格式为"1.2.3.……";四级标题以小四号宋体字左起空两格排列,格式为"(1)(2)(3)……"。

3. 图

图按顺序编号,如"图1、图2……",如图中含有几个不同部分,应将分图号标注在分图的左上角。图号后列出图题,置于图下方。引用图应在图题的左下角标出文献来源。

4. 表格

表格按顺序编号,如"表1、表2……"。表应有标题,置于图上方,表内必须按规定的符号注明单位。

5. 公式

公式应在文中另起一行书写。公式后应注明编排顺序,例如,第一章第一个公式编号为"1-1",第二章第一个公式编号为"2-1",依次类推。

6. 标点符号

标点符号应遵守《中华人民共和国国家标准标点符号用法》的规定。

7. 数字

数字使用应遵守《中华人民共和国国家标准出版物数字用法》的规定。

8. 注释

注释一般用页末注,即将注文放于加注页下端,一般不用行中注。注释只放在注释符号出现的同页。注释格式与参考文献著录格式基本相同。

9. 页码

凡超过一页的文稿,每页都必须标页码。页码用阿拉伯数字,标于页下端,居中,从论文的封面后开始编号,论文各项内容分别编号。

(六)参考文献

参考文献按在论文正文中出现的先后次序列于文后,题头居中排"参考文献"四字;参考文献的序号左顶格,并用数字加方括号表示,如[1]、[2]……每一参考文献条目的最后均以"."结束。

(七)附录

附录一般按照正文一级子标题以下格式排版,每个附录均从页首开始,并在附录起始页的左上角用标准小四号黑体字注明附录序号。如"附录A""附录B"。

思考题

1. 如何认识毕业论文修改的重要性?
2. 论文修改的内容有哪些?
3. 论文修改有哪些方法?
4. 常见的论文格式有哪些?

第七章

毕业论文的语言与表达

学习目标

通过本章学习,掌握毕业论文语言特点和要求、毕业论文的表达方式、毕业论文的图和表、毕业论文的标点。

能力要求

掌握:毕业论文语言特点、表达方式。
了解:毕业论文的图和表、标点。

语言是交流思想的工具。新颖的观点、深刻的主题、严谨的推理、准确的数据,都必须通过语言来表达。书面语言、图表语言、数据语言等的表达水平直接影响着论文的表现力和感染力。因此,我们必须研究和把握论文语言风格,高度重视语言的运用与表述,养成实事求是的文风,这样才有可能写出较好的毕业论文。

第一节
毕业论文的语言特点和要求

一、语言

(一)语言的概念与重要性

1. 语言是文章的物质形式

所谓语言,是指人类所特有的用来表达意思、交流思想的工具,是一种特殊的社会现象。有人曾形象地把论文比作一座房子,语言就是其中的一砖一瓦,也有人将语言比作文章的"细胞",这些比喻是很有道理的。这是因为任何深刻、新颖的立意,精当、生动的材料和合理、巧妙的布局谋篇,最终都要通过语言文字表达出来,不然就不成为文章。可以说,语言是一切文章的物质形式,没有语言也就没有文章。写作的艺术,从一定意义上讲,就是运用语言的艺术,这不仅是因为语言将构思外化为具体的文章,而且还由于准确而又熟练地运用,直接影响到文章的形式和形式美,能大大增强文章的效果。要把一篇毕业论文写得生动活泼,不拘于俗套,就要得力于具有较高的运用语言文字表情达意的能力。

2. 语言是思想的直接现实

语言是人类最重要的交际工具,也是承载思想内容的重要工具。思想是不能脱离语言而存在的,只要写文章,都要使用语言这个工具。可见,语言和文章有密切的关系。毕业论文的作者要想陈述事实、阐述观点、表达感情,也只有凭借语言这一重要工具才能达到目的,同时文章的思想内容也才能被读者感知、接受与理解。当然,这时候的语言大都是经过作者加工与润色了的语言,即"书面语言",而不再是口头语言了。离开了语言这一承载文章思想内容的工具,就不可能产生文章。

(二)论文语言的要求

不同文体的文章,对语言的要求各不相同。归纳起来主要是准确性、简明性和严密性。

1. 准确性

所谓准确,就是指语言所表达的意思与论文所涉及的实际情况完全符合。也可以说,在论文写作过程中要用准确的字、词、句,如实地反映客观事物的实际情况。概念和词语不是一一对应的关系,一个概念往往有数个和数十个词语,要注意选择表意明确化、单一化的词语,仔细分辨词意的轻重、外延的大小、感情色彩的褒贬;要注意行文的对象(即论题)语气得体;还要注意文字使用的规范化和标准化,包括标点符号的使用、数字的引用、表格的设置以及引文的注释等。毕业论文是以讲道理为主的,要使文章以理服人,具有说服力,语言就非准确不可。否则反映不出客观事物的真面目,会造成论证的不严密,论点也就很难令人信服。

2. 简明性

所谓简明,即简练明确,就是用较少的文字表达较丰富的内容。要使语言简练明确,绝不单单是一个语言问题,决定性的是思想认识的明确。要想使思想认识达到明确,还要有一个正确的写作态度和文风,即重点突出、文脉清晰、用语简约、含义丰富。要注意删繁就简、剪除枝蔓,摒弃浮词,砍掉套话、空话、大话、假话。凡是与中心论点无关的段落、句子、词语都要统统删除,毫不吝惜。写作的态度与文风不解决好,语言要达到简练明确就相当困难。

3. 严密性

所谓严密,即用词稳妥周密。要求论文写作所用的字、词、句要完整、周密地表达思想感情,准确地反映客观事物,具有严密性和逻辑性。

二、文风

(一)文风的概念

所谓文风,是指有关文章写作的社会风气,是文坛上一种带有普遍性和倾向性的文章现象。文风对作者而言,就是指作者在写作文章时表现出来的思想作风,是文章的思想内容和表现形式两个方面各种特点的总和。简言之,也就是作者思想作风和语言文字修养在文章中的反映。

文风是一种社会现象。它和时代精神、社会风气紧密相关。所以,文风问题不能视为单纯的写作作风问题,一定要与整个时代的风尚紧密联系起来看待。因此,我们一定要重视文风问题,养成良好的实事求是的文风。

(二) 论文对文风的要求

1. 写真

所谓写真,就是说实话,写真话。实事求是是文风的基石,写文章就是要提倡实事求是的文风,因为文章本身就是客观事物本质的反映,真实是文章的生命与价值所在。如果说假话,凭空捏造,任意杜撰,夸大其词,那就违背了客观事物发展规律,就是文风不正的具体表现。过去,有许多文章尽是"假、大、空",使人读了很反感,社会影响很坏。撰写毕业论文,如果不引以为戒,不写真实的情况与问题,或违背事实说话,这样的文章就是文风不正的表现,必然令人厌恶,毫无意义。

2. 写新

所谓写新,是指倡导写有新内容、有新意的文章。在现代经济社会生活中,总是有许多新东西富有生机与生命力。写作毕业论文就是要采用新的事物、新的观念、新的语言。要反对因循守旧,反对千篇一律的老一套。例如,毕业论文一般总是按照"引论——本论——结论"格式去组织结构文章、安排材料,但在具体写作时,作者完全可以根据论述的需要加以创新。如今有些文章不管内容,不管篇幅长短总是"老三段"。还有些论文,从内容上看,作者自己根本提不出新问题和新观点,其论文通篇都是从概念到概念,重复早已为人们所熟知的结论,整个文章没有一点儿属于自己的东西,没有一点儿新鲜感,乏味得很。很显然,这是一种很不好的文风,是文风不正的表现。

3. 写实

所谓写实,是指提倡文章要言之有物,有实在的内容。现在文风不正的突出表现之一,就是搞花架子,搞形式主义。毕业论文有一定字数的要求,这是必须要恪守的,不能苟简,但这不等于不要实在的内容,不等于可以加进许多水分。平心而论,现在有些理论文章有太多水分,显得空洞和虚假。

(三) 养成良好的文风

养成良好的文风,应该努力做到以下三点:

1. 注重调研、深入实践、总结经验

大学生要注重调查研究,深入到社会实践中,发现问题,分析问题,总结经验教训,这是养成良好的文风最基本的途径。社会发展中新事物层出不穷,人们的认识不能停留在旧的习惯定式上,只有调查研究,占有大量资料,才能写出反映客观实际的文章,说到问题的要害与实处。优秀的研究者,都十分重视调查研究工作,经常深入实际进行考察,掌握第一手资料,所以他们写出的文章就有新意。

2. 平时多写、多讲、多锻炼

毕业论文要求一定的篇幅与字数,一般都比较长。但是,写长篇文章都是建立在写短文章的基础上的。为此我们平时就要联系工作实际,多写一些指导工作的短文,围绕工作多讲一些建设性的意见与建议。不搞形式主义,反对假、大、空。如果不这样经常锻炼自己,一旦

要写作毕业论文就会感到困难，为了在一定时间内完成写作任务，势必就要弄虚作假，这样文风也就不正了。

3. 养成良好文风，要掌握正确的思想方法

文风问题，正如郭沫若所说："不是单纯的语言问题，主要还是思想和思想方法的问题。首先要你的思想、概念准确，然后才能写出准确的文章。要是以己之昏昏，也就当然使他人昏昏了。古人说：'文以载道'，用现在的话说，写文章就是表达思想。所以，思想是'文'的骨干和核心，关系很重大。"因此，要养成良好的文风，就得掌握正确的思想方法。而要掌握正确的思想与思想方法，就得认真学习辩证唯物主义。

第二节
毕业论文的表达方式

一、叙述

（一）叙述的概念与作用

1. 叙述的概念

所谓叙述，是指把事情的前后经过记录下来或说出来。也就是对人物的出身、经历和事物的发生、发展、变化、结局的交代和陈述。毕业论文只要把事情叙述得简练明确，使读者对事情的前因后果有一个概括的、简要的、完整的了解，就可以了。因此，它在毕业论文写作中的使用频率最高，也是最基本的表述方式之一。论文叙述的目的不是供读者欣赏，而是追求实用，就是按照事情发生、发展的顺序进行粗线条的叙述，把事情的经过从头到尾、来龙去脉交代得清清楚楚就够了。

2. 叙述的作用

（1）交代有关背景，表述论题、论点与论据。毕业论文的背景材料和论点密切相关，必须用叙述和议论相结合的方式交代清楚。毕业论文总是有论题、论点（或中心论点）与论据的。这些内容，主要是作者运用叙述这种表述方法，凭借具体而明确的语言告诉读者，从而为读者所理解与认同。

（2）介绍事物的全过程。毕业论文是反映作者研究成果的载体，只有把有关事物发生、发展的全过程以及作者科学研究的各个方面及其内部联系等，交代得清清楚楚，才能给读者一个完整、深刻的印象，让他们认知与了解。这种"交代"的主要方法就是叙述。

（二）叙述的方法

叙述的方法多种多样。从不同的角度，可以对其进行不同的分类。

1. 详叙与略叙

所谓详叙，就是把某一个情况或事情的发展过程如实详细地叙述出来。在毕业论文的写作中，凡围绕论证中心论点所必需的观察、实验等主要论据和材料，都必须用详叙的方法作较为详尽的介绍，这样论点才具有说服力。

所谓略叙,是指对某一情况或事情的发展过程只进行简要的叙述,用极概括的语言勾勒出事物的概貌。

2. 概述与分述

所谓概述,是指概略地叙述某一情况或某一过程的基本面貌,让人有大概的了解。概述貌似略叙,其实是有区别的,它与略叙的不同之处是概述常常与分述相对应而用,有时分述演化为文章主体,概述便称为导语式的开头。

所谓分述,就是与概述相对应而分开来从几个方面叙述的一种方法。

采用分述,不仅层次清楚,而且也将概述的内容具体与细化,从而给人留下深刻的印象。

3. 顺叙、倒叙、插叙和平叙

(1)顺叙。所谓顺叙,是指按照人物经历或事件发展的先后次序来叙述的方法。这是毕业论文写作运用最多,也是最基本的叙述方法。其优点是:使文章由头至尾程序井然,文气贯通自然,能清晰地揭示事件或事物的全貌,使读者易于理解与接受作者的意图与观点。其缺点是:有些时空推移或跳跃较大的题材如果剪裁、处理得不好,轻重详略不当,会给人一种平铺直叙、结构松散、文字拖沓的感觉。

(2)倒叙。所谓倒叙,是指把结局或发展中的突出部分提到前面来叙述,然后再依照事情的原本时间顺序从头叙述的方法。它的优点是:开笔兴波,引人入胜,有利于提高读者的阅读兴趣,突出论文的主旨,给人以较深的印象,能促使他们随着文脉进行积极的思维。这种方法用在写记叙性的文章中效果显著,给人以"悬念"。写作毕业论文,一般不宜采用这种方法来表述,因为如果掌握不好会弄巧成拙,给人文理不清的印象。

(3)插叙。所谓插叙,是指在顺叙、倒叙过程中临时中断原叙述的线索,插入一个或几个与中心事件或主旨有关的事件、情节或内容的一种叙述方式。其优点是:使文章有张有弛、有断有续、一波三折,使毕业论文的观点开掘得更加深刻、全面。在援引例子时可采用,但不能多用。多用了枝蔓丛生,喧宾夺主,反而会造成主线推进缓慢,让人产生反感的情绪。

(4)平叙(也叫分叙)。所谓平叙,是指一种分别叙述同一时间不同地点发生相互关联事物的叙述方法。这种叙述方法在分述时可采用。要注意的是,一定要处理好纵横的关系,不要顾此失彼。同时,对"时间段"的截取也不宜过于零碎,不然就会给读者造成一种跳跃过于频繁的感觉。

4. 夹叙夹议

所谓夹叙夹议,是指一种边叙边议、叙议结合的表述方法。这种方法在议论文的写作中被广泛运用。其优点是:这种伴随着叙述的议论通常是很精辟的,有时即使是一句话,也有画龙点睛之妙,既能清楚交代论题的有关背景材料以及事情或问题的来龙去脉,又能将作者的看法、态度和观点表达出来,点明和深化主旨,使论证有理有据,具有说服力。

二、说明

(一)说明的概念与特征

1. 说明的概念

所谓说明,是指用简明而又准确的文字对事物的现状、特性、构造、功能、成因、演变,对人物的出生、名号、事业、成就等做出解释和介绍的一种表述方法。简单地说,就是解释明白。说明不仅是写作说明文的主要表述手段之一,也是写作毕业论文的基本表述方法之一。

2. 说明的特征

(1) 科学性。"说明"的科学性,是指大学生在运用说明这种表述方法时要坚持客观的科学态度说明客观事物,不掺杂任何个人的感情因素,把事物的相关形态、性质、构造、成因、功能,以及同一事物中这一部分与那一部分、不同事物之间的关系等情况如实介绍清楚。或是在阐释抽象事理时,把有关事理的概念、特征、来源、种类、变化及来龙去脉等内容讲述明白。

(2) 告知性。说明的告知性,是指作者在运用说明这种表述方法时,总是以给人以知识为目的,因而,解说得清楚明白是其所追求的表述目标,平实、简明、精确、直截了当,是其语言的显著特点。

(二)说明的方法

1. 定义说明

所谓定义说明,是指用简明扼要的语言把说明对象的本质特征概括出来,给读者一个明确的概念。定义说明的优点是比较严密、科学,既要界定某一概念的内涵,又要界定某一概念的外延,使读者对被说明的对象有本质的、全面的了解。

2. 诠释说明

所谓诠释说明,是指对某一定义作进一步解释和阐述的一种说明方法。实际中人们给某一现象所下的定义往往是高度概括的、抽象的。因此,要使读者详细、具体地了解,还需要作具体的说明。诠释说明,可以说是对定义说明的具体化,所不同的是,诠释说明在语言表达上不一定像定义说明那样严谨。

3. 分类说明

所谓分类说明,是指把"属概念"分成若干个"种概念"的说明方法。因为分类的过程就是揭示某一事物的本质属性的过程,所以这种方法有利于加深对现象的认识。

例如,李岚清同志在《中国利用外资基础知识》一书中,指出世界其他国家和地区实行保税制度,一般有以下几种形式。

(1) 指定保税地或保税棚(bonded shed)目的是为方便报关,向外国货物提供装卸、搬运或暂时储存的场所。它们一般都设在港口或国际机场所在地,商品进入区储存的期限较短,具体期限由政府自行设定。

(2) 保税仓库(bonded warehouse)……

(3) 保税工厂(bonded factory)……

(4) 保税陈列场所(bonded exhibition)……

这里值得一提的是,分类说明的关键是正确给事物分类。所以,运用分类说明时,要注意掌握统一的分类标准,分类之后,类与类之间是并列关系,互不包容。如果把不同标准的不同分类硬扯在一起,就会造成逻辑混乱。其次,被说明的对象必须是同属不同类或同类不同种的经济与管理现象,不同属、不同类的经济与管理现象不能用分类说明。

4. 举例说明

所谓举例说明,是指举出具体、典型的实例来解说事物、证明观点的方法。这种方法的优点是可以弥补定义说明、诠释说明、分类说明的不足。因为使用这三种方法,往往给读者的印象是概括的,有的甚至是抽象的。要让读者有更具体、更生动的认识,就要使用举例说明方法。

例如,2012年11月20日《光明日报》刊登的由新闻观察员张玉玲报道的《让企业成为创新驱动的主体》中,谈到技术创新问题时,作者是这样举例说明论证的。

> 不管是企业的技术创新还是科研单位的技术创新,都要回答一个问题——技术创新究竟是为了什么? 技术创新是为了解决现实问题,而非以单纯的科技"攀高"为目的,就是科技的"攀高"也是为了最终解决市场提出的技术难题。所以,技术创新要以市场为导向,有生命力的技术并不是越高端越好,而是越适应市场越好。
>
> 最典型的例子是20世纪90年代的铱星电话。从技术上来说,铱星技术绝对超前,它开创了全球个人通信的新时代,使人类在地球上任何"能见到的地方"都可以相互联络。但如此高的"科技含量"却好景不长,价格不菲的铱星通信在市场上遭受到了冷遇,用户最多时只有5.5万人,而据估算它必须发展到50万用户才能赢利。由于巨大的研发费用和系统建设费用,铱星背上了沉重的债务负担,整个铱星系统耗资达到50多亿美元,每年光系统的维护费用就要几亿美元。2000年因铱星背负着40多亿美元债务而破产。
>
> 因此,在创新投资者们看来,技术并不是越高越好,有时技术太高了,太超前了,反倒成为包袱,导致投入高、造价高,而不被市场接受,最后可能会成为行业的"先例"。因此,在市场时机不成熟时,一味追求"高技术"可能只是技术工作者一厢情愿。其实,最能产生巨大回报效益的创新技术是那些只超前"半步"的技术。这半步,研发投资合理,市场接受度高,售价也能让消费者承受;这半步,不由科研管理部门决定,也不由官员决定,而是由市场决定的。

运用举例说明最重要的一条是,所举实例要典型,要与被说明的观点紧密结合,切忌随意。

5. 比较说明

所谓比较说明,是指运用比较的方法来说明事物特征的说明方法。这种比较,又分为对相同事物的比较说明、对不同事物的比较说明、对同一事物本身先后情况的比较说明、对比说明四种。不管哪种比较说明都是寻找现象的相似点或不同点。

运用比较说明,不管是采取其中哪一种比较方法,都要求相比较的事物与所要说明的事物有某些相同或相似之点,即"相比点"。否则,就比不出结果来。同时,拿来相比较的事物一定要是为人们所熟悉的和易于理解的,这样才能说明事物和现象的实质,达到比较说明的目的。

6. 概括说明

所谓概括说明,是指用简练、概括的语言将某一问题和现象的概念、性质、成因、规律、特点、关系等解说、阐释清楚的一种方法。这种方法的特点是,往往与叙述、说明、议论结合使用。

比如,米建国先生的论文《积极为开征遗产税务创造条件》共讲了三个问题:一是"开征遗产税势在必行";二是"开征遗产税需要考虑的几个问题";三是"几点建议"。在第一个问题中他是这样阐释的:

遗产税作为最后一道个人所得税,属于对财产转移课征的税种。它不仅是市场经济体制国家普遍开征的一个税种,也是一个非常古老的税种。在古埃及法老胡夫当政时就曾经对财产继承人征收遗产税,实行10%的比例税率。近代遗产税的征收,始于1598年的荷兰,按继承人与被继承人的亲疏关系等具体情况设置不同的比例税率。在近代,市场经济国家遗产税的征收已经非常普遍,发展中国家征收遗产税的也不在少数,且已由比例税率演变为累进税率。遗产税的理论基础是国家对个人的不劳而获所得采取必要的分配调节,通过税收实现国家对个人遗产的适当支配。在中国历史上,国民党政府于1940年曾开征过遗产税。新中国成立后,1950年颁布的《全国税收实施要则》也列有遗产税,但并未实施。目前,中国台湾已开征遗产税。

从已开征国家的遗产税税率来看,德国、意大利的初始档次最低,为3%,伊朗为5%,津巴布韦为6%,日本、韩国为10%,美国为18%;最高档次以伊朗的第三继承人遗产税税率为最,达80%,德国、日本为70%,新加坡、韩国为60%,美国为50%,意大利为33%,津巴布韦为20%,加纳为15%,英国则从1988财政年度开始实行40%的比例税率。

开征遗产税,在中国也是势在必行。国家通过征收遗产税不仅可以增加财政收入,提高财政收入占GDP的比重,增强国家的宏观调控能力,而且是抑制个人财富过快增长、公平社会分配的重要手段,同时也是完善税制的重要步骤。因此,遗产税对于发展社会主义市场经济意义是不言而喻的,需要积极做好舆论宣传和实施前的准备工作。现在富人相对少,早开征比晚开征阻力小。

这段文字以说明为主,兼用叙述和议论,最后的结论是"开征遗产税势在必行"。值得注意的是,这里说明和叙述的对象差不多都是以论据的身份出现的。

7. 比喻说明

所谓比喻说明,是指用采取一个事物说明另一个事物的比喻方法。例如,在梁光璧主编的《家庭文化百科》中,介绍"围棋"时,就运用了比喻说明的方法。

围棋这棵已有3000多年的智慧之树,如今在20世纪90年代,正以其特有的魅力,受到了越来越多的人的青睐。英国《大不列颠百科全书》预言:"围棋将是21世纪最受人们欢迎的智力游戏。"的确,变化无穷,启迪智慧,是围棋艺术长久不衰、日趋兴旺的原因所在。

在这段文字里把围棋比喻为"智慧之树""智力游戏",具体、生动、形象,使不熟悉围棋的人看了这段文字,也会初步知道围棋是怎样一种体育锻炼项目,它的益处在什么地方。

运用比喻说明,能够把复杂的事物和抽象的事理说得具体、浅显、易懂、生动、形象。但比喻一定要准确、贴切,不能牵强附会。在论文写作中,比喻说明运用得好,能使论证更有说服力与感染力。

8. 引用说明

所谓引用说明,是指引用一些相关的资料、故事、名言、诗歌、俗语、谚语等来说明所要说明的内容或作为依据的说明方法。这种方法,能增强文章的可信度与说服力。例如,上一个比喻说明的例子中,就引用了英国《大不列颠百科全书》中的一段话:"围棋将是 21 世纪最受人们欢迎的智力游戏。"

运用引用说明时,要求所引用的有关资料、言论一定要准确无误,要进行核实与核对,更要有针对性,做到少而精,要言不烦。特别是在毕业论文中,不可大段大段引用资料以代替自己的观点,也不能借以作为"论据"代替自己对问题的分析,那样是行不通也不会有说服力的。

9. 数字说明

所谓数字说明,是指用确切的数字说明事物或阐述观点的一种方法。用数字说明是论文中运用"说明"这种表达方式的最大特点。因为数字说明最精确、最科学、最简洁、最直观。例如,《光明日报》2012 年 12 月 14 日刊登的报道《合肥创新提升竞争力美誉度》(记者李陈续、郭丽君)中就恰如其分地用了数字说明法:

> 近日,美国知名综合性政策研究机构布鲁金斯学会发布 2012 年度《全球都市圈监测报告》,正式将安徽合肥"圈"入全球 300 个都市经济体版图。报告中显示,2007 年至 2011 年 5 年间,合肥凭借人均 GDP 增速 15.3％和新增就业率 3％的成绩,在全球 300 个都市经济体中分别排名第一和第二。……在科研创新方面,合肥拿得出两张令人满意的"成绩单"。截至今年 6 月底,合肥全市重点实验室达到121 个,同比增加 9 个;工程技术研究中心 213 个,增加 82 个;企业技术中心 222个,增加 63 个。今年上半年,合肥全市专利申请数 6 208 件,同比增长 31％;发明专利授权量 556 件,增长 54％;引进科技成果 998 个,增长 23.6％。……特别是今年 1—10 月份,合肥规模以上工业完成总产值 5 361.22 亿元,实现增加值 1 344.02亿元,增长 17％,增速居中部省会城市首位、全国 26 个省会城市第三位。其中,合肥战略性新兴产业增加值 350.20 亿元,同比增长 26.4％。
>
> 这些数字足以说明合肥市的各级领导,在经济增长、创新、就业、技术等方面所做出的成绩。

值得注意的是,运用数字说明,所用数字一定要准确无误,来源可靠,最好的是从"年鉴"等材料中来,否则,将破坏说明的准确性。另外,对未经统计处理的数字,更要核实,不能有一丝一毫的差错,不能用"初步估计""据不完全统计"出来的数字。此外,还要注意数字中的百分比一般用来表示事物的量,而绝对数量要用来说明质。

10. 图表说明

所谓图表说明,是指借助图、表(即"人工语言")形象地说明某一事物及现象的说明方法。图表说明在毕业论文写作中广为采用。它有时比自然语言更直观、更鲜明、更准确地表现某一事物与现象,因而也更有说服力。

第三节
毕业论文的图和表

一、图表的作用

图表是论文文字表达的组成部分,它必须同文字叙述有直接联系,不得有同文字叙述不相关的图表。图表应写在离相关文字首次出现处最近的地方,不应超前和过分拖后。图表还有"自明性",即只看图表题、图表内容就可理解图表的意思,因此,图表的内容与图表、文字表述的内容不应重复。

二、图

(一)图的概念

所谓"图"是指运用各种形象来表达各种数据、科研结果(成果)和科学思想的一种方式。它能够直观地显示事物的重点、各种因素之间的关系以及它们变化发展的趋势,起到文字难以达到的效果。

(二)制图的一般要求

图的位置不应远离正文。图幅的大小应能准确、清楚地反映图的内容。图号与图题,居中写在插图下边。图也应具有"自明性"。而且,图与表、文字表述的内容不应重复。

(1)文章中的问题能用文字说明的就不要再安排插图;文章中无关紧要、可有可无的插图,应尽量删去;凡能用表格说明问题的,也不必插图。

(2)凡能用线条图表示的就不要用照片和美术图;凡能用单色图表示的就不必用多色图;凡能用小幅面图表示的就不必用大幅面图;凡能用简图表示的尽量不用复杂图。

(3)设计插图时,应注意突出其主体部分,而对作用不大的或曲线没有覆盖的多余的部分,要作适当的调整或删除,以便图面紧凑、美观,同时也可节约版面。如果一个插图有若干个分图,且又分布集中时,应考虑最好使其大小尺寸一致。插图的幅面尺寸、注字和符号、线条箭头、剖面线的画法等都必须符合国家标准的有关规定。

(4)图序统一编号,用阿拉伯数字标注。两数字之间的连线用对开线,占半格。如果文中仅有一个图,可用"附图"字样标注。如果有若干个图,不要用"上""下""左""右"等字样表示,所有分图都要规定出符号,例如 a,b,c,d。图题要简单明了,表达出一个完整的含义,但也要防止太简单,如仅用"示意图""框图""函数关系图"等泛指的图题是不妥当的。写法上,图序和图题之间空一个字,而不加标点。图序和图题应在图下方,居中排。

(5) 论文插图要符合保密及有关规定。地质、地貌等专用地理图或涉及国界的地图应尽可能采用文字说明。必须用地图时,应采用地图出版社印制的中华人民共和国地理底图样。

(三) 图的分类

图的种类有许多种,主要有条形图、圆形图、线形图、象形图、示意图、流程图等。

1. 条形图

所谓条形图,又叫矩形图,是指用宽度相同、长度不同的矩形表示指标数值的图形。依据表现资料的内容不同,条形图又分为单式条形图和复式条形图两种,如图 7-1 和图 7-2 所示:

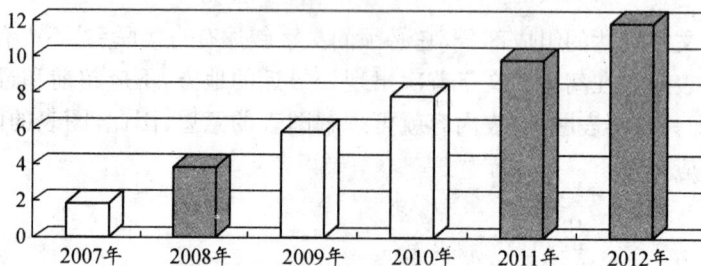

图 7-1　单式条形图

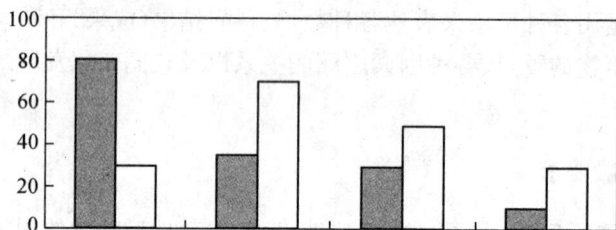

图 7-2　复式条形图

2. 圆形图

所谓圆形图,又叫圆比例图,是指以圆形内各扇形面积(把单位圆视为 100%)表示指标数值的图形。圆中用线条分开,以表示事物总体内部的结构状况,如图 7-3 所示。

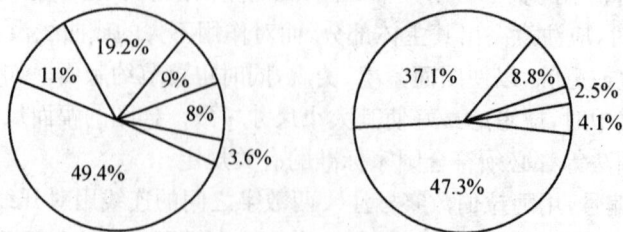

图 7-3　圆比例图

3. 线形图

所谓线形图，又叫作线图，是指以各种线条的升降表示指标数值的大小及其动态趋势的图形。由于线形图具有可以形象地反映事物变化关系及其动态趋势的优点，因而是撰写毕业论文经常采用的一种图形。线形图又可分为直线图、折线图与曲线图。

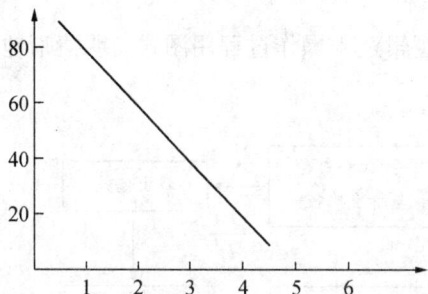

图 7-4　直线图

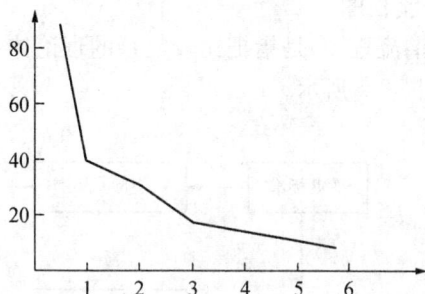

图 7-5　折线图

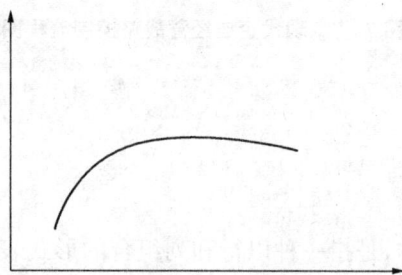

图 7-6　曲线图

4. 象形图

所谓象形图，又叫形象图，是指用图像直接表示出来，使文字要表现的内容更具体化、形象化，给人留下深刻的印象，如图 7-7 所示。

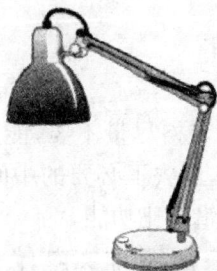

图 7-7　形象图

5. 示意图

所谓示意图，是指用以表示工作程序或者流程的图形。它适合用来对事物作量的比较，既有横式的也有纵式的，如图 7-8 所示。

```
调研题目 ——→ 调研计划 ——→ 实地调研 ——→ 调研报告
```

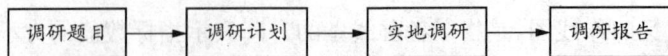

图 7 - 8   现代市场调研程序示意图

6. 流程图

所谓流程图,是指把比较复杂的理论体系、逻辑过程操作过程用图式简明清晰地表示出来,如图 7 - 9 所示。

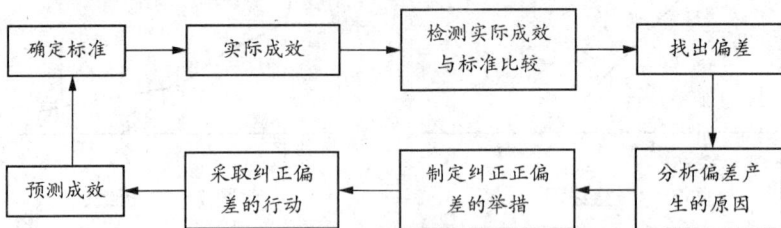

```
确定标准 ——→ 实际成效 ——→ 检测实际成效 ——→ 找出偏差
                          与标准比较
   ↑                                         ↓
预测成效 ←—— 采取纠正偏 ←—— 制定纠正正偏 ←—— 分析偏差产
            差的行动       差的举措          生的原因
```

图 7 - 9   现代企业经营战略控制流程图

三、表

(一) 表的概念

所谓表,就是表格的简称,是指一种以行和列组合的形式表示数据和指标统计结果的方式,也叫"统计表"。

统计表一般由总标题、横行标题和纵行标题、纵横交错的线条、指标数值组成。在毕业论文的写作中,它是论文中的语言辅助手段。有人说"一表万言",意思就是说一张表可以包括许许多多的数字资料,替代冗长乏味的叙述。同时,它也能够美化论文的版面,使论文版面显得美观、活泼。所以,只要编制的"表"科学、实用、简练、美观,撰写毕业论文时应该尽量使用。

(二) 编制表格的要求

要科学精选表格,可要可不要的表格尽量不要,能用文字说明的内容最好不用表来表示。表格内容要重点突出,简明扼要,删去不必要的中间环节。选择适合的表格形式,科学安排表格内容,使表格保持应有的逻辑对比功能。

(1) 文章中的表格要有表序和表题,除非文内有一个表时,表题前可加"附表"字样。表格一般按章排序。例如,"表 9 - 3",其中,横线前数字代表章的编号,横线后数字为表格在这一章中的顺序号,即第 9 章第 3 表。两数字之间的连线为半字线,占半格。表格编序方法,应与文章中图的编序方法统一。表号的后面空一格写表题,居中放在表格的上面。

(2) 表格内的数字一律用阿拉伯数字,同一项目保留小数位数应一致。表中的小数点应对齐。位数多时,应从小数点起,向左、向右每三位空 1/4 字距,而废除用千分撇的写法。

（3）表格内如遇上下或左右数字相同时，应在相应栏重复写出，不得使用"同上""同左"等字样。在填写表格内数据时应注意：因故未测出或统计出的数据栏应空白；本栏无意义的用"—"表示；实测和计算结果是"零"的项目栏就填写"0"，杜绝不加区别一律把上述三种情况用空白或"——"符号代替的现象。

（4）表内不用"备注项"，如需注释，可书写在表的下方，表内相应位置用"（1），（2），……"表示。

（三）表格的种类

表格的种类很多，我们这里主要介绍四种。

（1）有线表。所谓有线表，是指以横线和竖线排成的表格，它由表号、表名、表身及各个部分组成，这些部分组合在一起，使表格本身不依赖于正文就能被读者理解。

凡是项目比较复杂的内容，均可考虑用有线表来表达。有线表的基本格式如表 7-1 所示。

表 7-1　有线表

总题		列题		备注
		副列题	副列题	
行题	副行题			
	副行题			

（2）无线表。所谓无线表，是指以空间来隔开的表格。适用于项目简单的内容，它的前面往往有一句或一段引导性的文字，句末用一个冒号，如表 7-2 所示。

表 7-2　口服补液溶质的配方表

药名	用量/g	药名	用量/g
氯化钠	3.5	氯化钾	1.5
碳酸氢钠	2.5	葡萄糖	20.3

（3）系统表

所谓系统表，是指用横线、竖线、大括号把各个项目连贯起来的表格，它适合于表达上下位置关系和隶属关系，从图中可以基本了解研究的全貌及其项目之间的关系，给读者一个具体形象的认识，如表 7-3 所示。

表7-3 论证方法分类表

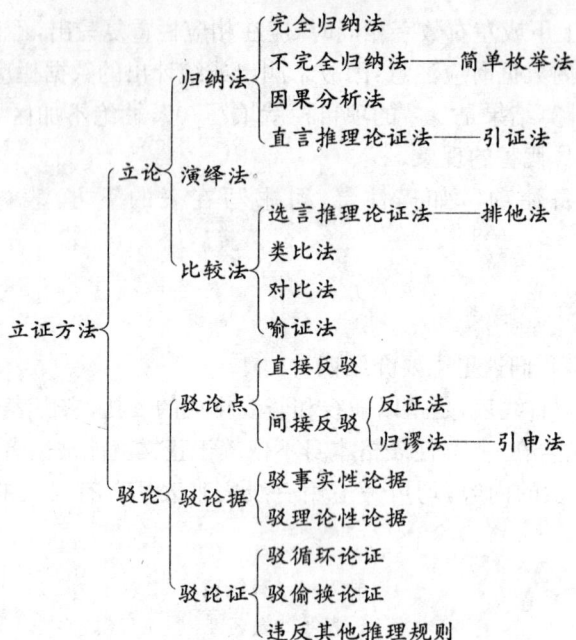

```
                        ┌ 完全归纳法
                        │
               ┌ 归纳法 ┤ 不完全归纳法——简单枚举法
               │        │
               │        │ 因果分析法
               │        │
               │        └ 直言推理论证法——引证法
        ┌ 立论 ┤ 演绎法
        │      │        ┌ 选言推理论证法——排他法
        │      │        │
        │      └ 比较法 ┤ 类比法
        │               │ 对比法
立证方法 ┤               └ 喻证法
        │               ┌ 直接反驳
        │      ┌ 驳论点 ┤           ┌ 反证法
        │      │        └ 间接反驳 ┤
        │      │                   └ 归谬法——引申法
        └ 驳论 ┤ 驳论据 ┌ 驳事实性论据
               │        └ 驳理论性论据
               │        ┌ 驳循环论证
               └ 驳论证 ┤ 驳偷换论证
                        └ 违反其他推理规则
```

(4) 程序表。所谓程序表,是指按照事情进行的先后次序连接起来的表格,如表7-4所示。

表7-4 入户访问流程表

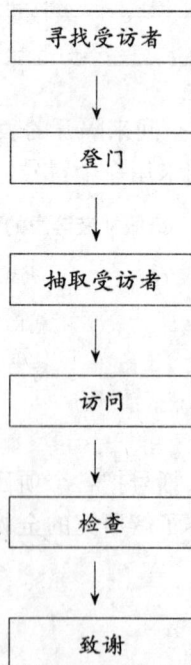

```
┌──────────┐
│ 寻找受访者 │
└──────────┘
     ↓
┌──────────┐
│    登门    │
└──────────┘
     ↓
┌──────────┐
│ 抽取受访者 │
└──────────┘
     ↓
┌──────────┐
│    访问    │
└──────────┘
     ↓
┌──────────┐
│    检查    │
└──────────┘
     ↓
┌──────────┐
│    致谢    │
└──────────┘
```

毕业论文的标点

一、标点的概念及类型

标点符号简称标点。所谓标点,是指由点号与标号两部分组成,是辅助文字记录语言的符号,是现代书面语里不可缺少的组成部分。简单地说,是用来表示停顿、语气以及词语的性质和作用。正确使用标点符号,可以帮助论文的作者更加确切地表达自己的思想观点,也可以帮助读者深入理解论文的内容。按照中华人民共和国国家标准 GB/T15854 - 1995《标点符号用法》的规定,常用的标点符号共有 16 种,其中标号 9 种,点号 7 种。9 种标号分别是:引号、括号、破折号、省略号、着重号、连接号、间隔号、书名号和专名号。7 种点号分别是:句号、问号、叹号、逗号、顿号、分号、冒号。

二、标点符号的使用问题

在毕业论文中,经常出现某些标点符号使用不当的问题,就常用的几个作简要的提示。

1. 关于"逗号"的使用不当问题

所谓逗号,是指表示一句话中间停顿的符号。在毕业论文中可以用逗号表示停顿的地方很多,但也不是任何句中的停顿都可以用逗号。下列两句中的逗号用得就不妥当。

例 1　我们应该认真研究并借鉴,西方发达国家对投资理论的研究成果。

例 2　人类面对的三大经济问题,首先是由西方经济学概括和加以论证的。这三大经济问题是,任何一个社会都存在并按一定方式解决生产什么和生产多少,如何生产和为谁生产的问题。

例 1 中的动词"研究"和"借鉴"与兼词词组"西方发达国家"之间并无停顿,也就不能用逗号点断。例 2 中"这三大经济问题是"之后,不应该用逗号,应该用冒号,因为下面的话是对"三大经济问题"的解释。另外,"生产什么和生产多少,如何生产和为谁生产的问题"也有问题。该句解释的是哪"三大经济问题",由于使用了"和"字,就成了四大经济问题了,应该将第一个"和"字改成顿号,将逗号改成顿号。

2. 关于"问号"的使用不当问题

所谓问号,是指表示一句话完了之后停顿的符号。不过,有些句子虽然有疑问代词,但整个句子不是疑问语气,句末不应用问号。

例 3　这就迫使每一位肩负组织重托的管理者重新思考,构建什么样的结构,才能保证其具有较强的弹性和应变能力?

例 4　在人才决定一切的社会,如何进行资源配置?是值得认真研究的重大问题。

例3和例4句中的问号使用得都不当,因为句子都没有疑问语气。例3的末尾应该改成句号,例4中的问号应该改成逗号。

3. 关于"分号"的使用不当问题

所谓分号,是指表示并列的分句之间停顿的符号。凡是用逗号不能很清楚地表示并列分句的关系的地方就用分号。

例5 直接融资和间接融资究竟以谁为主,主要有两种模式:一种是以英、美为代表的以证券融资方式(直接融资)为主的模式;另一种是以日、德为代表的以银行融资方式(间接融资)为主的模式。

假如该用分号的而不用,不该用分号的却用上了,都会使句子的层次关系不清楚。

例6 因此,在我国现阶段情况下,银行业向多种性质经营模式转变,最重要的还是要防范金融风险。这就要求银行业应逐步向多种性质经营过渡,不能一下子全面放开,各家商业银行要根据自己的实际情况和特点,灵活选择多种性质经营的发展模式;要制定多种性质经营的战略发展规划,在防范和化解风险的前提下,由点及面进行业务拓展。

例7 新经济时期是以信息为主导的经济,一方面形成了以信息产业为主的经济结构,成为最大的产业群体,并拉动着经济高速增长和结构升级,另一方面是信息产业以其高度渗透性全面地改造着传统经济,促使消费、生产、交换方式发生本质性的变化。

例6的分号上下两个分句之间不是并列关系,而是递进关系,这里使用分号反而搅乱了两句之间的关系,应将其改成逗号。例7中"一方面……"和"另一方面……"这两个分句之间是并列关系,"升级"之后使用逗号是不妥当的,应将其改成分号。

4. 关于"句号"的使用不当问题

所谓句号,是指表示陈述句完了之后停顿的符号。

例8 财政职能是财政区别于其他经济范畴的重要标志之一,是规范财政活动的基本准则。

假如在毕业论文中该用句号而不用,或者不该用句号而用了,都会使句子结构不清楚,含义不明显。

例9 花生秧子是生猪的好饲料,种花生为发展养猪事业提供了有利条件,这几年由于花生种得多,全村养猪数量达到3 000多头,猪多肥多,又促进了粮食产量的提高。

例10 风险投资,又名创业投资,它是专门投资于新产品,承担高风险,也是索取高回报的投资,风险投资业在美国已发展得相当成熟了。对美国高新技术产业的发展起到了推波助澜的作用,造就了微软、雅虎等一大批闻名遐迩的高科技企业。从一定程度上说,是风险投资缔造了美国的新经济。

例 9 应为三个句子。第一、第二个分句是一个意思；下面两个分句是另一个意思；最后两个分句是一个意思。因此，第二、第四个逗号都应改为句号。

例 10 中第一、第二个分句是一个意思，因此，第二个分句之后的逗号应改为句号。第三、第四、第五个分句是一个意思，因此，第五个分句之后的逗号应改为句号。第六个分句与第七、第八个分句是一个意思，因此，第六个分句之后的句号应改为逗号。

5. 关于"书名号"的使用不当问题

所谓书名号，是指表示书籍、篇章、报刊、剧作、歌曲等名称的符号。

例如，《西方经济学》、《光明日报》、《财务与会计》、《我爱北京天安门》、《全球大并购推动经济全球化》等。

如果书名内还有书名，就应该外用双书名号，内用单书名号。例如，《论〈关系营销〉》。有些作者，因为粗心，对书名号的用法掌握不够，往往会使用不当。

例 11　在现代社会，环境与贸易及经济发展矛盾日趋突出，成为各国无法忽视或回避的问题，早在 1947 年签署的"关税和贸易总协定"中，即在第 3 款和第 12 款明确提出一些关于环境和卫生方面的重要例外规定……

"关税和贸易总协定"的引号应改为书名号即《关税和贸易总协定》。

？ 思考题

1. 毕业论文有哪些语言特点和要求？
2. 毕业论文有哪些表达方式？

第八章

毕业论文的答辩与评价

学习目标

通过本章学习,知道毕业论文答辩是对毕业论文审查的补充,是评定毕业论文成绩的重要依据之一,是检验学生课题把握程度及研究水平的重要方式。

能力要求

掌握:毕业论文答辩的技巧,答辩前如何做好准备与注意问题。
了解:毕业论文答辩的特点、作用、形式、程序、技巧与评分标准。

毕业论文答辩是毕业论文教学活动的最后一个环节,是对学生研究论题情况与综合能力素质的一次重要检验,也是对已经完成的论文质量的最后审核。

第一节
毕业论文答辩概述

一、毕业论文答辩的概念

(一) 答辩的概念

答辩,即有问、有答、有辩。毕业论文答辩,可以说是由问、答、辩构成的一种有目的、有计划、学生与教师面对面的、立体型的动态教学考核形式。导师对论文做出的评语直接决定着评价的质量。但是,由于这种形式单向性、静态性、个体性的局限,对论文的考核往往疏于全面。而论文答辩,是在特设的答辩环境里,由学院(系)按一定的标准设立、由教师或有关专家组成的答辩委员会或答辩小组,对答辩学生进行提问,答辩学生则必须根据答辩教师的要求进行回答。这种形式,学生既可以答,又可以辩;既便于学术交流,又便于感情交流。教师不仅可以考核论文的质量,还可以考核学生的口头表达能力、思维能力和应变能力。

（二）答辩的特点

1. 直观性

所谓直观性，是指论文作者与答辩教师是面对面的，既有直接的感情交流，也有直接的思想交流和学术交流。教师可直观地提问、质疑，学生也可直观地回答和辩解。这种方式的优越性体现在时间短，见效快，立即解决问题，减少了一些繁文缛节，而且可提高论文的质量，加深教师对学生的全面了解。

2. 即兴性

所谓即兴性，是指在答辩的过程中，教师提出问题后没有给学生一定的思考时间，学生即时回答或者准备时间短暂就回答问题。这种即兴提问、即兴回答的方式，有助于锻炼、提高学生的口头表达能力、思维能力和应变能力；有助于发挥集体的智慧，对论文做出公正的评价；有助于检查、解决论文中存在的问题；也有助于考核学生的整体素质。

3. 立体性

所谓立体性，是指论文答辩的全过程不是平面的、单向的，而是有动有静，有理有节有序，有深有浅，有深沉有生动，有教师有学生又有论文。有动有静，是指教师提问、学生思考和答辩，是静动结合。有理有节有序，是指教师有礼貌地提问，学生有礼貌地回答。如教师提问时常用"请你回答"这样的短句；学生回答完毕之后，常道声"谢谢"，秩序井然，有条不紊。有深有浅，是指教师所提问题有深奥的有浅显的。有深沉有生动是指学生在思考问题时的那种严肃认真的形象和态度，以及回答完毕得到教师的称赞时那种兴高采烈的感人画面。

二、毕业论文答辩的作用

学生在完成教学计划规定的全部课程，各项实践环节经考核合格，完成了毕业论文后，即获得答辩资格，可以参加答辩。答辩的成功与否，直接关系到论文的价值和成绩的最后判定，是决定学生是否能够顺利毕业的重要环节。论文答辩的意义和作用表现为四个方面。

（一）检验学生综合水平，锻炼学生综合能力

如果说毕业论文的撰写是作者综合能力和知识的结晶水平的话，那么，论文答辩就是审核作者对所学知识的理解、掌握和运用能力的重要环节。论文答辩是在学生完成了论文写作，经过指导老师初评和答辩委员会或答辩小组老师联合评审的基础上进行的。学生的基础知识和综合能力通过答辩可以得到展示，也受到检验。每个毕业生都可以在认真听取老师的提问和同学的答辩发言中获取教益，得到许多宝贵的启发和借鉴、经验和教训。

答辩是审查论文的一种辅助形式。老师可以通过学生的自我陈述，检查了解学生的整体水平，通过学生的答问和争辩，检阅学生掌握知识的程度、创造性思维的能力和科学研究的水平，考察由学生的理论基础、对论述的问题有无一定的知识基础、是否有创造性的见解和充分扎实的理论修养。

答辩可以锻炼学生的能力。所谓答辩，即由答辩委员会或答辩小组老师提问，学生回

答,也可以辩论。每一次答辩,对学生的口头表达能力、演讲能力、思维能力、应变能力都是一个锻炼。

在当今社会,能言善辩已成为现代人必备的重要素质。一个人如果掌握了高超的辩论技巧,具有雄辩的口才,他在事业上、在人际交往中就会如鱼得水。正因为如此,自古以来那些胸怀大志的人,都非常重视辩论素质的训练和培养,把拥有精湛的辩论艺术视为其事业成功的得力臂膀,毕业论文答辩是即将跨出校门的大学毕业生提高辩论技巧和辩论艺术的重要机会,一定要十分珍惜,不要轻易错过。

(二) 引导学生遵循学术规范性,倡导良好学风

学术论文写作的过程,是学生接受学术规范性训练的过程。论文答辩会上,答辩者通过与答辩委员会或答辩小组老师的对话与交流,会加深对学术规范的理解,从而真正认识到学术训练要接受学术传统的规定,概念和范畴的使用,必须依赖于学科体系、不能随意捏造,引文不能超过一定篇幅,必须注明出处等。有关学风和治学态度的问题在答辩中将受到考察。答辩还可以检验论文的真实性,考察论文是否为学生独立完成。答辩这一环节,师生面对面就论文的一些问题进行提问和答辩,真伪往往能即刻判定,因此答辩有利于遏止抄袭剽窃、弄虚作假的不良行为,提倡良好学风。

(三) 保证评估、鉴定的客观性、公正性

学生在指导老师指导下独立完成毕业论文,对毕业论文的学术评价既不取决于写作者个人,也不取决于指导老师,要客观、公正地评估和鉴定,必须依赖学术评估机制。论文答辩就是一种学术评估机制的体现。答辩小组在审阅论文的基础上,听取答辩者的自述和答辩,从其书面表达和口头表达两方面对论文质量进行全面考核,又经集体讨论给出成绩和评价,如此可以防止在论文评审过程中的个人化、主观化和随意化,保证评估、鉴定的客观性、公正性。

(四) 在学术交流中引发思考,促进论文的修改完善

毕业论文答辩有利于启发学生进行理论思考。论文答辩中,答辩者通过和老师的学术交流,不断受到启发,从而对论文中阐述的问题有更明确深刻的理解,对论题的价值有更全面透彻的认识。论文答辩可以起到启迪思路、拓宽思维空间、开阔学术视野的重要作用。

一篇论文,难免有阐述不够、分析不透、不详细、不完备、不确切的地方,论文答辩时,通过老师的各种提问,答辩者可以发现论文写作中存在的疏漏和问题,从而促使他们对此进行修正和完善。一些偏颇、不当和明显的硬伤,也可以通过答辩得到清除。

三、毕业论文答辩的形式

论文答辩不等于宣读论文,而是要抓住论文的要点予以概括性的、简明扼要的说明,对答辩老师的提问作出全面、正确的回答。论文答辩的形式很多,具体采用哪一种形式一般由学校统一规定。下面介绍几种形式。

1. 口答

所谓口答,是指学生以口头方式,面对面地与答辩委员会或答辩小组进行答辩的方式。口答是毕业论文的常用答辩形式,方式灵活有效。但是,口答只能一个一个学生进行,时间要求比较高,在学生规模比较大的情况下,口答就很难按时完成,所以在很多情况下,口答往往在学生总人数的一定比例之内进行。

2. 笔答

所谓笔答,是指学生以书面的形式回答答辩委员会的提问。笔答实际上是一种考试方式,这种方式比较死板,但适合于大规模的操作,所以,在学生人数比较多时,笔答也时常成为一种补充答辩的方式。

3. 场地答辩

所谓场地答辩,是指通过布置答辩会场,由答辩老师和答辩学生进行面对面的提问、答题和辩论的一种答辩形式。在场地答辩的情况下,学校要进行毕业论文答辩会场地的布置,设置答辩席、教师席和旁听席,几位答辩教师坐成一排,答辩学生坐在对面,答辩教师当面向学生提问,学生当面答题。这种答辩形式是口答中的常见形式,比较适用于教师与学生近距离和深入的沟通。

4. 在线答辩

所谓在线答辩,也称为远程网上答辩,是指利用现代宽带网络资源结合摄像头、耳麦等,通过声音、图像传输工具进行的非面对面的远程答辩形式。这是近年随着网络的兴起而出现的一种新型答辩形式。在实行远程教育时,其学生分布比较散,集中到一个地点进行答辩有很多不便之处,而通过网上答辩就方便多了。远程答辩的开展,预示着网络教育这种以现代网络技术为依托的教育形式的完善与成熟。

5. 即席答辩

所谓即席答辩,是指学生针对答辩教师提出的问题进行当场作答。这种形式下,答辩教师提问后,学生立即回答问题,没有答辩的准备时间,考核学生的快速反应和即席思辨能力。

6. 备后答辩

所谓备后答辩,是指答辩教师提出问题后,允许学生有一定的准备时间,一般不超过半个小时。这种形式给予学生一定时间的准备,翻阅一些资料、整理一下思路(须独立进行),有利于提高答辩质量和答辩效果,也是大多数高校所采用的答辩形式。采用即席答辩还是备后答辩,不同的学校有不同的规定,有些学校由学生选择答辩方式,有些学校则是事先指定答辩方式。

第二节
毕业论文答辩准备工作

一、成立论文答辩机构

论文答辩机构,一般是指论文答辩委员会或答辩小组。如果学生人数较少,可组成论文答辩委员会，直接领导并参加论文答辩。如果学生人数比较多，可在答辩委员会之下设若干个答辩小组负责答辩。论文答辩委员会(或小组)由3~5名教师组成，一般由教授、副教授、讲师担任，经校聘请，也可以适当聘请有实践经验的工程师和专家参加，答辩委员会设主任一人、副主任一人、秘书一人(讲师职称以上的教师担任)。论文指导教师不得担任论文答辩委员会的委员及其秘书。答辩会议应由秘书做详细记录。如果有一名答辩教师因故缺席，应留下意见，并将其意见在答辩会上宣读；如果有两名教师因故缺席，则不能组织答辩。由答辩委员会负责有关答辩的全面工作。

二、学生准备工作

(一)答辩申请

在学校(或学院、系)规定的时间内，将定稿的毕业论文(一式×份)、论文提纲，一并交给自己的指导教师。指导教师审阅后，写出评语并提出书面成绩建议，由班主任或指导教师在答辩前7天内，将论文送交答辩委员会(或答辩小组，下同)，申请答辩。答辩委员会进行初审，决定是否批准申请答辩。申请答辩批准后，答辩委员会应提前3天将答辩的时间、地点通知学生。

(二)编写论文自述报告

论文自述报告，是接受答辩的学生在答辩开始时，向答辩委员会所做的论文写作情况汇报。论文自述报告的内容包括：选题的初衷、中心论点和主要内容、论文写作的简要过程、导师的指导情况、论文的修改情况。如果自己发现论文的薄弱环节或不妥之处，在自述报告中也可补充修改。总之，自述报告应该反映论文的写作目的、概况、特点、创新及理论价值和实践运用价值。论文自述报告的时间一般是10~20分钟。由于时间有限，语言要精练明快，言简意赅，重点突出，提纲挈领。

(三)草拟论文答辩提纲

答辩提纲是为回答答辩教师的问题而准备的文字材料。答辩教师的答辩题是保密的，学生事前不可能知道。那么，答辩提纲的意义何在呢？一是对论文撰写的全过程及其主要内容进一步条理化。比如对选题的目的、意义、中心论点的表述，材料的选择和运用，论述分析的方式、方法，论述是否有力，引文的目的和出处，成果的继承和创新，成果的理论意义和现实意义等有一个全方位的梳理。二是"手中有粮，心中不慌"。肃穆的答辩环境，严谨、冷静、一丝不苟的答辩教师，自然会使学生产生一种紧张情绪。这个时候，最需要的是沉着、冷静。沉着、冷静的"中流砥柱"就是"手"中的论文答辩提纲。有了答辩提纲，对答辩教师的提问自然会沉着应对。尽管不知道教师所提的问题，但对原则和范围是了解的。也就是说，教师的提问是离不开论文所涉及的内容的，答辩提纲将论文所涉及的主要内容和问题全都考虑进去，起码在大的问题上不会翻船。

（四）论文幻灯片的制作

毕业答辩幻灯片（PPT）不同于一般的幻灯片。做好幻灯片是学生答辩成功的一个重要环节。下面具体谈谈毕业答辩幻灯片的主要内容及制作中需要注意的问题。

1. 答辩报告的内容

答辩报告中需要包含的内容一般包括以下几个方面：

（1）封面（首页）。包括论文标题、答辩人、指导教师、课题的归属、致谢等。有的学校规定不能列出指导教师、学生姓名，需要特别注意。

（2）选题背景和意义。包括选题背景、研究目的、创新性、应用价值等。

（3）论文结构。一般用一页列出章节目录。讲解的时候，不需要一一读出。

（4）研究内容。简明扼要说明理论概括、环境分析、现状、存在问题、解决方案、实施组织等，每个部分一两张 PPT。建议用提纲列出主要观点，用图形表达最好，文字不能太多。不需要一个个章节介绍。

（5）参考文献。一般用一页列出，不需要读出。

（6）个人简介。学习和工作经历，注意反映作者特点。

（7）致谢。向导师、同学和评委致谢。

2. 答辩幻灯片制作的技巧

（1）答辩幻灯片的篇幅。一般 10～15 分钟的演讲时间，答辩幻灯片在 20～25 张，除去封面和篇章标题页和致谢等无内容页面，真正需要讲解的为 20 张左右。幻灯片只需列出要点、关键技术。

（2）封面和封底。幻灯封面要求简洁大方，可选择特征图片如校园风景照片，不要太花哨，干扰主题。

（3）模板。由于科学研究的严肃性，幻灯片模板配色不宜太过花哨，文字或图片的颜色不能过于接近底色，要有一定的对比度。Office 里面附带的母版较少且过于单调，可以自己设计或从互联网上下载。幻灯片里不应该只有文字，同时可以适当加入模式图和流程图，也可加一点小小的花边，标题和正文之间加一条线，或插入学校 logo 等，使幻灯片增加色彩。

3. 正文

正文文字作为幻灯片的主体，其表达和处理非常重要，文字的总体处理原则如下：

（1）文字不能太多，切忌把 Word 文档整段文字粘贴到幻灯片内。

（2）文本框内的文字，一般不必用完整句子表达，尽量用提示性文字，避免大量文字的堆砌。做到让观众能在很短时间内看完，且不觉吃力。

（3）文字在一张幻灯片内要比例适宜，避免缩在半张幻灯片内，也不要"顶天立地"，不留边界。

（4）每一张幻灯片，一般都希望有标题和正文，特别是正文内容较多时，如没有标题，会很难找出重点，观众也没有耐心去逐行寻找。

4. 须注意的事项

以上是幻灯片文字处理的总体原则，在细节处理上还应该注意以下几点：

（1）字体大小：PowerPoint 默认的文字大小为常用选择，一般标题用 44 号或 40 号。正文用 32 号,一般不要小于 24 号,更不能小于 20 号。

(2) 行、段间距:正文内的文字排列,一般一行字数在 20～25 个左右,不要超过 6～7 行,更不要超过 10 行。行与行之间、段与段之间要有一定的间距,标题之间的距离(段间距)要大于行间距。

(3) 字体选择:作为答辩幻灯片,推荐中文字体用宋体,英文字体用 Times New Roman,中文字体建议加粗。也可选择其他字体,但应避免少见字体,因为届时如果答辩使用的电脑没有这种字体,既影响答辩情绪,也影响幻灯片质量。

(4) 字体颜色:字体颜色选择和模板相关,一般不要超过三种。应选择与背景色有显著差别的颜色,但不要以为红色的就是鲜艳的,同时也不宜选择相近的颜色。标题字体的颜色要和文本字体相区别,同一级别的标题要用相同的字体颜色和大小。一个句子内尽量使用同一颜色,如果用两种颜色,要在整个幻灯片内统一使用。

(5) 层次分明:顺序为题目——大纲——内容——结束(致谢)。每页内容又分几个小点时,最好再设小标题;如果这几个小点内容较多要分几页来表示时,第一页的大标题可设置动画,后几页复制此页再做修改而后几页中的大标题不做动画,这样放映时让人感觉大标题没有动,只是在换下面的内容。

(6) 加入标注:如果怕答辩时忘了词,那就在框图中加入标注,在绘图栏的自选图形中选择标注,可以为标注增加效果,在效果的下三角箭头中选效果选项,将"动画播放后"改为"下次点击后隐藏",效果很好。

(7) 整体弹出:当这页内容条数很多但都很短时,不应一条一条地弹出,因为有时会因为紧张而失手出差错,应一下子都弹出,再一条一条地讲。

(8) 其他文字的配置:幻灯片内的脚注、引用的参考文献(一般要求在幻灯片内列出本张幻灯片引用的参考文献)、准备一句话带过的材料或在前面幻灯片内多次重复的内容,字体颜色选择和底色较为相近的颜色,不宜太醒目,避免喧宾夺主。

(五) 答辩中容易出现的问题

答辩不同于平常的考试,对于每一个答辩者来说,缺乏答辩经验,所以会在答辩过程中或多或少地出现一些意料不到的问题,主要表现在:

1. 缺乏锻炼,自信不足

答辩的场合对于答辩者而言是经历甚少,甚至从未经历过的。严肃的答辩场、威严的答辩委员都直接影响到答辩者的自我表现。因此,在答辩场上经常会看到答辩者口齿不清、脸红心跳、结结巴巴地回答不出问题的尴尬场景。即使在回答答辩委员问题时也总是顾虑重重,担心自己回答得不合适会贻笑大方。这种种顾虑,实际上已成了难以逾越的心理障碍,影响了答辩时的发挥。

其实,古人云:"师不必贤于弟子,弟子不必不如师。"所以每位答辩者要树立充足的信心。此外,要正确认识答辩的意义。答辩是培养学生表达能力、演讲能力的一种教学手段,是一次给学生提供锻炼能力的机会,是一次能和众多专家、学者共同探讨专业知识的机会,这样就会缓解答辩者的紧张情绪,只要能以一种正常、平稳的态度参与答辩,就能取得良好的成绩。

作为大学生,不仅要学会面对书本汲取知识,更重要的是能灵活运用知识,从容面对各种复杂局面。因此,答辩时不要有过大的心理压力,在紧张的时候可以自己作一些深呼吸练习,以此缓解紧张情绪。此外还可以进行积极的心理暗示,自己给自己鼓劲加油。

2. 准备不足,仓促应答

答辩之前的准备工作包括熟悉论文、预测答辩论题,以及必要的答辩心理准备,其中前两个环节是基础,它们会直接影响到答辩者的心理。

如果不熟悉论文的内容,不对论文涉及的基本概念、原理、大意、结构、提要作深入的了解和分析,抱着投机和侥幸的心理,再加上平时基础知识不扎实,势必会造成被动局面。如果答辩老师提出的问题再有些难度,一问三不知的尴尬局面也是在所难免的。

常言道"知己知彼,百战不殆"。在论文答辩的过程中,只有熟悉了解自己论文的各个环节:包括立意、定义、概念、要点、逻辑关系、结构,哪些是自己的观点,哪些是引用、借鉴别人的观点,自己的论文在目前学术研究中的定位是什么,以及在此基础上还能对论文中的问题做哪些更为深入的思考,才能在答辩过程中做到胸有成竹、应对自如。知彼,就是要了解答辩老师,分析可能会提哪些问题。

3. 答非所问,生拉硬扯

答辩过程中常常会出现这样的局面:面对答辩老师提出的问题,有些答辩者或许是卖弄自己的知识,或许是不知该如何回答,但又为了避免冷场的局面,会答非所问地给出其他一些毫无关联的答案。在答辩的过程中,切莫生拉硬扯,要仔细分析、思考后再做回答。

4. 顾此失彼,漏洞百出

顾此失彼,漏洞百出的原因:一是知识积累的局限所致,由于知识积累缺乏,常常是知其然而不知其所以然,经不住答辩老师的再三追问;二是由于不能融会贯通,举一反三。许多知识虽然学过,但难以运用自如;三是由于知识之间的衔接和转化能力较弱,一涉及比较分析就不知所措,难以将书本知识灵活运用。当答辩老师提出一些灵活性较强的问题时,答辩者不能全面、系统、辩证地说明自己的观点,造成顾此失彼的局面。

(六)答辩的应对策略

针对以上问题,要想顺利地通过答辩关,在答辩的过程中就要讲究一定的策略和技巧。

1. 听明题意,紧握题旨,限制题目,紧扣要害

答辩者在自述论文主要内容之后,就要集中精力注意听清主辩老师的提问,明确提问的意向,紧扣题旨。如果教师提出的问题较大,题意范围较宽,答辩者可以巧妙地通过"设想"或"设问",对题目加以限制、缩小,抓住主要方面做出回答。如:"我想,老师提的这个问题主要是……,我就着重谈……"

2. 先易后难,条理分明,简洁明快,切中要害

一般而言,答辩教师会提出好几个问题,允许答辩者做一定时间的思考和准备。在回答问题的时候,答辩者可以按照先易后难的原则,逐一回答,不必一定按老师的提问顺序作答。这样,有助于增强自己的自信心,克服紧张情绪而表达得从容流畅,也避免了因回答不出或回答不好问题给答辩老师留下不好的印象。在回答复杂的问题时,要力求做到条理分明,简洁明快。可将自己的回答分成几个步骤——作答,阐述时可以用"首先、其次"等字眼加以强调,也可用适当的语气停顿以示区别。同时还要注意的是,答辩时间是有限的,回答时要一针见血,切中要害地导向主题,不宜随意发挥、扩充话题,以致言多必失。

3. 坦诚直言,失者莫辩,把握分寸,善于进退

对于自己论文中的不足之处,应直言相告,当答辩老师指出时,更应当坦率承认。小小的失误是不会影响论文成绩的评定的。如果遇到较难的问题,或是自己只作过粗浅研究并未有深思熟虑的问题,或是很有启发价值但是自己难以在短短几分钟内回答的问题时,答辩者可以坦诚而委婉地告诉答辩教师,如你可这样说:"老师提出的这个问题对我很有启发,但是我一下子难于回答,容我以后对问题研究后再和老师一起探讨。"这样,不仅避免了冷场的尴尬,也显示了你敏捷的应变能力,同样会给答辩老师留下良好的印象。

答辩者在答辩中还要注意把握分寸,如内容上什么可讲,什么不可讲;哪些内容要强调,哪些要略述,都要把握好分寸。答问中涉及对他人研究成果的评价,尤其要注意分寸,力求客观公允,切勿狂妄自大。

4. 巧妙应对,谦虚大胆,勇于探索,求同存异

如果遇到特别困难的问题,切莫自暴自弃,可采用迂回战术,旁敲侧击,争取老师的提示,疏通思路。一般而言,如果问题难度较大,只要答辩者一开口,老师必将设法进一步指明回答方向,或从另一角度重新发问,给答辩者以提示、引导。此时,答辩者应当特别注意领会老师的意思,一旦从中得到相关信息,立刻抓住关键,发表见解。特别是老师提出的启发性的相关问题,虽然答辩者回答得不是很好,但是他这种谦虚大胆、勇于探索的精神会给教师留下好的印象,显然不会影响对答辩论文的评分。对于疑难问题,应当求同存异,既表现出答辩者对老师的尊重,又表现出自己勇于探索的精神和良好的学术研究素养。

三、论文答辩委员会和教师的准备工作

(一)论文答辩委员会的工作

1. 审查参加毕业论文答辩者的资格

凡是参加毕业论文答辩者,必须具备下列条件:

(1)必须是已修完高等学校规定的全部课程的应届毕业生,或者是符合有关规定经学校批准同意的上一届毕业生。

(2)必须是所学课程全部考试及格者或合格者。凡是实行学分制的院校,参加论文答辩者必须获得学校准予毕业的学分。

(3)所撰写的毕业论文必须是经过指导教师指导的,并且由指导教师签字同意参加答辩的。

(4)凡同时具有上述三个条件的大学生,方有资格参加毕业论文的答辩,缺乏其中一条则不准参加毕业论文答辩。

(5)要把资格审查结果张榜公布,并通知到学生本人。

2. 制定毕业论文成绩标准

毕业论文的成绩,直接关系到学生能否毕业,对本科学生还直接关系到其学位的获得与否。论文答辩委员会或学位论文评审委员会的答辩工作正式开始前,应制定一个统一的评

分原则和评分标准，以便共同遵循、实施。

毕业论文成绩的评分，各个高等院校大致相同：一是将成绩分为 5 个档次，即优秀（90～100 分）、良好（80～89 分）、中等（70～79 分）、合格（60～69 分）、不合格（60 以下的）；二是将成绩分为 4 个档次，即优秀（90～100 分）、良好（75～89 分）、合格（60～74 分）、不合格（60 分以下的）。

3. 布置答辩会场

毕业论文答辩会场的布置会影响论文答辩会的气氛和答辩者的情绪，进而影响到答辩的质量和效果。因此，答辩会场应布置得朴实、庄重，尽量创造一个良好的答辩环境。

（二）教师的准备工作

1. 必须遵循的原则

（1）理论题与应用题相结合的原则。一般而言，在三个问题中，应该至少有一个是关于基础理论知识的题目，其余则是要求学生运用所学知识分析和解决现实问题的题目。

（2）深浅适中、难易搭配的原则。在三个问题中，既要有比较容易回答的问题，又要有具备一定深度和难度的问题。对某一篇论文提问的难易程度，是与指导老师对此论文的评价相联系的。如果是指导老师建议成绩为优秀的论文，答辩老师所提出的问题就应该难度大些；建议成绩为及格的论文，答辩老师应提相对浅些、比较容易回答的问题。

（3）点面结合、深广相联的原则。既有涉及全篇全局的问题，又有就某一点上深入的问题。一般情况下，答辩限定在论文所涉及的学术范围之内，会从检验真伪、探测能力、弥补不足几个维度出题。意在考查论文撰写、说课设计的真实性；答辩者学术和业务水平的高低优劣；答辩者存在的薄弱环节或认识研究的模糊问题。

（4）形式多样、大小搭配的原则。

2. 认真阅读论文

论文答辩委员会的主答辩教师（或答辩组长），收到答辩委员会分发的论文以后，手中留一份，将其他几份交给另外的答辩教师。接到论文的答辩教师，在仔细阅读、掌握论文基本要点的基础上，审查的重点应该包括以下几方面：

（1）论文的真实性。

（2）结论（即中心论点）是否符合、揭示或反映客观规律。

（3）掌握和运用基本理论知识的情况。

（4）见解和创新。

（5）篇章结构的逻辑关系。

（6）语言和格式。

（7）指导教师的评语是否公正等。

3. 拟出问题和参考答案

主答辩教师（或答辩组长）根据学校的答辩原则要求和论文的具体情况，拟出 2～4 个问题和参考答案，交给答辩委员会或答辩小组讨论通过。

毕业论文答辩程序、方式及成绩评定

一、毕业论文答辩程序

(一)答辩开始

由论文答辩委员会主任或答辩小组组长,宣布答辩开始,说明答辩的基本规则、要求和安排。一般会涉及以下几方面:

1. 介绍答辩委员会或答辩小组成员名单。
2. 介绍接受答辩学生的姓名、身份(出示并检查学生证)。
3. 宣读答辩纪律与规则。
4. 公布答辩的先后顺序。

(二)答辩人作论文概述

由答辩人报告论文选题的背景、论文的基本框架和主要观点、论文的创新之处,报告时间一般控制在 20 分钟以内。在报告论文内容时应基本脱离文稿,不能照着稿子念,可以借助多媒体和幻灯片,边演示边介绍。

(三)答辩委员会提问

在进行论文答辩前,答辩委员会的答辩教师在仔细研读经过指导教师审定并签署过意见的毕业论文的基础上,拟出要提问的问题,一般不少于三个问题。在答辩教师提出问题的过程中,学生一定要认真听取,准确做好记录,充分领会答辩教师所提问题,如果不清楚,一定要请求答辩老师重复,以避免因未听清楚题目而造成答非所问或偏离主题的后果。

(四)答辩人准备

是否安排答辩人准备,因校而异。有一些学校不安排答辩人准备时间,在主答辩教师提出问题后,要求学生当场立即做出回答,随问随答。从考查学生答辩质量的角度考虑,适当安排一些时间给答辩人准备是可行的,并在答辩人准备期间可进入下一个答辩人关于论文主要内容的报告和答辩委员会的提问,便于提高时间效率。答辩人准备时,应逐一对答辩教师所提问题进行整理,可对照论文,查阅一些相关资料,形成基本思路,并作一些书面整理,切忌偏题。答辩人准备时间不超过 30 分钟。

(五)答辩人答辩

答辩人准备完毕后,既可以按提出的问题顺序逐一做出回答,也可以自由调整所提问题的顺序进行回答,但必须对所提问题做出回答。根据学生回答的具体情况,主答辩教师和其他答辩教师随时可以适当地插问。答辩人的答辩时间不少于 15 分钟。

（六）成绩评议

所有答辩人答辩完毕，暂时休会，答辩人暂时退出会场。答辩委员会根据答辩人各方面的表现和答辩情况进行评议，并就是否通过论文答辩进行表决，拟定成绩和评语。

（七）复会

由主答辩教师当面向学生就论文和答辩过程中的情况加以小结，肯定其优点和长处，指出其错误或不足之处，并加以必要的补充和指点，同时当面向学生宣布通过或不通过。对答辩不能通过的学生，说明不通过的理由，并提出修改意见和补答辩安排。

（八）由论文答辩委员会主任或答辩小组组长宣布答辩结束

二、答辩教师提问的方式

在毕业论文答辩会上，答辩提问的方式会影响到组织答辩会目的实现以及学生答辩水平的发挥。答辩教师有必要注意自己的提问方式。

1. 提问要贯彻先易后难的原则

答辩教师给每位答辩者一般要提三个以上的问题，这些要提的问题以按先易后难的次序提问为好。

2. 提问要实行逐步深入的方法

为了正确地检测学生对专业基础知识掌握的情况，有时需要把一个大问题分成若干个小问题，并采取逐步深入的提问方法。

3. 提问态度温和与语气诚恳

当答辩者的观点与自己的观点相左时，应以温和的态度、商讨的语气与之开展讨论，即要有长者风度，施行善术，切忌居高临下、出言不逊。

4. 提问要适当诱导

当学生回答不到点子上或者一时答不上来时，提问者予以应适当启发，引导学生尽可能回答问题。

三、答辩委员会评定成绩

（一）讨论、研究答辩情况

当全部学生答辩完毕时，答辩暂时休会。答辩委员会（或答辩小组）举行会议，对答辩学生的论文逐个评审。首先宣读指导教师对论文的评语，评阅教师对论文的评语；然后结合论文对评语进行评议。

（二）通过决议

根据学生的论文、导师的评语和评阅教师的评语，认真研究学生的答辩情况，并做出评价。根据大家的评价意见，答辩委员会或答辩小组，就学生的论文和答辩情况，写出全面评审意见。成绩以优秀、良好、中等、合格、不合格五级表示。最后,以无记名投票的方式对论文是否通过答辩和是否建议授予学位进行表决。表决结果须经 2/3 答辩委员会或答辩小组的成员通过方能生效。答辩委员会主任或答辩小组组长在决议上签字。

在论文答辩过程中,如遇到有争议的问题,应及时向有关领导汇报,由领导裁定。在论文答辩和评审过程中,如果发现抄袭或他人代写的疑点,当时又难以做出结论的论文,可宣布暂缓通过。应由教研室负责认真调查核实,待调查核实之后再作结论。

(三) 宣布结果

在评语、成绩以及论文是否通过答辩和是否建议授予学位的决议生效之后,可向学生宣布结果。

四、论文成绩评定标准

毕业论文经过审阅、评阅、答辩三个环节后,由指导教师、评阅教师、答辩委员会或答辩小组结合学生的论文及综合表现分别写出评语并按百分制给出成绩;学生毕业论文最终成绩中指导教师的评定占 40%(百分制),评阅教师的评定占 20%(百分制),答辩委员会或答辩小组的评定占 40%(百分制),综合成绩以五级计分制(百分制)记录。五个档次具体评分标准如下。

(一) 优秀(90~100 分)

1. 学术水平与综述

毕业论文的研究方案完全符合专业教学要求。选题具有独特见解,富有新意,有较高的学术价值或较强的应用价值。能综合全面地反映该学科及相关领域发展状况,归纳总结非常正确。

2. 综合应用基本理论与基本技能的能力

能熟练地综合运用本专业的基本理论和基本技能,表述概念清楚、正确;分析方法非常科学,印证资料非常准确,体现作者有非常强的独立从事科学研究的能力。

3. 文字表述与科学作风

论文结构非常严谨,逻辑缜密,论述层次清晰,文字流畅。材料非常翔实,图表非常规范,学风非常严谨。

4. 规范要求

论文文本格式完全符合规范化要求,文本主体部分(包括引言、正文与结论)字数达到标准,外文内容要正确清楚,参考文献丰富,其他资料齐全。

5. 答辩情况

论文答辩时思路清晰,论点正确,能有理论依据地、非常正确流利地回答问题。

(二) 良好(80~89 分)

1. 学术水平与综述

毕业论文的研究方案较好地符合专业教学要求。选题具有见解,较有新意,有一定的学术价值或应用价值。能客观地反映该学科及相关领域发展状况,归纳总结很正确。

2. 综合应用基本理论与基本技能的能力

能熟练地掌握和运用本专业的有关基本理论和基本技能,表述概念正确;分析方法很科学,印证资料很准确,体现作者有很强的独立从事科学研究的能力。

3. 文字表述与科学作风

论文结构完整,逻辑性强,论述层次清晰,文字流畅。论文材料很翔实,图表较规范,学风严谨。

4. 规范要求

论文文本格式完全达到规范化要求,文本主体部分(包括引言、正文与结论)字数达到标准,外文内容提要无明显差错和有相当的参考文献,其他资料齐全。

5. 答辩情况

论文答辩时思路较清晰,论点基本正确,能有理论依据地、正确流利地回答问题。

(三)中等(70～79分)

1. 学术水平与综述

毕业论文的研究方案符合专业教学要求。选题具有一定的实际意义和应用价值。能合理反映该学科及相关领域发展状况,归纳总结较正确。

2. 综合应用基本理论与基本技能的能力

能较好地掌握和运用本专业的有关基本理论和基本技能,表述概念较正确;分析方法较科学,印证资料较准确,作者有独立从事科学研究的能力。

3. 文字表述与科学作风

论文结构合理,符合逻辑性,论述层次分明,文字通顺。材料较翔实,图表较规范,学风较严谨。

4. 规范要求

论文文本格式基本符合规范化要求,文本主体部分(包括引言、正文与结论)字数偏少,外文内容提要无明显差错,有一定数量参考文献,其他资料基本齐全。

5. 答辩情况

论文答辩时思路基本清晰,论点基本正确,基本上能依据专业理论正确回答问题。

(四)合格(60～69分)

1. 学术水平与综述

毕业论文的研究方案基本符合专业教学要求。选题见解一般,立意不新。能比较合理地反映该学科及相关领域发展状况,归纳总结正确。

2. 综合应用基本理论与基本技能的能力

能基本掌握运用本专业的基本理论和基本技能;分析方法科学,印证材料准确,作者有一定的独立从事科学研究的能力。

3. 文字表述与科学作风

论文结构较松散,逻辑性不强,论述尚有层次,文字尚通顺。论文材料翔实,图表制作稍有误差,学风严谨。

4. 规范要求

论文文本格式勉强达到规范化要求,文本主体部分(包括引言、正文与结论)字数偏少,外文内容提要差错较多或缺少参考文献,其他资料基本齐全。

5. 答辩情况

论文答辩时对主要问题能回答,或经启发后才能回答出来,回答的内容较肤浅。

(五) 不合格(60 分以下的)

1. 学术水平与综述

毕业论文的研究方案不符合专业教学要求。选题无自主见解,没有新意或有抄袭、剽窃现象。不能合理地反映该学科及相关领域发展状况,归纳总结不正确。

2. 综合应用基本理论与基本技能的能力

基本理论模糊不清,基本技能不扎实;分析方法不够科学,印证材料不够准确,作者独立从事科学研究的能力较差。

3. 文字表述与科学作风

论文结构混乱,内容空泛,逻辑性差,论述层次不清晰,文字表达不清,错别字较多。论文材料不够翔实,图表制作随意,学风不够严谨。

4. 规范要求

论文文本格式达不到规范化要求,文本主体部分(包括引言、正文与结论)字数过少,缺乏外文内容提要,缺乏参考文献,其他资料也不齐全。

5. 答辩情况

论文答辩时思路不清晰,论点不正确,回答问题有原则性错误,经提示不能及时纠正。

原则上优秀的比例控制在 15% 以内,良好的比例控制在 35% 以内,中等的比例控制在 25% 以内,合格的比例控制在 20% 以内,不合格的比例控制在 5% 以内。

五、评语的写作

高等院校应届毕业生论文的评语,是由论文的指导教师、评阅教师和答辩委员会或答辩小组来撰写的。由于评语是对毕业论文的总评价,它关系到论文能否通过,关系到学生能否毕业,是否能取得相应的学位,所以撰写评语一定要有一个标准,一定要严肃、认真、负责地去写。

各高等院校对毕业论文的评语写作都有自己的具体要求。作为毕业论文写作的指导教师,主要应该从论文的内容与写作要求,对论文做出客观公正的评价,一般可以从论文的观点是否正确鲜明、论据是否充分、论证是否严谨、布局谋篇是否合理、表述是否清楚、文字是否流畅等几方面做出相应的实事求是的评价。写评语的目的是让论文撰写者对自己的论文水准与质量心中有数,好进一步修改、完善。

作为毕业论文评阅教师,主要是从论文的选题是否符合专业培养目标,深度和广度是否适当;立论是否正确、严密,对前人工作是否有改进或突破,或有独创性;工作量是否饱满,难度大小是否适当;文章综述是否简练完整、有见解;立论是否正确、论述是否充分、结论是否严谨合理;实验是否正确,分析、处理问题是否科学;文字是否通顺、专业用语是否准确、符号是否统一、编号是否齐全、书写是否工整规范;图表是否完整、整洁、正确;论文是否有应用价值;翻译资料、综述材料是否合乎标准规范要求等方面进行审阅和评定,写出评语,提出成绩评定的意见。

作为毕业论文答辩委员会的主答辩教师,主要应该是从学生答辩的情况(如答辩态度、回答问题是否准确、思路是否清晰、语言是否流利、对论文不足之处和存在问题的态度及认识等)结合论文的选题价值等方面,做出准确的评价,写出评语,使论文撰写者对自己论文写作中与答辩中存在的问题有所启发和认识,知道毕业论文优秀成绩取得不仅要求会写,而且要求会讲,写作与演讲结合好了才是一篇优秀的毕业论文。

毕业论文的评语写作要掌握好分寸,要把重点放在对论文的评价上,尤其要注意用词、用语。要本着对国家、对学校、对学生负责的态度,认认真真将它写好,使之符合实际,又让学生心悦诚服。至于答辩情况,只要用一两句话在后面作判断。

第四节
毕业论文答辩技巧与注意问题

一、答辩的技巧

成功的演讲是自信和技巧的结合,扎实的专业知识和细致周到的答辩准备工作是成功的前提。使用一些答辩技巧也不可缺少,可以充分展示自己的研究成果,让别人知道自己都做了什么。

(一) 答辩前的准备

答辩前的准备包括答辩内容的准备和物质准备。在反复阅读、审查自己论文的基础上,写好供10~15分钟用的答辩报告,并反复练习。在答辩前尚须注意以下细节:事前亲临现场,熟悉现场布置,测试设备(如存放答辩幻灯的U盘/移动硬盘是否能在答辩使用电脑上正常播放、Power Point版本兼容问题等);熟悉讲稿;练习如何表达,尤其着重于开场白和结束部分。另外,在答辩前还要准备好所需品,如论文的底稿、说明提要、主要参考资料,画出必要的挂图、表格及公式,必要时准备相关内容幻灯片以备答辩委员会或答辩小组提问。

(二) 良好的开场白

开场白是整个论文答辩的正式开始,它可以吸引注意力、建立可信性、预告答辩的意图和主要内容。好的开始是成功的一半,能起到引言、连接、启下三个作用。良好的开场白应做到切合主题、符合答辩基调、运用适当的语言。应避免负面开头,如自我辩解等(如"我今天来得匆忙,没有好好准备……")既不能体现对答辩委员会或答辩小组专家的尊重,也是个人自信不足的表现,会使答辩者给各位专家和教师的第一印象大打折扣。牢记谦虚谨慎是我国的美德,但谦虚并非不自信。同时也要避免自我表现,扬扬得意,寻求赞赏。过度的表现,会引起答辩委员会或答辩小组的专家与教师的反感。

(三) 报告的中心内容

报告的中心内容包括:论文内容、目的和意义;所采用的原始资料;论文的基本内容及调研的主要方法;成果、结论和对自己完成任务的评价。在答辩报告中要围绕以上中心内容,层次分明。具体要突出选题的重要性和意义;介绍论文的主要观点与结构安排;强调论文的新意与贡献;说明做了哪些必要的工作。

讲稿一般以幻灯片的方式展示,做到主题明确,一目了然;精选文字,突出重点,简明扼要;适当美化视觉效果,加深印象。答辩时应注意时间,扼要介绍,认真答辩。为此要做到以下几点:

(1) 不必紧张,要以必胜的信心、饱满的热情参加答辩。

(2) 仪容整洁,行动自然,姿态端正。答辩开始时要向专家和教师问好,答辩结束时要向答辩委员会或答辩小组专家和教师道谢,体现出良好的修养。

(3) 沉着冷静,语气上要用肯定的语言,是即是、非是非,不能模棱两可。

(4) 内容上紧扣主题,表达上口齿清楚、流利,声音大小要适中,富于感染力,可用适当的手势,以取得答辩的最佳效果。

(四) 答辩委员会或答辩小组可能提出的问题

报告结束后,答辩委员会或答辩小组专家和教师将会提出问题,学生进行答辩,时间为10~15分钟。一般包括:需要进一步说明的问题;论文所涉及的有关基本理论、知识和技能;考查学生综合素质的有关问题。评委可能提出的问题一般来源于以下几个方面:

(1) 答辩委员会或答辩小组专家和教师的研究方向及其擅长的领域。

(2) 可能来自课题的问题:是确实切合本研究涉及的学术问题(包括选题意义、重要观点及概念、课题新意、课题细节、课题薄弱环节、建议可行性以及对自己所做工作的提问)。

(3) 来自论文的问题:论文书写的规范性、数据来源、对论文提到的重要参考文献以及有争议的某些观察标准等。

(4) 来自幻灯的问题:某些图片或图表,需要进一步解释。

(5) 不大容易估计到的问题:和论文完全不相干的问题。似乎相干,但是答辩者根本未做过,也不是论文涉及的问题。答辩者没有做研究的,但是评委想到了的问题,答辩者进一步打算怎么做。

(五) 如何回答答辩委员会或答辩小组专家和教师的问题

首先要做到背熟讲稿,准备多媒体,调整心态,做提问准备,进行预答辩。在随后的汇报中突出重点、抓住兴趣、留下伏笔。忌讳讨论漫无边际,由于课题内容是自己擅长的部分,讨论时毫无收敛,漫无边际,往往使内容复杂化,过多暴露疑点难点,给提问部分留下隐患。一个聪明的学生应该"就事论事",仅围绕自己的结果进行简单讨论,这样提问往往更为简单,回答更为顺畅。到了提问环节,专家或教师提问不管妥当与否,都要耐心倾听,不要随便打断别人的问话。

对专家提出的问题,当回答完整、自我感觉良好时,不要流露出骄傲情绪。如果确实不知如何回答时,应直接向专家和教师说明,不要答非所问。对没有把握的问题,不要强词夺理,实事求是地表明自己对这个问题还没有搞清楚,今后一定要认真研究这个问题。

总之,答辩中要实事求是,不卑不亢,有礼有节,时刻表现出对专家和教师的尊重和感谢。注意答辩不纯粹是学术答辩,非学术成分大约占一半,要显示出自己各方面的成熟,要证明自己有学术研究能力。

(六) 结束语和致谢

报告结束前一定要进行致谢。导师为学生的成长付出了很多心血,在答辩这种关键时刻,对导师表示正式而真诚的感谢,体现了对导师的尊重,这是做人的基本道理。建议全文念出对导师致谢的段落,其他的致谢段落可以简略一些。同时应当说明汇报结束,欢迎各位专家的提问,使答辩工作顺利进入下一环节。

二、答辩要注意的问题

学生要顺利通过答辩,并在答辩时真正发挥出自己的水平,除在答辩前做好充分准备外,还应注意以下几点。

(一) 要有信心,不要紧张

对于自己写成的毕业论文要有通过答辩的信心。答辩时必须克服容易出现的一些心理障碍,如胆怯分心、萎靡不振、畏首畏尾、一上场就情绪紧张、表情呆滞、语无伦次、手脚不自觉地做小动作等;还要注意消除胡乱揣摩、投机过关等不良心态,否则将会分散注意力,以致造成判断上的失误,不能较好地回答问题。

(二) 仪容整洁,举止端庄

毕业答辩是一个严肃而庄重的场合,参加答辩的大学生一定要注意自己的仪容、举止。要做到衣着整洁,表情自然,落落大方,面带笑容,温文尔雅,彬彬有礼,显示出大学生应有的气质、风度。

(三) 认真倾听,冷静思考

在答辩时,面对答辩委员会或答辩小组教师的提问,答辩人要全神贯注,认真仔细地倾听。最好是边听、边想、边记,防止遗漏。如果没有听清楚,可请老师再说一遍,绝不可贸然回答。也可把自己对问题的理解说出来,请教老师是不是这个意思,得到老师肯定答复后再作答。有的教师也可能故意提出一个反面论点或似是而非的问题,以检验学生是否对问题真正弄懂了。专家和教师提出的问题有的不仅需要"答",有时还需要"辩"。面对这些情况,千万不要慌张,要弄清真意,防止答非所问。

(四) 回答要简明扼要,层次分明

答辩人在弄清专家和教师所提问题的确切含义后,要在较短的时间内反馈,要充满自信地以流畅的语言和肯定的语气把自己的想法表述出来,不要犹犹豫豫。回答问题时,一要抓住要害,简明扼要,不要东拉西扯,使人听后不得要领;二要力求客观、全面、辩证,留有余地,切忌把话说"死";三要条理清晰,层次分明,还要注意吐字清晰,声音适中等。

(五) 回答不出的问题,不可强辩

学生对于不懂的事情,要如实说明情况,虚心求教,切忌不懂装懂,乱说一气。如果会议上提问人提出的问题超过了论文课题的研究范围,答辩人可作必要的说明。另外,既然是答辩会,就允许有辩论。提问人有时会针对论文不足之处谈出自己的看法,有时也可能提出与论文相反的观点,面对这种情况,答辩者既要谦虚谨慎,勇于弥补论文的不足或修正错误,又要敢于坚持真理,有理有据地解说自己的观点,使答辩专家与教师能正确了解自己的主张和观点。

第五节

毕业论文的评价

毕业论文的评价是毕业论文工作的最后一道工序,是对毕业论文进行综合评价,并决定是否准予答辩申请人毕业的阶段,也是检验毕业论文的质量和传播毕业论文研究成果的阶段。

一、毕业论文评价的目的与意义

毕业论文是衡量大学生教学质量的主要标志,其质量不仅反映了毕业申请人的科研能力和学术水平,而且在一定程度上反映了培养单位的教育质量及管理水平。毕业论文评价的结果不仅可以为毕业论文答辩以及毕业评定提供参考依据,同时也可以从中找到提高教学质量和管理水平的措施,为我国的高等教育、科学研究和社会发展服务。

毕业论文评价的意义可以概括为以下三个方面。

(一) 对于提高学生的学术研究能力有着重要的促进作用

撰写毕业论文,实际上是大学生将所获取的知识和技能进行综合运用的过程。毕业生通过撰写毕业论文,可以提高自己在学术研究方面的能力,并对将要踏上的相关工作岗位有所裨益。

(二) 有利于促进指导教师自身的科研和教学水平的提升

所谓"教学相长",教师通过指导学生撰写毕业论文,能充分发挥自己的理论知识和经验的作用,向学生传递论文撰写的技巧和思路,并对整个过程负责,由此起到一个导向、协助的作用。指导教师所带学生的毕业论文质量直接反映了他自身的工作态度、科研和教学水平。对毕业论文的评价使得指导教师更加重视对学生相关能力和态度的指导与培养,从而全方位地提高导师自身的指导能力、科研与教学水平。

(三) 有利于高校营造良好的学术研究氛围

在各种教学评估中,毕业论文经常属于评估的重点。因此,对于高校来说,毕业论文质量的好坏不仅影响到整个学校的教学质量水平,影响到学校学术研究的整体氛围,更影响到学校、学院的声誉。所以他们希望本校的毕业论文从整体上能够有良好的质量,以肯定本校在论文组织管理工作中所付出的努力。评价可以使毕业论文的质量有所保证,进而促进学校的学术研究氛围,提高学校的社会知名度与声誉。

二、毕业论文评价的原则与标准

(一) 毕业论文评价的原则

在评价毕业论文时必须遵循综合性、实践性、求是性和保密性的原则。

1. 综合性评价原则

首先要坚持对毕业论文的社会价值、理论价值、技术价值和经济价值等项指标进行全面的评价。当然,各个学科由于性质不同,侧重点也有所不同。社会价值主要是看毕业论文对社会产生的影响,是否有利于社会的进步和人类文明的发展。

理论价值主要包括以下四个方面:

(1)阐明社会现象和自然现象的特征和规律,提出有利于科学事业发展的重大发现。

(2)具有独创性,属于一种新的重大科学成就,并具备创新性和可行性的理论特征。

(3)与原有的理论或技术进行比较,有突出的实质性特色和显著的进步。

(4)充实或纠正、推翻传统的、他人的理论。

经济价值主要表现为其应用范围及推广应用后的经济效果,看它是否能给社会或集团带来经济效益,看它是否有利于发展生产力、有利于增强我们国家的综合国力、有利于提高人民的生活水平。

2. 实践性评价原则

实践是检验真理的唯一标准。任何反映各种各样科研成果的论文,其学术价值、经济价值和社会影响,主要是通过实践检验来评价。只有通过正确的检验方法,取得足够、正确的参数,经过一段时间的重复性实验和扩大范围的实验,将实验的结果同国内外同类先进成果进行比较、鉴别,才能得出正确的评价。

3. 求是性评价原则

评价毕业论文必须要有实事求是的科学态度,在其理论价值、社会价值和经济价值等方面要讲真话,不能夸大或贬低。分清创新与继承,提倡百家争鸣,各抒己见。用事实和数据说话,实事求是地做出客观而公正的评价。

4. 保密性评价原则

对于反映技术开发成果的毕业论文进行综合评价时,首先要考虑是否应该对其进行保密。如果需要保密,那么该论文就不得公开发表,而且按照保密法规定,参加该论文评价的专家和工作人员都负有保密的义务。对于其中的具体资料、技术指标、各种参数、使用设备等都不得外泄。

(二)毕业论文评价的标准

根据上述原则,毕业论文的评价标准应该包括以下六个方面的指标,即论文的创造性、论文的选题、论文反映出的知识和能力水平、文献综述、论文的工作量和难度、论文的总结与写作。

1. 论文的创造性

毕业论文的创造性是衡量毕业论文水平的关键指标。所谓创造性就是指开拓新领域,解决未知问题;补充、修正、发展已有理论,纠正原有错误。其主要表现形式是提出新观点、新概念、新见解,或对已有理论提出新解释、新论证,发掘新资料。毕业论文工作是一项科研实践活动,是提高科研能力、创新能力,并最终得出创造性成果的过程。因此,论文成果的创造性无疑是评价论文质量的终极指标。衡量创造性大小的指标是:是否立论正确,在科学技术领域中开拓出了新的知识,如提出新的命题,形成一套完整的理论体系;是否提出新的解决方法,创造了较好的经济效益或社会效益;是否发展或解决了重大问题以及对某些知识或方法进行了综合和系统化等。

2. 论文的选题

符合科技发展需要、具有前沿性和高起点的选题是取得创造性的前提条件。虽然好的论文选题未必能够保证写出优秀的毕业论文,但是选题不当绝不可能写出好的论文。一些优秀的学生因选题不当而导致论文达不到要求,这种情况并不鲜见。因此,选题的好坏直接影响毕业论文的水平,是评价毕业论文的一个必不可少的指标。

3. 论文反映出的知识和能力水平

当今时代的科学技术发展极快,新兴科学、交叉科学不断涌现,只有具备创新素质,同时通过社会实践,才能证实相关结论正确与否。通过撰写论文的实践,可以培养独立学习和自我更新知识的能力,提高分析问题和解决问题的能力及创新的能力,最终才有可能做出创造性的成果。因此,除论文选题的意义及获得的成果等重要指标以外,将论文中反映出的理论和知识水平及独立工作的能力列入评价指标,可以使评价标准尽可能对学生的实际水平及能力做出全面、准确的描述。

4. 文献综述

在进行论文写作之前,必须通过查阅大量的文献资料,经过深入仔细的调查研究,透彻了解本科学领域研究的历史、现状与最新进展,弄清课题的研究及已有的研究成果,才能确定自己的研究目标,从而在前人的基础上写出有创造性成果的毕业论文。文献综述集中体现了作者对本学科及相关学科发展动向的熟悉程度以及归纳、总结、提出问题、解决问题的能力,是反映论文学术水平及作者治学态度的一个重要方面,也是论文价值的反映和衬托,因此应是评价毕业论文水平的一个重要指标。

5. 论文的工作量和难度

科研工作不可能一蹴而就，"实践、认识、再实践、再认识"是获得真理的唯一途径。对毕业而言，只有具有一定难度的题目才有望做出创造性成果，而创造性成果只有经过相当一段时间的探索、思考和反复验证后才会产生。因此，论文的工作量和难度与创造性成果的获得紧密相关。

6. 论文的总结与写作

论文的创造性成果只有通过精准达意的文字表达，才能为世人了解。如果把毕业论文工作比喻为辛勤耕耘的过程，那么毕业论文是在肥沃的土壤中、在阳光雨露的滋润下、在精心的耕耘之后结出的丰硕果实，而论文的总结和写作则是果实的收获与加工，其重要意义是不言而喻的。因此，论文的总结是对论文工作的全面展示和升华，是衡量毕业论文质量的重要指标。

三、毕业论文评价的办法

毕业论文常见的评价办法主要有定性评析法和定量评析法两种。定性评价主要有评语法和等级法两种。定量评价主要是专家根据给定的评价项目或指标逐项给出分数，如百分制。在毕业论文评审实践中，一般将定性评析法和定量评析法两种方法结合起来。

（一）等级法

一般规定优、良、中、及格和不及格五个等级的评分区间分别为[100,90]、[89,80]、[79,70]、[69,60]、[59,0]，如表8-1所示。例如，当评价等级为良时，应该在区间[89,80]之间给出评价等级。

表8-1　等级定性评价表

等级定性评价								
评价人		1	2	3	4	5	6	7	8
A1 A2 A3	B1	中	良	良	良	优	良	良	良
	B2	良	中	良	良	良	中	良	不及格
	B3	优	良	良	优	中	中	良	优
	B4	优	良	良	中	优	良	良	优
	B5	良	良	优	优	中	良	优	中
	B6	优	中	良	良	良	良	中	良
	B7	中	良	良	良	优	良	优	良

（二）百分制法

毕业论文评价指标和要素，共有两级，分别为A1、A2、A3的一级指标和B1、B2、B3、B4、B5、B6、B7的二级指标，如表8-2所示。一级指标涵盖了毕业论文评价的选题与综述、成果创新性和理论基础、专业知识与科研能力三个主要方面，二级指标分别从属于相应一级指标，每一个二级指标对应一套相应的评价要素。二级指标规定了定量评价的具体内容，按要求的百分制逐项打分。

表8-2 百分制定量评价表

评价人		1	2	3	4	5	6	7	8
		等级定性评价							
	B1	79	85	89	87	90	86	87	95
	B2	84	78	82	92	80	78	82	55
A1	B3	93	88	85	90	79	78	89	92
A2	B4	95	88	87	85	91	86	86	87
	B5	86	84	92	92	78	76	90	78
A3	B6	90	79	85	85	84	87	78	83
	B7	78	82	86	86	90	88	90	82

(三)评语法

评语评价是从评价专家对论文的评语中抽取关键句(可以利用人工抽取或自然语言理解的方法),并把各个关键句分成对应优、良、中、及格、不及格五个档次,如表8-3所示。

表8-3 评语评价等级及其标准表

	优(100~90)	良(89~80)	中(79~70)	及格(69~60)	不及格(59~0)
B1	选题为学科前沿,研究方向非常明确	选题为学科前沿,研究方向比较明确	选题合适,研究方向比较明确	选题合适,研究方向明确	选题不合适,研究方向不明确
B2	综合全面地反映该学科及相关领域发展状况,归纳总结非常正确	客观反映该学科及相关领域发展状况,归纳总结很正确	合理反映该学科及相关领域发展状况,归纳总结较正确	比较合理反映该学科及相关领域发展状况,归纳总结正确	不能合理反映该学科及相关领域发展状况,归纳总结不正确
B3	填补理论研究空白,在本学科达到或接近国际先进水平,运用新方法	填补理论研究空白,在本学科达到或接近国际先进水平	运用新方法,有独到见解,在相应领域取得突破性进展	运用新方法,有新见解,在相关领域取得进展	没有独到的见解或新的方法,在相应领域没有突破性进展
B4	论文成果具有较大社会效益,有较大实用价值	论文成果具有一定社会效益,有一定实用价值	论文成果有社会效益,对社会建设有促进作用	论文成果对社会建设有促进作用,有实用价值	论文成果没有社会效益,没有实用价值
B5	体现作者坚实的理论基础和系统深入的专业知识	体现作者的理论基础较好,有较深入的专业知识	体现作者的理论基础扎实,有相应的专业知识	体现作者有一定的理论基础和专业知识	体现作者的理论基础和专业知识比较差

	优(100～90)	良(89～80)	中(79～70)	及格(69～60)	不及格(59～0)
B6	分析方法非常科学,印证资料非常准确,体现作者有非常强的独立从事科学研究的能力	分析方法很科学,印证资料很准确,作者有很强的独立从事科学研究的能力	分析方法比较科学,印证资料较准确,作者有独立从事科学研究的能力	分析方法科学,印证资料准确,作者有一定独立从事科学研究的能力	分析方法不够科学,印证资料不够准确,作者独立从事科学研究的能力较差
B7	论文材料非常翔实,结构非常严谨,文字表达非常准确,学风非常严谨	论文材料很翔实,结构很严谨,文字表达很准确,学风很严谨	论文材料较翔实,结构较严谨,文字表达较准确,学风较严谨	论文材料翔实,结构严谨,文字表达准确,学风严谨	论文材料不够翔实,结构不够严谨,文字表达不够准确,学风不够严谨

思考题

1. 谈谈你对毕业论文答辩必要性的认识。
2. 如何做好毕业论文答辩前的各项准备?
3. 为什么答辩学生要了解毕业论文答辩的一般程序?
4. 毕业论文答辩容易出现哪些方面的问题?
5. 毕业论文答辩有哪些技巧?
6. 毕业论文评价应坚持什么原则与标准?

第九章

财政金融类毕业论文的写作指导及参考题目

财政金融类毕业论文的选题范围

一、财政学

本专业毕业生可选择的毕业论文范围包括税收原理、公共财政学、货币银行学、中国税制、国际税收、公债学、财政支出论、财务管理学、财务会计学、国家预算、税务代理、税收管理等课程所涉及的相关内容。

二、税务

本专业毕业生可选择的毕业论文范围包括税收学、税收管理、税务代理、税收筹划、中国税制、外国税制、国际税收、税收经济学、会计学、税务会计、财务管理、财政学、货币银行学、国际经济学等课程所涉及的相关内容。

三、保险学

本专业毕业生可选择的毕业论文范围包括计量经济学、国际金融、商业银行经营管理、保险学、财产保险、人身保险、再保险、保险经营与管理、保险法、保险营销学、社会保险、海上保险、保险精算、保险财务与会计等课程所涉及的相关内容。

四、金融学

本专业毕业生可选择的毕业论文范围包括金融学、统计学原理、基础会计学、投资学、国际金融学、金融市场学、商业银行经营管理、中央银行学、财政学、保险学、金融英语、金融风险管理等课程所涉及的相关内容。

五、金融工程

本专业毕业生可选择的毕业论文范围包括国际经济学、金融学、投资经济学、计量经济学、国际金融学、保险学、投资银行学、外汇交易实务、公司金融、基金管理学、期货理论与实务、金融工程学、金融财务与会计、金融计量学、金融风险管理学等课程所涉及的相关内容。

六、国际金融

本专业毕业生可选择的毕业论文范围包括金融市场与机构、国际商业基础、国际金融学、国际结算、外贸单证实务、金融英语、国际银行业务、国际市场营销、国际经济法、税务筹划、保险学、投资分析与管理等课程所涉及的相关内容。

七、资产评估

本专业毕业生可选择的毕业论文范围包括资产评估学、房地产评估理论与方法、房地产基本制度与政策、房地产开发经营与管理、财务会计、成本会计、税法、货币银行学等课程所涉及的相关内容。

八、国际税收

本专业毕业生可选择的毕业论文范围包括国际税收、国际税收协定、国际税收筹划、关税、税收学、中国税制、外国税制、赋税史、税收管理、税收相关法律、国际投资学、国际企业财务管理、国际贸易、国际经济法等课程所涉及的相关内容。

九、投资学

本专业毕业生可选择的毕业论文范围包括财政学、计量经济学、金融学、投资学、投资银行学、风险投资学、投资项目评估、投资项目管理、金融期货与期权、证券投资组合管理、证券投资分析、企业兼并收购、公司理财、个人理财等课程所涉及的相关内容。

十、信用管理

本专业毕业生可选择的毕业论文范围包括市场调查与分析、财务管理、国家信用管理体系、信用和市场风险管理、企业和个人信用管理、政府信用管理、信用管理学、资信评估学、信用风险管理、征信调查实务等课程所涉及的相关内容。

第二节
财政金融类毕业论文范文分析及说明

范文分析一

我国风险投资的应用分析

摘要：风险投资自 20 世纪 40 年代诞生以来，已成为企业发展的重要助推器。我国风险投资从产生到现在，已具有一定规模，这在一定程度上促进了我国科技成果的转化和经济的发展。但与风险投资发达的国家和地区相比，我国仍处于初期阶段，还存在许多问题。本文以一些典型企业为例，

题目分析

该论文是一位本科毕业生在2010年11月完成的。近几年，风险投资被炒得很热，处于高速发展阶段，因此，该论题符合"选择热点问题"的选题原则。

分析了风险投资运作过程中存在的制约因素。最后有针对性地从四个方面提出了相应对策,建议采用"拓宽风险投资的筹资渠道"、"培养高素质的企业管理人才"、"建立可行的风险投资退出渠道"、"营造完善的政策法规环境"等具体对策完善我国风险投资的发展,并创新地提出了构建我国风险投资机制的一些新思路。

关键词:风险投资 应用 渠道

摘要分析

摘要中加横线的两句话与实际不符。文中并未"以典型企业为例",且未分析风险投资的"制约因素",所以该句话应改为"本文分析了风险投资运作过程中存在的问题,然后,……"。此外,文中并未提出构建我国风险投资机制的新思路,所以该句话应删除。

引言

现代经济是以技术产业化为代表的知识经济,归根到底,国家的国际竞争力和企业的市场竞争力都取决于科学技术的研究开发及推广应用状况。在新技术产业化的过程中,资本投入是关键因素。风险投资作为高新技术产业的主要投资主体,能广泛筹集资金,为风险企业提供资金保证,并有利于建立资本与智力、金融与科技相结合的新投资体制。如今,风险投资已成为人们和政府关注的焦点。由于我国风险投资起步较晚,开展时间较短,因而风险投资在我国的发展还存在着许多问题。

本文对风险投资过程中的各种现象及存在的问题进行探讨,并以典型企业的风险投资为例进行分析,找出制约我国风险投资发展的主要因素,最后针对这些问题提出完善企业风险投资的发展策略,以保障我国风险投资的健康发展。

正文分析之一

引言部分概括了本文的写作背景和基本思路,起到引起下文的作用。

1. 风险投资概述

1.1 风险投资的定义

风险投资,又称创业投资。对于风险投资,不同的国家和学者有着不同的理解,根据美国《企业管理百科全书》的定义,投向不能从传统来源,诸如股票市场、银行或与银行相似的单位(如租赁公司或商业经纪人)获得资本的工商企业的投资行为称之为风险投资。国际经济合作和发展组织(OECD)的定义则更为广泛,他们将风险投资定义为:以高科技与知识为基础,生产与经营技术密集的创新产品或服务的投资,都可以视为风险投资。英国风险投资协会对风险投资的定义为:严格地讲,风险投资就是私有资本中用来投入到那些处于起步、早期发展或扩张阶段中的企业作为权益资本的集合。

风险投资在我国是一个约定俗成的具有特定内涵的概念,其实把它翻译成"创业投资"更为妥当。广义的风险投资泛指一切具有高风险、高潜在收益的投资;狭义的风险投资是指以高新技术为基础,生产与经营技术密集型产品的投资。从投资行为的角度来讲,风险投资是把资本投向蕴藏着失败风险的高新技术及其产品的研究开发领域,旨在促使高新技术成果尽快商品化、产业化,以取得高资本收益的一种投资过程。从运作方式来看,是指由专业化人才管理下的投资中介向特别具有潜能的高新技术企业投入风险资本的过程,也是协调风险投资家、技术专

正文分析之二

以上先列举了几个权威组织对风险投资的定义,再概括风险投资的一般定义,可使读者对风险投资含义的理解得更为透彻。

家、投资者的关系,使其利益共享、风险共担的一种投资方式。

1.2　风险投资的运作

经过近半个世纪的发展,风险投资已经形成了较为完善的运作流程和模式。一个完整的风险投资周期包括融资、投资、退出三个环节。

1.2.1　筹集风险资本阶段

资金的筹集是风险投资整个过程的起点。通过这个环节,建立了风险投资机构,资金从投资人流向风险投资机构……

1.2.2　投资决策及参与管理阶段

投资是风险投资运作的第二个环节,是风险投资机构将资金以股权的方式投入其选择的风险企业的过程,并在投资过程中向风险企业提供增值服务,使风险企业迅速地得以成长,实现资本的增值……

1.2.3　资本退出阶段

当风险企业不断发展壮大,实力得到一定加强后,风险投资家就开始考虑退出风险企业,获得投资收益。风险投资的退出是该轮风险投资的终点和目标,同时又是下一轮风险投资的起点和前提……

> **◎ 正文分析之三**
> 以上将风险投资的运作划分为融资、投资、退出三个阶段,清晰地表述了风险投资的运作流程。若将三级标题改为"融资阶段"、"投资阶段"、"退出阶段",可使整个行文更加整齐,也可保证前后统一。

2.　我国风险投资存在的问题及分析

2.1　我国风险投资存在的问题

2.1.1　企业融资渠道单一化

目前,我国风险资本的主要来源仍然是财政科技拨款和银行科技贷款,政府资本的介入没有发挥有效的示范作用,没有带动民间资本的进入,导致风险资本来源单一、总量不足。……

2.1.2　企业高素质人才不足

……

我国目前风险投资公司的人才队伍多为科技干部转行形成,不但缺乏金融知识和市场开发经验,而且多本着政府官员的思维模式从事风险投资工作。他们在实际工作中难以区分风险投资与一般投资的不同,往往使风险投资形同银行贷款,不但起不到对高新技术企业发展的推动作用,而且浪费了宝贵的资金资源。

2.1.3　资金退出渠道不畅通

……现阶段我国风险投资退出面临的最实际的障碍是外部环境障碍。

2.1.4　国家政策法规不完善

……

> **◎ 正文分析之四**
> 以上从四个方面概括了我国风险投资存在的问题,结构清晰。但在"资金退出渠道不畅通"这一问题的表述中,作者却列举了我国创业投资面临的两个外部环境障碍,与三级标题不符。其实,只须说明资金退出渠道是如何不畅通的就可以了。

2.2 我国风险投资存在的问题的分析

2.2.1 企业融资渠道问题分析

……

2.2.2 企业管理人才问题分析

……风险资金都很难退出。项目开发好了,企业价值初步形成或风险投资的增值得以形成,却找不到价值升值的渠道,既没有下家来接手,又没有更大的资金实力进行再次投资;项目开发坏了,清算不了,拖得风险投资公司耗时、耗力、耗资金,导致大量资金沉淀,造成不必要的损失,影响风险投资的良性循环和发展。

2.2.3 政策法规存在问题分析

政府在发展风险投资中起着重要的作用。美、日、英三国的风险投资业发达和政府作用的恰当发挥密不可分,他们的法律法规都比较完备,为其风险投资的健康发展提供了良好的法律环境。而我国政府在政策优惠等诸多方面都没有充分发挥其作用,目前的风险投资法律甚至还不成体系,相关法律法规的缺失是我国风险投资发展滞后的重要原因之一。

我国目前还没有专门的《创业投资法》,国家十部委联合发布的《创业投资企业管理暂行办法》可以说是中国风险投资行业的第一部国家层面的政府法令。但是它还不够完备,只是针对风险投资公司制定的相关法律,对于一些风险投资行为没有法律规定……

> **正文分析之五**
>
> 此处对上述四个问题分别进行解释分析,进一步阐明上述问题带来的后果或将问题具体化,看似达到了前后对照的效果,但这样一来,"问题"部分和"分析"部分便会有一些重复,将二者融合,能使论文更加精练。

3. 促进我国风险投资发展的对策建议

3.1 拓宽风险投资的融资渠道

在我国,由于大部分风险资本为直接国有或终极国有,缺乏有效的产权约束和监督机制,因此不得不采用低效的公司制形式。这就要求我们要扩大融资渠道,变居民多余储蓄和社会游资为投资,建立风险投资基金。同时,我们要鼓励由大企业集团、民营企业、外商及其他机构共同参股成立风险投资公司。

(1) 培植民营企业家成为风险投资的来源

……

(2) 培植民间资本成为风险投资的来源

……

(3) 培植海外投资人员成为风险投资的来源

……

3.2 培养高素质的企业管理人才

风险投资的顺利进行离不开风险投资专业人才,这类人才必须具备相当的工程技术知识,掌握扎实的企业管理理论,更应是高瞻远瞩、慧眼识珠、具有金融投资实践的高科技企业管理实践的通才,这种人才只有在自由竞争、鼓励创新、

> **正文分析之六**
>
> 此处从四个方面提出促进我国风险投资发展的对策,与上述四个问题一一对应,使得对策更具针对性。

允许失败的人文环境下才能成长……

目前的当务之急是，从现有的金融投资专家、科技专家和企业家入手，培养一批真正合格的风险投资人才队伍……

3.3 建立可行的风险投资退出渠道

风险投资的目的是在退出企业时获得巨额的资本增值。但是我国资本市场相对薄弱，缺乏健全的产权交易市场和股票交易市场，使得我国风险投资的退出机制始终难以完善。要摆脱这一困境，就要从以下两方面入手：首先，我国深圳证券交易所的中小企业板块由于与主板市场并无二致，所以并不能真正有效地成为风险资本的退出渠道，为此应该重新给其一个正确的功能定位，使其真正成为新兴企业实现融资和风险资本退出的场所；其次，加快资本市场体系建设，逐步构建起以多层次的证券市场为中心的资本市场体系，为风险资本市场发展提供保障……

结合我国国情建立适应中国发展的多层次资本市场体系，应注重建设我国的资本市场……

3.4 制定完善的政策法规体制

政府在风险投资发展中的作用不容忽视，完善风险投资环境的关键在于政府的扶持。

首先，我国可以在以下几个方面出台、完善或者落实相应政策，支持风险投资的发展……

其次，法律法规对风险投资退出起着重要的作用，为了建立规范的风险投资环境，我国有必要做好这几个方面的工作……

4. 结论

随着世界范围对风险投资需求的不断增长，风险投资已成为人们关注的核心经济问题。风险投资是企业更是高新技术产业发展所必不可少的催化剂，面对21世纪知识经济的挑战，面对高新技术在技术进步和产业结构升级中的重大作用，推动企业和高新技术产业发展的呼声，实际上就是对发展风险投资的热切呼唤。大力发展风险投资是实现企业快速发展、高新技术产业化，解决企业资金短缺瓶颈的有效途径。中国的风险投资历时20多年的探索和实践，已经逐步走上了健康、积极的发展道路。但从上面的分析和对比可以看出，我国风险投资业还处于起步阶段，与发达国家的差距是非常明显的。本文的主要贡献在于，站在一个客观的立场，对风险投资的运作进行了系统分析，从融资、人才、退出和政策法规这四个方面着手研究，并以典型企业为例进行深入的分析。研究表明，目前基于我国国情，应扩大融资来源，培育高素质的企业管理人才，完善法律法规建设，同时还应构建多层次资本市场，建立健全我国的风险投资退出机制，推动新型创业者群体发展，最终构建运作有效、功能完整的风险投资运作机制。寻找适合我国风险投资发展的渠道，是一个在探索中不断前进的过程，这不但需要政策、法律制度的完善，还需要风险投资家们坚持不懈的努力。

> **正文分析之七**
>
> 以上结论部分总结了本论文的重点内容，使整个文章自成一体，结构更加完整。
> 但文中画线的部分实际上是风险投资的发展背景，不应放在结论中。如果能融合在"引言"中，会更加合理。
> 整个论文并未提及某个企业的风险投资状况，因此"并以典型企业为例进行深入的分析"这句话与实际不符，应删除。

参考文献：

[1] 董宇萍.我国风险投资业发展研究[D].青岛：中国海洋大学，2006.

[2] 彭剑.现阶段我国风险投资发展的对策分析[J].法制与经济，2008 (12).

[3] 邹湘江，王宗萍.国内风险投资治理机制研究综述及展望[J].现代商贸工业，2008 (06).

……

(资料来源：百度文库)

范文分析二

改进和加强银行结算工作

> **摘要与关键词**
> 缺少内容摘要和关键词。

银行结算是连接资金和经济活动的纽带，是实现经济正常运行的必要手段，对加快资金周转，提高资金效益，促进商品流通和经济发展具有重要作用，近年来，银行对结算进行了改革，加强了管理，促进了经济发展。但由于多方面的原因，当前不少银行、城市信用社和企业存在着不讲信用、不执行结算纪律、结算秩序混乱、结算速度慢、在途时间长的状况，影响了银行的信誉。如何实现结算秩序的根本好转，树立良好的银行信誉，是当前金融工作中非常突出的问题。

> **正文分析之一**
> 一是将“用，近”之间的“，”改为“。”二是这一部分是发现和提出问题，正因为有这些问题存在，说明需要改进和加强银行结算工作。应先肯定新规定、新事物对搞好银行结算工作的积极作用，再谈“也带来了新问题”。这样才会使文章显得更客观、辩证。

1. 当前银行结算工作存在的问题

随着金融体制改革的不断深化，特别是人民银行总行发布《关于加强银行结算工作的决定》和《关于整顿结算秩序、扩大转账结算的通知》以及电子联行入网行的不断增加，新规定、新事物带来了新问题，暴露了我们银行结算工作中一些不适应的方面。其主要表现是：

1.1 多头开户现象多，许可证管理流于形式

由于目前的金融体制管理模式，各家银行业务基本划定，企业开户又实行许可证制度，企业往往遇到结算问题不敢告诉银行，有的企业就想方设法多头开户，把辅助账户演变成基本账户，这样企业既可在结算上获得便利，又可在资金上得到另一个融资渠道，真是何乐而不为？另一方面金融机构间由于激烈的竞争，一些银行做出拉进一个存款户受奖励，被拉走一个存款户挨罚的决定。一些银行以放松结算管理、现金管理甚至以牺牲结算制度为代价，取悦企业，拉企业在本行开户，从客观上又助长了企业多头开户。

> **正文分析之二**
> 多头开户，既然对企业有利，对银行也有利，有什么不可以的呢？多头开户作为一个问题，作者应该指出，它是一种违法违规行为，并简要说明它的危害性，这样才会使读者明白“多头开户”是一个问题。

1.2 随意压票、退票、截留挪用客户和他行资金

及时办理结算业务，是实现社会资金正常周转，商品流通顺利进行的一个重要保证。但是,不少银行在办理结算过程中压票、随意退票十分严重,给银行造成了不好的影响。

一是故意压单压票,不及时汇划款项,提出票据,解付票据,往往要压几天。如绍兴市工商银行第二营业部开户单位甲企业在 1995 年 3 月 31 日,向在市区某银行开户的乙企业收取贷款时(金额 24.5 万元),乙企业同意支付,但乙企业的开户银行为完成存款考核任务,故意压单两天,致使甲企业不能及时归还银行借款,多承担两天银行贷款利息。

二是任意退票。有的银行以"印章不清""大小写金额书写不规范""票根未到""账号与户名不符"等借口,无理退回他行票据。有的弄脏票面,使印章模糊,嫁祸于人,退回票据,严重影响了企业的资金周转。

三是截留挪用客户或他行资金。有的银行采取更改账号等手段,把跨行的票据截留本行,无偿占用他人资金,以增加本行存款。

1.3　受理无理拒付,不按规定计扣滞纳金

目前,托收承付结算方式回款率低是异地结算中的一个突出问题。以绍兴市工商银行统计,1994 年托收承付的回款率仅为 45% 左右。这既反映了企业不讲信用、不遵守结算纪律的现状,也反映了银行结算纪律松弛、监督不力的问题。一些银行偏袒一方,受理企业以"无款无合同、经办人不在"等借口无理拒付,甚至擅自拒付退票。一些银行对开户单位延期划回的托收承付不按规定计扣滞纳金。

> **正文分析之三**
> 用事例来说明问题的存在,表明压票、退票、截留挪用客户和他行资金不是作者主观臆造出来的问题,而是客观存在的问题。

1.4　违反规定附加条件,人为阻塞汇路

《银行结算办法》规定:"中国人民银行总行制定的统一结算制度,各银行和其他金融机构必须认真贯彻、严格执行;其各项规定,非经中国人民银行总行批准,不得自行修改和变更。"但在现行结算工作中,专业银行我行我素,自行制定结算"土政策"的情况层出不穷,对人民银行制定的统一结算办法、制度给以种种限制。由于这些大大小小没有通过人民银行批准的"土政策"出台,使人民银行设计的结算工具功能大打折扣,结算监督相当被动。大的有自上而下的银行汇票的跟踪电报,商业汇票的签发,受理协议,贴现分系统内外等,还有专业银行系统的"电子汇兑"及江浙沪铁路沿线 15 个城市 100 多个机构的"以车代邮"等等。小的"土政策"有××金额以上的转汇要经计划部门的审批,××金额以下的电汇数额太小应予退回等等,更有一些专业银行系统内的业务操作规程细小得甚至不够戴上"土政策"的帽子,但往往就是这些细小的规定使我们整个结算工作在某些环节上遇到摩擦,造成渠道不畅。

> **正文分析之四**
> 对银行结算工作中存在的几个主要问题,介绍得客观、具体、可信,读后使人感到银行结算秩序混乱,性质严重。很自然地引出了"银行结算工作迫切需要整理和改进"这个问题。

1.5　电子联行周转环节多,实际速度不快

"天上三秒,地上三天"非常形象地说明了电子联行周转环节多,实际速度还不够快的情况。对于毗邻地区不在电子联行所在地的金融机构通过电子联行查询、查复,目前没有明确的规定和制约措施,我方查询而对方不予答复的事例较多,严重影响了电子联行的运行质量和速度。据绍兴市工商银行第二营业部统计,我方通过人民银行向对方行发出查询,而对方答复率在 40% 以下,甚至在发出第二次、第三次查询后,被查询行也置之不理,不予答复。

1.6 结算管理机构薄弱,央行监管不力

长期以来,特别是专业银行分设以后,随着金融机构的增加,结算工作处于无组织机构,无专管人员状态,结算人员都是附属性的,过去依附在信贷部门叫"信贷结算",现在依附在会计部门叫"会计结算",结算工作虽与上述两个部门有密切联系,但因都有各自的工作重点,最后还是把结算工作挤掉,实际上有名无实。因此,结算工作中产生的大量问题无法得到处理和解决。所谓结算业务的重要性,也仅仅是在推行新办法时强调重视一下,热闹一阵,事后又是可有可无。基层央行自身肩负的日常核算业务日益繁重,尤其是开办电子联行大额转汇等业务以来,日常核算业务越来越多,工作疲于应付,难以有足够的时间或必要的工作人员去形成强有力的监督力量。

此外,结算制度、联行清算制度也存在着某些不适应新情况、新形势的问题。如票据化程度低,托收承付办法不适应,结算环节多,导致结算速度慢、资金在途时间长。

2. 存在问题的主要原因

结算中存在的问题,其原因是多方面的。从根本上说,是由于新旧体制正处在转换过程之中,改革措施尚未完全实施到位,银行和企业缺乏自我约束机制所致。具体地说还有以下一些原因:

一是利益驱动,缺乏自我约束。以压票、退票来占压客户和他行资金,以牺牲结算纪律为代价来拉客户、拉存款,相互设卡,拒绝受理或代理他行正常结算业务,以种种借口来拖欠、拒付贷款,以多头开户来逃避还贷。这些明显的违章违纪行为,都与追逐小集团的利益和个人利益有关。银行增加客户,增加存款,增加收益,必须通过改进服务和增收节支来实现。

二是法纪观念淡薄,信用观念差。某些银行、企业的领导和经办人员法纪观念淡薄,在结算工作中讲关系,不讲原则;讲人情,不讲纪律;讲私利,不讲职业道德;有的甚至利用

结算作案。同时,有许多银行、企业信用观念淡化,"占用他人资金出效益""拖欠出效益"的思想相当严重。

在这种意识支配下,一些企业把无理拒付,开空头支票,任意占用他人资金作为创效益的一种途径。一些银行无视自己的信誉,任意压票退票,截留客户和他行资金,以邻为壑,损人利己,完全忘记了信用机构的灵魂在于它的信用。

三是领导重视不够,管理监督不力。不少银行的领导干部还没有真正认识到银行结算在经济生活中的重要作用,没有把结算工作放到应有的位置。重贷款重存款,轻结算的倾向带有相当的普遍性,以致对结算工作中出现的严重问题,视而不见,见而不究,实际上对任意压票、退票姑息纵容。

一些银行内部管理出现断层,制度不能贯彻到底,甚至放弃对下级银行的结算管理,任凭违章违纪行为蔓延。许多基层行(处)基础工作薄弱,缺乏自我约束,对客户在结算过程中

的违规行为不监督、不处罚,放弃银行应有的监督职能。人民银行没有真正认识结算、清算是中央银行的一项重要职能,对结算工作重视不够,监管不力,对银行结算中的违章违纪行为处理迟缓,处罚不力,也是当前银行结算秩序混乱的一个重要原因。

四是结算管理机构不健全,结算队伍建设滞后。这些年来银行结算业务量随着经济的发展而迅速增加,结算业务量每年以 20%—25%的速度递增,结算管理的任务不断加重,然而许多银行没有建立结算专管机构,结算人员严重不足、素质不高,结算经办人员在全部人员中的比例呈下降趋势。

以绍兴市工商银行第二营业部为例。1988 年 5 月建部时会计结算人员占全部职工人数的 24.05%,而现在业务量成倍增加,结算人员的比例却下降到 18.34%。这种状况,必然削弱结算管理,制约结算服务质量的提高,也成为违章违纪行为经常发生的一个原因。

五是改革措施不配套。近年来,经济体制和金融体制的改革使银行的信贷管理制度、结算办法以及银行之间、企业之间、银企之间的经济关系都发生了很大的变化,银行结算需要资金、信贷、稽核等工作相配套。信贷资金和汇差资金的管理办法不配套,在银行银根收紧时,汇差资金被发放贷款,直接影响支付和清算;专业银行内部资金调度不动,调度不及时人民银行用于头寸拆借的资金不落实,也影响资金清算的顺利进行,贴现和再贴现资金不落实,影响商业汇票的推广;银行考核办法的片面性,特别是单纯考核存款指标或存款增长市场占有率,并把它与利益挂钩的做法,则导致银行放松结算管理,甚至诱发违反结算纪律的行为发生。结算秩序混乱和乱拆借、乱集资、乱收息、乱设金融机构一样,给经济、金融改革和发展造成严重危害。银行结算秩序混乱,套用同行和企业的资金,损害了同行和企业的利益,加剧了资金紧张.扩大相互拖欠;套用他人资金,扩大贷款,造成信用扩张,加速通货膨胀;丧失银行中介的作用,自毁银行信用。

3. 改进和加强银行结算工作的几点设想

当前银行结算工作存在的问题,既有结算办法、制度尚须完善改进之处,又有"有法不依、查处不力"的原因。为此,笔者认为应从以下几方面入手改进和加强银行结算工作。

3.1 加强账户管理,规范账户的开立和使用

目前,企事业单位多头开立基本存款账户十分普遍,造成资金分散;削弱了银行的信贷、结算监督和现金管理,扰乱了结算秩序。因此,对企事业单位开户,人民银行必须加强管理,设立监督机构,但也要适应银行和企业改革的实际需要。按照这一原则,可将企事业单位的账户划分为基本存款账户、一般存款账户、临时存款账户和专用存款账户,一个企业、事业单位只能选择一家银行的一个营业机构作为主办银行,开立一个基本存款账户,主要用于办理正常的转账结算和现金收付,企事业单位的工资、奖金等现金的支取,只能通过该账户办理。

企业在银行开设账户,逐步实行企业与银行双向选择。但企业单位不得为逃避还贷、还债和套取现金而多头开立基本存款账户;银行不得放松结算监督和现金管理诱使企业开户,更不能利用结算手段强拉企业单位开户;企业选择一家银行的一个营业机构开设基本存

账户后,由于该银行服务不好或其他原因,企业可向当地人民银行投诉或向人民银行申请更换基本存款账户的主办银行。

要严格实行开户许可制度。企业单位开立基本存款账户,必须及时向当地人民银行报告,人民银行要建立账户管理数据库,运用计算机管理账户。

3.2 采取有力措施,强化结算管理

强化结算管理是维护正常结算秩序的重要保证。各银行要加强对结算工作的领导,强化内部管理,严格执行结算制度,认真办理结算业务。人民银行要充分发挥中央银行的职能作用,切实加强对所辖银行结算工作的领导和监督。为此,要采取以下管理措施:

3.2.1 要实行结算岗位责任制度

各银行必须建立和落实结算管理目标责任制,实行主管行长和会计部门负责人负责制。要确定各基层柜组和经办人的岗位职责,将结算工作的任务分解落实到人,做到各司其职,各负其责,使结算管理要求和各项规章制度真正落到实处。

3.2.2 要实行结算质量考核制度

各银行要对所属行(处)进行结算质量的考核,将结算管理和执行纪律的好坏,纳入本行领导、会计部门负责人和有关人员政绩、业绩考核的主要内容。对结算质量差,严重违反结算制度的,要通报批评,并追究领导和经办人员的责任。凡查实有任意压票、退票的,如该行有存款奖的,要取消存款奖,并视情节给予处理。

3.2.3 要健全社会监督制度

推广"三公开——监督"的做法,即公开结算方式,公开银行的结算业务处理时间和进账时间,公开企业办理结算的注意事项,实行客户公开监督。人民银行和专业银行及非银行金融机构都要建立举报中心,向社会公布举报电话,确定专人负责,对举报的问题及时查处。建立重点银行和单位联系制度,邀请部分银行和企业会计人员担任结算纪律监督员,定期或不定期征求意见,反映问题。

3.2.4 要坚持结算纪律检查制度

人民银行对结算检查人员颁发结算检查证,实行凭证检查。对各银行的结算管理要定期或不定期地进行全面或专项结算纪律检查。

3.3 健全结算管理机构,加强结算队伍建设

结算管理机构不健全,人员不足是造成结算管理薄弱、纪律松弛的一个重要原因。当前,迫切需要健全结算管理机构,充实结算人员。人民银行、各银行的管理行,特别是市(地)级分行一级,会计部门都要设立专管结算的机构,配备相应的结算管理人员。这样才能负责本地区、本系统结算的组织、宣传、培训、协调和管理工作。人民银行的各级管理机构还要负责对本地区结算的领导和监督工作。随着经济的发展、结算业务的增加,以及按照执行结算制度的要求,各银行办理结算业务的机构,要配足有一定业务素质的结算操作人员并配备结算专管人员,对专管人员要进行职业道德教育和业务培训,使他们既能熟悉和正确掌握结算

制度的各项规定,又能树立法纪观念、全局观念和服务观念,更好地进行结算工作。

3.4 完善电子联行的有关管理办法

电子联行要从源头抓起,确保转汇清单填制的正确无误,在此基础上严格查询查复制度,对查而不复的要制定相应的制裁措施。建议清算中心设立查询查复投诉机构,对查而不复的行(处)进行通报批评并做出相应的经济处罚。信算中心应延长开机时间,确保当天的汇划业务资金当天入账。

第三节
财政金融类毕业论文的参考题目

一、财政学专业毕业论文参考题目

1. 规范和完善我国财政分权体制研究
2. 加强地方财政预算审查监督机制研究
3. 我国公共产品供给制度分析及改革
4. 促进农村居民消费需求的财政政策研究
5. 地(市)级公共财政支出绩效评估研究
6. 当前我国农业补贴存在的问题及对策
7. 乡镇财政面临的困难及对策分析
8. 促进经济增长方式转变的财政制度与政策
9. 关于深化部门预算改革的若干思考
10. 中央政府财政转移支付支持区域开放开发研究

二、税务专业毕业论文参考题目

1. 企业所得税税率调整对企业投资的税收效应的实证分析
2. 促进就业的税收政策研究
3. 关于税收与经济结构失衡发展的思考
4. 新公共管理视角下的纳税服务问题探讨
5. 国内税收的重复征税问题及改革途径
6. 我国税务代理制度供求状况分析
7. 我国增值税专用发票管理中存在的问题及对策
8. 关于税收与经济增长的关系的思考
9. 关于企业增值税税收筹划的几点思考
10. "绿色税收"与经济可持续发展

三、保险学专业毕业论文参考题目

1. 保险营销方式创新探析——中国农业保险的模式选择

2. 我国寿险市场竞争方式探讨

3. 农民工的社会保险问题研究

4. 如何提升保险公司的核心竞争能力研究

5. 关于建立农村养老保险制度的思考

6. 我国寿险营销存在的问题及对策研究

7. 浅谈房贷险的问题与对策

8. 我国保险投资监管问题探讨

9. 我国保险监管趋势探讨

10. 如何提高保险客户忠诚度之我见

四、金融学与金融工程专业毕业论文参考题目

1. 互联网金融发展中面临的风险及其解决对策

2. 我国信用卡业务发展趋势分析

3. 积极的财政政策与适度宽松的货币政策的调控功能及效果分析

4. 转化或清收商业银行不良资产的方法

5. 我国银行个人理财业务的发展前景研究

6. 我国金融监管的模式及其运作分析

7. 加强商业银行的风险内控机制

8. 我国中央银行金融监管的模式及运作分析

9. 我国新农村"城镇化"建设中的融资问题研究

10. 中央银行如何运用国债进行宏观金融调控

五、国际金融专业毕业论文参考题目

1. 对我国巨额外汇储备的分析与思考

2. 浅析我国外汇市场的发展

3. 人民币汇率制度改革对××省外贸出口行业的影响

4. 国际结算方式的变化与发展趋势

5. 人民币国际化与国际货币体系新格局探析

6. 浅析信用证支付方式下的财务风险

7. 论我国企业的外汇风险管理

8. 金融全球化趋势下商业银行的业务创新

9. 论我国商业银行与外资银行的竞争与合作

10. 金融开放对我国个人金融业务的影响

六、资产评估专业毕业论文参考题目

1. 清产核资中的资产评估方法与财政对策研究

2. 产权制度改革与增强企业活力研究

3. 资产评估方法的选择与资产评估结果合理性分析

4. 资产评估方法初探

5. 互联网时代资产评估行业的应对策略研究

6. 资产评估在社会主义市场经济条件下的地位和作用

7. 资产评估管理体制研究

8. 重塑新型的政企关系

9. 我国国有控股企业面临的问题及对策

10. 浅析所有制、所有权、产权、经营权之间的关系

七、信用管理专业毕业论文参考题目

1. 论个人信用征信中的隐私权保护

2. 论政府在国家信用管理体系建设中的作用

3. 电子商务的信用管理体系构建研究

4. 我国社会信用缺失的制度因素分析

5. 浅析金融机构资信评级的现状与对策

6. 中国信用管理与服务的探索与创新

7. 商业银行信用管理绩效评价指标体系与模型的构建

8. 金融开放下商业银行信用风险管理初探

9. ××公司客户信用管理体系研究

10. 浅议信息不对称与商业银行信用风险管理

第十章

财务会计类毕业论文的写作指导及参考题目

第一节
财务会计类毕业论文范围

一、财务管理

本专业毕业生可选择的毕业论文范围包括基础会计学、财务管理学、中级财务会计、高级财务会计、跨国公司财务、财务分析、资产评估学、金融工程、投资银行学、财务工程学、财务分析与预算等课程所涉及的相关内容。

二、会计学

本专业毕业生可选择的毕业论文范围包括基础会计学、中级财务会计、高级财务会计、成本会计、管理会计、金融会计、财务管理学、审计学、会计信息系统、会计制度设计、会计电算化等课程所涉及的相关内容。

三、会计学（国际会计方向）

本专业毕业生可选择的毕业论文范围包括基础会计学、中级财务会计、高级财务会计、成本会计、管理会计、公司财务、会计理论、外汇业务会计、国际会计、国际金融、国际商法、会计英语等课程所涉及的相关内容。

四、会计学（注册会计师方向）

本专业毕业生可选择的毕业论文范围包括基础会计学、中级财务会计、高级财务会计、成本会计、管理会计、审计学、财务管理学、会计英语、财务报表分析、外汇业务会计、股份公司会计、证券公司会计、国际会计、预算会计等课程所涉及的相关内容。

五、会计学（金融会计方向）

本专业毕业生可选择的毕业论文范围包括基础会计学、银行会计学、证券公司会计、保险会计、衍生金融工具会计、成本会计、财务管理学、会计电算化、审计学、会计法、财务报表分析等课程所涉及的相关内容。

六、会计学(法务会计方向)

本专业毕业生可选择的毕业论文范围包括基础会计学、中级财务会计、高级财务会计、财务管理学、成本会计、审计学、审计技术方法、管理学、经济法、税法、民法、刑法等课程所涉及的相关内容。

七、会计电算化

本专业毕业生可选择的毕业论文范围包括基础会计学、高级财务会计、财务管理学、预算会计、成本会计、管理会计、纳税会计、财务报表分析、审计学、电子商务管理实务、电算化会计与财会软件、会计实务模拟等课程所涉及的相关内容。

八、会计信息化

本专业毕业生可选择的毕业论文范围包括基础会计学、管理信息系统、中级财务会计、高级财务会计、财务管理学、成本会计、管理会计、审计学、统计学、会计信息化、会计软件开发技术、会计信息系统分析设计与开发等课程所涉及的相关内容。

九、审计学

本专业毕业生可选择的毕业论文范围包括货币银行学、中级财务会计、公共部门会计、财务管理学、审计学、网络审计、内部审计、国家审计、国际审计、资产评估学等课程所涉及的相关内容。

十、统计学

本专业毕业生可选择的毕业论文范围包括统计学、概率论、数理统计、多元统计、时间序列、统计调查、统计软件、抽样调查、计量经济学、国民经济统计与分析、数据分析案例实务、经济预测与决策、金融数学等课程所涉及的相关内容。

第二节
财务会计类毕业论文范文分析

范文分析一

我国会计电算化的发展

摘要:知识经济风暴席卷全球,电子商务异军突起,网络新品令人目不暇接,面对诸多催人奋进的疾速之变,会计何去何从?是会计去适应计算机网络环境的变化,抑或令计算机迎合会计的要求?

作为推动经济朝着全球化方向发展的根本,信息技术和

> **题目分析**
> 论文主要讲了我国会计电算化的发展现状、发展思路和发展趋势,论文题目可概括主要内容,因此比较合理。

信息产业已把这种全球化推进到网络经济时代。无论是信息经济,还是数字经济,抑或是网络经济,都属于知识经济的范畴。经济全球化要通过信息高速公路使其发展得四通八达。科学技术的空前发展赋予人类行动的自由以强有力的手段,使人类能借以塑造自己的未来,同时,它也给会计的发展注入无限的活力。为此,要研究计算机环境下的会计信息系统,不可避免地要探讨在大信息的概念下如何重新认识会计。所以,本文从会计电算化的深层含义展开,探讨我国会计电算化的现状、存在的问题、解决问题的对策,并展望我国会计电算化的未来发展趋势。

关键词:会计 电算化 问题 前景

会计电算化是电子计算机在会计工作中应用的简称,就是把以电子计算机为代表的现代化数据处理工具和以信息论、系统论、控制论、数据库以及计算机网络等新兴理论和技术应用于会计核算和财务管理工作中,以提高财会管理水平和经济效益,进而实现会计工作的现代化。

会计电算化改变了会计核算方式、数据储存形式、数据处理程序和方法,扩大了会计数据领域,提高了会计信息质量,改变了会计内部控制与审计的方法和技术,因而推动了会计理论与会计技术的进一步发展完善,促进了会计管理制度的改革,是整个会计理论研究与会计实务的一次根本性变革。从表面上来看,会计电算化只不过是将电子计算机应用于会计核算工作中,减轻会计人员的劳动强度,提高会计核算的速度和精度,以计算机替代人工记账⋯⋯

> **正文分析之一**
> 以上阐述了会计电算化的概念及其对会计工作的作用,从侧面反映了该论文的写作意义,可以看作是整篇论文的引言。

1. 我国会计电算化发展的现状及其原因分析

1.1 我国会计电算化发展的现状

我国会计电算化工作始于21世纪70年代末,至今已走过20多年的历程。会计电算化从无到有,从简单到复杂,从缓慢发展到迅速普及,取得了可喜的成绩,一批民族品牌的商品化财务会计软件的发展更是突飞猛进,但同时也存在诸多问题,阻碍了我国会计电算化向更深层次发展。

从会计电算化工作的开展程度、组织管理和会计软件开发等因素综合分析,我国会计电算化的发展可以概括为4个阶段:第一阶段为1982年以前,这一阶段属于起步阶段⋯⋯这标志着我国会计电算化已经起步,并逐步跨入应用阶段。第二阶段是1983年到1988年,该阶段属于推广应用阶段⋯⋯第三阶段是1989年至1996年,该阶段属于普及与提高阶段。此阶段出现了会计软件产业⋯⋯第四阶段为1997年以后,属制度化与创新阶段⋯⋯

跟我国相比,国外会计电算化的发展同样经历了4个阶段:第一阶段是单项会计核算业务电算化;第二阶段是会计综合数据处理的全部电算化;第三阶段是建立了网络化的、

> **正文分析之二**
> 以上画线部分的时间。前面已提到,该论文完成于2008年,所以画线部分应改为"20世纪70年代末,至今已走过30多年的历程。"后文中出现的类似时间,也应如此修改。
> 以后遇到参考资料中提及"本世纪"、"去年"、"本月"等表示时间的词汇时,一定要注意查清楚事件发生的具体时间。

> **正文分析之三**
> 以上部分的标题为"我国会计电算化发展的现状",而文中画线部分介绍的是国外会计电算化的发展,与标题不符,应删除。

以管理为重心的会计信息系统或企业管理信息系统；第四阶段是建立了会计或企业管理决策支持系统和专家系统。据统计，美国 1983 年 55％ 的新程序是用于管理控制、计划和分析，用于核算的仅占 45％，这说明国外已进入了决策支持系统的开发和应用阶段。

经过 20 多年的实践、探索，我国会计电算化事业也取得了很大的发展。面对新世纪信息技术的浪潮，综合国内外会计电算化事业的发展形式，可以看出我国会计电算化将面临巨大的变革和广阔的发展前景。

> **正文分析之四**
> 以上部分中应为"形势"而非"形式"。

目前，我国已初步形成了会计软件产业，通过国家级评审的会计软件已达 30 多个，通过省级评审的会计软件也有 200 多个。据 1992 年年底财政部调查，开展会计电算化工作的单位约占被调查单位的 20％，但地区、部门之间发展很不平衡，有的地区和部门已达 50％以上，可有的才刚刚开始会计电算化工作……

> **正文分析之五**
> 毕业论文中不宜引用过于陈旧的数据，而此处的1992年距该论文的完稿时间2008年已有16年，所以作者应多查找一些资料，尽量引用较新的数据。

就我国会计软件开发来看，国内的软件开发大都集中在管理软件、财务软件等基于数据库应用的软件开发上。即便如此，国内品牌财务软件的水平仍无法同国外品牌相比，它们之间的价格差基本上已经说明了问题……

1.2　我国会计电算化发展现状中存在的问题

会计电算化工作是一项庞大的系统工程，要进行大量复杂的工作。虽然我国的会计电算化工作形势看好，但是会计电算化工作中仍然存在着不可忽视的问题，概括起来，主要有以下几点。

1.2.1　对开展会计电算化工作认识的局限性

许多单位的领导和相关个人对会计电算化工作还存在一些片面的认识……这些片面的认识给会计电算化工作带来了极大的危害，严重影响了会计电算化的发展。

1.2.2　电算化基础管理工作十分薄弱

……目前，会计系统不少单位没有严密的管理制度或有章不循，使得会计电算化不能正常健康运转。加上基础工作薄弱，建立在此基础上的电算化管理也就出现一些问题，导致手工与计算机并行时间过长，增加了会计人员的工作量。

1.2.3　缺乏会计电算化专业人才

由于会计电算化涉及会计和计算机两种专业知识，在岗的会计人员虽经过计算机等级培训，但与实际要求水平还有较大差距。表现在：第一，会计人员知识不全面……第二，计算机培训教材老化……第三，缺乏对会计人员的再培训和定期考核。

1.2.4　会计软件存在缺陷

会计软件的质量是会计电算化工作的物质基础，决定着电算化工作的深入程度，也关系到能否顺利地做好"甩账"工作。但目前财政系统使用的软件还存在着诸多的问题和不足。第一，安全性与保密性差。许多软件缺乏操作日志记录功能，对操作人、操作时间和操作内容没有具体记录，出现问题不便于追究责任。另外，数据库缺少必要的加密措施，可以很方便地从外部打开修改。还有一些商业软件为了占领市场，为用户提供修改以前年度账目等功能。这些都为会计资料的失真埋下了隐患,容易产生问题。第二,各核算模块缺乏衔接。总账、固定资产、工资等模块间数据不能顺利地相互传递,以实现自动转账、相关查询等功能,不能做到"无缝连接",因此也就无法充分发挥计算机在数据处理上的先进性。

1.2.5 会计软件通用性差,集成化程度低

通用会计电算化软件的优点是非常明显的:投资集中、设计周到、便于交流、售后服务较易管理。但在近几年,我国会计电算化软件逐渐暴露出了难以克服的弱点,如系统初始化工作量较大、系统定义较抽象、系统体积较大、企业难以增加自己需要的功能等。而仅就会计电算化系统看,其材料、销售、工资、固定资产、成本等各核算子系统之间又彼此分隔,缺乏会计数据传输的实时性、一致性和系统性……

1.2.6 数据的实时共享性差,安全保密性弱

就目前的计算机网络技术和数据库技术发展水平来看,我们完全有可能在会计电算化软件中实现数据的高度实时共享,但遗憾的是目前许多软件还只是保留在单个用户级的水平。它们所谓的"网络版"只不过是实现了文件服务方式的数据传送,数据的共享是靠传送数据文件的方式来实现,而不是采用数据库服务器的方式,因此无法真正实现数据库的高度实时共享。另外,我国目前会计电算化软件的数据安全保密性弱……

正文分析之六

以上四级标题4~7,以及"9.会计信息系统的安全性、保密性差"实际上说的都是会计软件的问题,而后面的几个标题与"4.会计软件存在缺陷"中的具体内容也有重复,因此,可将这几个问题合在一起来。具体来说,可在"4.会计软件存在缺陷"下面设几个分标题:"第一,安全性与保密性差。第二,通用性差,集成化程度低。第三,数据的实时共享性差。第四,不能满足审计要求。"

1.2.7 不能满足审计要求

会计软件开发疏漏了审计因素,会计电算化后,传统审计中最为重视的会计系统提供审计线索的方法发生了很大变化,由于计算机自身及会计软件运行特点,加上审计人员对会计电算化内部程序不一定全面了解,使得会计电算化过程成为一只"黑箱"……

1.2.8 会计电算化的政策与法规中存在着不适应会计电算化发展的规定

颁布电算化政策与法规是为促进会计电算化服务的,而目前,我国颁布的有关法规中存在着阻碍其发展的规定。例如,有些涉及软件技术开发上的具体细节规定不能起到推动的作用,反而因规定得太死而抑制了软件的自我发展,影响了会计电算化的普及。

1.2.9 会计信息系统的安全性、保密性差

财务上的数据往往是企业的绝对秘密,在很大程度上关系着企业的生存与发展。目前,我国不少地方对会计电算化工作的安全性、保密性重视不够,在实际工作中存在许多安全隐患……

正文分析之七

综上所述,"(二)我国会计电算化发展现状中存在的问题"下的分标题为"1.对开展会计电算化工作认识的局限性;2.电算化基础管理工作十分薄弱;3.缺乏会计电算化专业人才;4.会计软件存在缺陷;5.会计电算化的政策与法规中存在着不适应会计电算化发展的规定;6.匆忙甩掉手工账。"

1.2.10 匆忙甩掉手工账

甩账是指企业实行会计电算化后,直接用计算机进行会计核算、财务分析等,停止手工记账。甩账是建立在会计电算

化达到一定基础之上的,手工记账与计算机记账并行一段时间以后,人员素质及硬件设施完全具备,并达到一定熟练程度的情况进行的。有些地方的财政部门为了防止出现匆忙甩账,曾明文规定:实行会计电算化的单位要甩账,需经财政部门或财政部门委托的社会中介机构验收确认后方可。但是,不少实行会计电算化的单位错误地认为,实行会计电算化就立即不用手工记账了。

1.3　我国会计电算化存在问题的主要原因

1.3.1　选用了不恰当的系统开发工具

目前我国会计软件绝大多数是建立在数据基础上的。一般说来,数据库管理系统可分为两种档次:单用户档次和多用户档次。多用户数据库管理系统是指那些性能卓越的大型数据管理系统,如 ORACLE、SQLSERVER、INFORMIX 等,它们价格昂贵,整个系统也较复杂……而单用户档次的数据系统是大众化的,如 FoxBASE、Access、Paradox 等就属这类,价格一般较便宜,整个系统也比较简单……还有,我国会计电算化软件虽然有网络版,但都只是些基于小型数据库、微机局域网工具开发的初级网络产品,基于大型数据库和客户机服务器体系结构的财会软件则在研制之中。

> **正文分析之八**
>
> 论文中的名词和表达顺序要与前文一致。此处既然说了"单用户档次和多用户档次",后文也应相应地表达为"单用户档次"、"多用户档次",且"单用档次"在前,"多周档次"在后。

1.3.2　会计软件开发人员的知识结构构成不合理

我国会计软件开发初期主要由计算机人员为主进行开发,他们的计算机专业知识甚多,而对会计、审计、财务、管理等方面知之甚少,因而造成计算机技术不断升级,而会计功能徘徊不前。后来是以计算机专业人员和会计人员相结合为主要开发力量,这样虽然使会计电算化系统开发人才的知识结构大大改善,但仍不能满足实际需要……

> **正文分析之九**
>
> 为保证前后顺序统一,最好调整此处的几个原因的先后顺序,调整后为"1. 会计软件开发人员的知识结构构成不合理;2. 选用了不恰当的系统开发工具;3. 会计电算化理论滞后"。

1.3.3　会计电算化理论滞后

我国的会计电算化管理起步较晚,经验不足,管理水平还很低,由于一些政策法规的不合理,束缚了开发人员和用户的手脚……

2. 我国会计电算化发展思路

通过以上分析,我们不难看出我国会计电算化工作面临着严峻的考验,如何使会计电算化向更深层次发展,是我国会计电算化工作面临的重大课题。

2.1　树立竞争观念,增强电算化意识,加快会计电算化普及的步伐

对企业领导来说,要树立市场观念、竞争观念,重视会计电算化。软件供应商所开发的会计电算化软件应符合《中华人民共和国会计法》的有关规定,并遵循财政部颁发的《会计电算化管理办法》和《会计核算软件基本功能规范》等条例,不能为追求软件销售数量或一味满足用户提出的某些要求,置制度、规范于不顾。

2.2 大力提高会计软件的质量

针对我国目前会计电算化软件由于品种多样而产生的数据格式和模块划分不一致、数据接口不兼容、质量参差不齐的现状,我们应大力提高会计软件的质量。

2.3 加大对"复合型"会计电算化人才的培养力度

特别是对会计电算化管理人员的培训工作要经常进行,并进行经验交流,使培训收到实效。只有普及型的速成人才培训,难以提高会计电算化的水平。在吸纳高校会计电算化毕业新生的同时,还应选拔具有一定计算机知识的会计电算化业务骨干到高校进修计算机专业。这样,新老结合、高中低结合的会计电算化人才队伍就会形成,从而推动会计电算化工作质量的进一步提高。

正文分析之十

综合之七和之九的分析,此处的几个发展思路的先后顺序可调整为"(一)树立竞争观念,增强电算化意识,加快会计电算化普及的步伐;(二)加大对"复合型"会计电算化人才的培养力度;(三)大力提高会计软件的质量;(四)吸取国外会计软件的优势,使我国的会计电算化与国际接轨;(五)进一步完善会计电算化的配套法规"。

2.4 吸取国外会计软件的优势,使我国的会计电算化与国际接轨

综上所述,会计电算化是管理现代化和会计自身改革和发展的客观需要,是时代发展的必然。日本早在 1986 年就有 80% 以上的大型企业和 50% 以上的中小企业实现了会计电算化。而我国的会计软件普及率还很低。21 世纪是信息的社会,网络的迅速发展要求实现会计电算化,以满足现代企业管理的需要。所以,企业和会计软件商家应联合起来,消除一切影响会计电算化发展的不利因素,推进我国的会计电算化向更深层次发展。

2.5 进一步完善会计电算化的配套法规

随着会计电算化的普及与财务软件功能的不断增加,针对会计电算化工作出现的新问题,应对现有的相关法规做进一步补充和完善,通过准则类法规对会计电算化做进一步约束,使会计电算化工作走上规范化的道路。此外,还要细化对商品化软件的评审规定,杜绝软件的非法功能。

2.6 加强会计信息系统的安全性和保密性工作

建立健全内部控制,建立数据保护机构,加强数据的保密性和安全性。由专门的工作人员来管理数据,而对非相关人员在非必要的情况下不给予查看数据的权利。同时,要增强网络安全防范能力,采用防火墙技术、网络防毒、信息加密、身份识别等技术加强会计信息系统的安全性和保密性。

3. 新形势下我国会计电算化发展的趋势

经过 20 多年的实践、探索,我国会计电算化事业取得了很大的发展……

可以预见,会计电算化将出现或可能出现以下发展趋势。

3.1 业务处理的规范化,成本核算软件的通用化

会计电算化在我国发展的历史已不算太短,那么为何迟迟解决不了成本核算的通用性问题呢?原因就在于成本核算工作存在着程度不等的差别。只靠提高编程能力,无法从根本上解决成本核算软件通用化问题。那么,为什么账务处理与报表生成软件可以不受行业、工艺流程等因素的限制而产生共同语言呢?众所周知,无论何种类型和规模的企业,在凭证的填制、日记账的登记、过账以及报表生成等方面都相差无几,业务流程比

较稳定。这就给我们以启示：会计应用软件通用化的关键不在于程序编制本身，而是取决于业务流程是否稳定、规范，应该是业务流程去适应应用软件，而不是应用软件来满足"千姿百态"的业务流程。因此，要使成本核算软件做到通用化，首先要解决好成本核算业务处理的规范化问题。

3.2　向管理会计电算化发展

在我国，管理会计的应用并不广泛，其主要原因之一就是分析手段的落后。管理会计是以财务会计为基础、以数理统计方法为手段，面向企业内部为管理者提供决策信息的管理活动过程。在实际工作中，常常会碰到大量的数据需要分析、归类，还会涉及较为复杂的计算。因此，许多企业往往主观上希望通过管理会计解决一些决策与控制问题，但客观上显得有些力不从心。由于管理会计与成本会计有着紧密的联系，管理会计的许多资料来源于成本会计。因此，如能解决成本核算软件的通用性问题，将有助于管理会计电算化的发展。

3.3　向知识处理、智能型方向发展

计算机应用经历了数值计算和数据处理两个阶段，现在正向知识处理的新阶段发展。作为会计电算化这门新兴学科，需要在传统会计的基础上与计算机科学、控制论、信息论、系统论等多种学科相互渗透，研究和发展其自身的新理论和新方法。

会计电算化有电子数据处理 EDPS、会计信息系统 AIS、管理信息系统 MIS、决策支持系统 DSS 四种模式，有效地把它们结合起来应用，是会计电算化发展的方向。

参考文献：

[1] 程昔武.会计信息化发展的现状与对策[J].会计之友，2006（3）.

[2] 庄明来.会计电算化研究[M].北京：中国金融出版社，2001.

[3] 侯光仁,会计电算化的转向研究[J].科技情报开发与经济，2005（3）.

......

（资料来源：百度文库）

范文分析二

关于企业合并会计处理若干问题的探讨

摘要：当今经济全球化的不断深入也加速了企业的合并浪潮，甚至从本土化合并发展到国际化合并，实现了各行各业的生产服务规模扩张。究其合并原因和会计处理方法的选择，企业合并会计处理方法选择的不同所产生的经济后果也是不尽相同的，但无论是哪种方法，它都是我国企业所面临的现实性选择问题。本文简要探讨了当前企业合并会计处理过程中常用的两种处理方法，并简要分析了未来企业合并过程中购买法与权益结合法并存的相关优化建议。

◎ 正文分析之十一

论据要能够充分支持论点，文中画线部分阐述的是"如何使成本核算软件实现通用化"，而这里需要的论据是"为何会出现成本核算通用化的趋势"，因此，这部分需要修改。此外，论据中并未体现"业务处理规范化的趋势"，所以，标题可直接改为"成本核算软件通用化"。

◎ 题目分析

由于文中主要论述了未来企业合并过程中购买法与权益结合法并存的相关优化建议，所以建议应将题目直接表达为"企业合并会计处理方法的选择与优化"。

摘要分析

摘要中的语句不太通顺话，如"当今经济全球化的不断深入也加速了企业的合并浪潮"就不如改为"经济全球化的不断深入必然加快企业合并的浪潮"；"究其合并原因"就不如"究其原因"通顺；"和会计处理方法的选择，企业合并会计处理方法选择的不同所产生的经济后果也是不尽相同的"就不如改为"与选择不同的会计处理方法、不同的企业合并会计处理方法等产生的不尽相同的经济后果有直接关系"。另外，由于摘要中一般不出现"本文"字样，所以建议删除"本文简要探讨了"这几个字。并将"当前企业合并会计处理过程中常用的两种处理方法，并简要分析了未来企业合并过程中购买法与权益结合法并存的相关优化建议"改为"我国企业应在充分认识企业合并会计处理常用的两种处理方法利弊的基础上，提出在企业合并过程中购买法与权益结合法并存并用互补优化的建议"则比较妥当。

关键词：企业合并 会计处理 权益结合法 购买法 差异
对比 影响

关键词分析

将"影响"改为"优化建议"

1. 企业合并会计处理方法及相关对比分析

正文分析之一

将标题改为"两种不同的企业合并会计处理方法及其差异对比"

就目前社会企业发展现状来看，被国际上公认的企业合并会计处理方法主要包含三种：购买法、新起点法、权益结合法。它们都能做到将公司及其资源合并整合成为新主体，具体来说，就是对企业资产、负债包括公允价值的基础性计量过程。

正文分析之二

以上讲了三种企业合并会计处理方法，但下文只讲了购买法、权益结合法，所以，应在上段末写明本文仅就购买法、权益结合法做出分析。

1.1 企业合并会计处理方法

1.1.1 权益结合法

权益结合法主要定义于股权联合的两个或多个公司股东，将参与合并企业的所有净资产、经营业务结合成为一个新的联合主体，它们都拥有共同承担新经济主体中风险以及分享其中利益的权利。它的主体表现为股权结合，所以它并不存在传统意义上公司合并中所存在的交易属性，也不存在新的计量基础。公司之前股权的合并成本按照被合并企业的净资产账面价值来确定，所以合并成本享有被投资单位净资产账面价值份额，其股本也主要按照股票面值进行计价。

正文分析之三

上段中，一是将"公司"统称为"企业"；二是将"风险以及分享其中利益的权利"改为"风险与承担利益的权利"。

1.1.2 购买法

购买法通过承担负债、转让资产、发行权益性证券来实现企业并购。合并后双方企业是存在实质性并购关系的，它判断了企业购买方的一切购买行为。在合并过程中，被合并方的一切负债与资产依然采用公允价值来实施确认性测量，如果合并方所支付的合并成本小于被合并方的净资产公允价值，那么应该将其差额作为企业当期损益来处理。反之，则可以确定合并方具有合格商誉,认定其可以实施合并计划。在利用购买方法进行企业合并时,期间所产生的所有咨询评估费用或间接费用都要被认作是当期费用冲减利润总额,从企业合并后所发行股权债券中所产生的佣金、手续费中来相应扣除。另一方面,权益性证券中的发行溢价也应该被算入到企业相关手续费用中。

正文分析之四
将上段中"合并后双方企业是存在实质性并购关系的,它判断了企业购买方的一切购买行为"改为"合并后双方企业即存在实质性并购关系,它确认了企业购买方的一切购买行为"。

1.2　企业合并两种会计处理方法的差异性对比

首先是合并报表影响对比,权益购买法倾向于将被并购企业的所有资产按照账面价值来实施资产负债表资产并入,购买法不同,它是将被并购企业资产按其公允价值来并入企业合并资产负债表中。一般情况下,企业合并后其资产估计所得公允价值相比于企业新主体账面价值更大,并且在购买法运作过程中,企业合并成本也会大于被合并企业可辨认净资产价值,此时可以将差额部分确认为合并企业方商誉,所以说购买法实施运作下的企业资产价值是高于权益结合法的。

正文分析之五
将"首先是合并报表影响对比"后面的","改为"。"。

其次是资产负债率影响对比,由于企业资产估计是存在公允价值的,且其公允价值一般都会大于账面价值,所以这也直接导致了购买法背景下被合并企业方资产总价值大于权益结合法背景下被合并企业方资产的总价值。另外,在企业债务评估过程中,被合并企业价值也应该比账面价值差额更小。所以从总体对比来看,权益结合法运作下的资产负债率是要高于购买法的。再从合并后公司每股收益影响来看,权益结合法下所确认的企业合并当期股东权益一般都会小于购买法下所确认企业合并的当期股东权益,而与此同时,权益结合法下合并当期的利润又比购买法当期利润更大。也就是说,如果采用购买法,企业合并当期的每股收益会相对更低,所以某些企业因此会选择权益结合法。

正文分析之六
将"其次是资产负债率影响对比"后面的","改为"。";将"购买法背景""权益结合法背景"中的"背景"两字删除。

最后从净资产收益率的影响来分析,权益结合法下的企业合并资产价值更小,而购买法相对较大,观权益结合法下其合并利润又比购买法更大。对比如此相反的两个结果可以总结出以下结论,企业选择购买法时被合并方的净资产收益率相比于合并方更低,这有利于企业合并的会计处理相关问题解决。

正文分析之七
将"最后从净资产收益率的影响来分析"后面的","改为"。"将"观权益结合法"改为"而权益结合法";将"对比"改为"对于"。

2. 企业合并会计处理过程中权益结合法与购买法并存的相关优化建议

企业合并会计处理过程中应该寻求多种方法并存,汲取各种会计处理方法优势来实现对企业合并过程的良性促进。就以本文中所提到的权益结合法与购买法为例,其二者就可以在企业合并会计处理过程中并存,为此,本文提出了两种会计处理方法并存的几点优化建议。

正文分析之八
将"其二者就可以在企业合并会计处理过程中并存"后面的","改为"。"。

2.1　权益结合法

应首先明确权益结合法的使用条件,尤其是在企业新会计准则规定背景下使用权益结合法,应该更加重视其优化实质,明确同一控制原则,提高权益结合法准则下企业合并的可操作性。在这一点上,我国完全可以借鉴美国企业合并会计权益处理方法,要明确所参与合并企业的基本经济性质、合并所有者权益方式,包括也要考虑企业双方某些不存在但已有计划的交易内容。在此基础上再来探讨企业合并的可行性和可操作性,为企业权益结合会计处理设定标准,并在客观公正的状态下审批合并过程。考虑到我国经济高速发展态势下许多企业都建立了跨国公司分部,所以企业合并也应该做到与国际会计准则接轨,做到购买法与权益结合法的有机结合,一方面增加了企业会计信息在企业合并过程中的稳定性,另一方面也希望利用购买法来规避权益结合法中所存在的各种弊端。当然,在未来企业合并行为当中,应该考虑循序渐进的取消权益结合法,配合我国市场经济发展节奏来将购买法广泛推行,为企业在市场化发展进程中合理分置股权,完成企业合并改革。同时,也要实现企业在证券市场中供求关系与定价机制的完全平衡,确保公允价值能够确切无误地反映到企业价值当中,满足企业在市场经济环境下的各种合并要求,为企业合并提供更多的真实信息。

> **正文分析之九**
>
> 一是因只有"首先",而没有"其次""再次",故应删除"应首先";二是"准则""规定"明显重复,建议删除"规定"二字。

2.2 购买法方面

购买法应该成为我国企业合并会计处理的主要方式,应该确保其公允价值能够贯穿于购买法实施过程中,因为公允

> **正文分析之十**
>
> 删除"方面"二字。

价值是购买法的根本,它促进了企业合并会计的处理质量。为此,我国经济市场应该建立公允价值计量准则,这一点已经在财政部所颁布的企业会计准则中有所体现,其中,17个具体准则中都不同程度地引入了公允价值计量概念,其目,也是为了企业建立良好的公允价值体系,进而促进规范公允价值有效应用。因此,企业应该制定公允价值理论框架及相关计量准则,从它的目标、原则、范围、披露、生效期、过渡期等方面来对其估值技术、公允价值等级进行详细规范 以实现企业合并会计处理中公允价值的全面计量和清晰阐述。再一点,企业应该基于我国新会计准则要求,为企业财务报表中披露企业合并的相关合并成本与被合并资产、负债账面成本内容,以此来确定公允价值的计算方法,实现对公允价值的有效完善披露。具体来说要做到以下两点。第一,企业合并在披露双方资产、负债账面成本及公允价值时,应该首先对企业资产项目中差额较大的项目进行说明阐述,明确是何种原因导致了企业双方在资产与负债方面的巨大差异,例如市场环境变化、通货膨胀、企业产品技术的增减、企业经营不善等原因。在确定这些变化之后便可以明确企业合并会计处理所涉及的所有问题披露都是客观真实的。第二,要确保在企业双方统一资产控制状态下再进行企业合并公允价值披露,指出哪些是合并过程中影响企业资产利润与信息披露的相关行为因素。同时要计算企业在剔除合并影响后的实时利润、股本每股收益及净资产收益指标问题,确保公允价值披露对企业合并后收益所产生的所有影响是良性的。

> **正文分析之十一**
>
> 一是把第二个"应该"改为"并";二是把"其目,"改为"其目的";三是把"以下两点。"改为"以下两点:"。

3 结语

总而言之,合并会计处理中的各种方法都是服务于企业合并的,它从理论与实践两方面反映了企业合并过程本质,其目的就是促进企业合并产生合并商誉,提高和完善企业的

> **正文分析之十二**
>
> 将"在未来,"改为"未来"

资产评估、公允价值披露等相关能力,使我国资本市场更加成熟。在未来,我国企业在合并会计准则方面应该走国际会计准则路线,在确保权益结合法与购买法并存的基础上,循序渐进地取消权益结合法,实现企业合并会计处理的统一性,从而在根本上解决企业合并会计处理中所存在的诸多问题。

参考文献:

[1] 韩园珍.企业合并中的若干会计处理问题研究[J].中国经贸,2015(16).

[2] 王贵秀.企业合并会计报表若干问题研究[J].中国乡镇企业会计,2015(12).

[3] 王燕花.企业合并中的若干会计问题研究[D].长安大学,2013.

······

（资料来源：百度文库）

第三节
财务会计类毕业论文的参考题目

一、财务管理专业毕业论文参考题目

1. 浅析企业现金流量财务预警系统的建立与完善
2. 论企业财务增值型内部审计及其实现增值服务的路径
3. 加速企业资金周转的途径与措施
4. 企业财务危机预警模型构建
5. 企业财务报销制度的思考
6. 论应收账款的风险规避
7. 上市公司财务报表舞弊行为研究
8. 论企业财务内控制度体系的构建途径
9. 浅论企业集团财务绩效考核指标体系
10. 浅谈新准则下××企业财务报告分析

二、会计学专业毕业论文参考题目

1. 企业内部会计控制存在的问题与对策
2. 浅谈所得税会计处理对企业的影响
3. 绿色会计核算初探
4. 上市公司会计信息披露规范化探讨
5. 发展网络会计亟须解决的问题
6. 论我国民营企业中存在的会计诚信问题及解决对策
7. 企业财务风险的分析与防范
8. 不同经济体制中的会计模式比较
9. 中小型企业财务管理存在的问题及对策
10. 财务预警系统初探

三、会计电算化专业毕业论文参考题目

1. 会计电算化可能出现的问题及对策
2. 会计电算化对会计工作方法的影响探讨
3. 企业财务报表粉饰行为及其防范
4. 浅谈企业会计电算化的风险与对策
5. 会计电算化账务处理制度分析
6. 会计核算电算化与会计管理电算化之比较
7. 会计电算化犯罪的预防探讨
8. 会计电算化报表系统的问题及对策分析
9. 完善企业会计电算化系统内部控制浅析
10. 会计电算化工作的质量控制研究

四、审计学专业毕业论文参考题目

1. 关于经济责任审计风险的探讨
2. 我国上市公司的会计造假现象及审计防范
3. 论企业集团内部审计制度的构建
4. 资产评估审计的理论与实务研究
5. 经济责任审计的问题与对策探析
6. 试论会计政策选择对会计信息的影响
7. 中国审计市场集中度研究
8. 影响企业审计质量的因素及其完善路径分析
9. 试论高校内部审计风险及其防范
10. 试论风险导向审计模式在我国会计师事务所的应用

五、统计学专业毕业论文参考题目

1. 基于多元统计方法的空气污染状况综合评价研究
2. 统计方法在投资学中的应用
3. 金融风险管理中的贝叶斯方法
4. 统计数据质量评价及修正
5. 低碳经济的标准与测度方法
6. 典型调查在新形势下的运用与发展
7. 统计指数法在物价统计中的运用研究
8. 长江水质的综合评价与预测
9. 我国股市收益率分布特征的统计分析
10. 长三角区域创新能力评估指标体系与实证研究

第十一章

经济贸易类毕业论文的写作指导及参考题目

经济贸易类毕业论文范围

一、经济学

本专业毕业生可选择的毕业论文范围包括国际经济学、区域经济学、计量经济学、发展经济学、产业经济学、宏观经济分析、消费经济学、公共经济学、新制度经济学、世界经济等课程所涉及的相关内容。

二、经济学（国际投资方向）

本专业毕业生可选择的毕业论文范围包括国际经济学、计量经济学、货币银行学、国际商贸制度、国际贸易实务、国际投资学、产业投资分析、投资项目评价、企业融资、证券投资分析等课程所涉及的相关内容。

三、国际经济与贸易

本专业毕业生可选择的毕业论文范围包括国际经济学、计量经济学、中国对外贸易、国际贸易实务、国际结算、海关实务、国际金融学、国际商法、国际市场营销、世界贸易组织与规则、国际商务等课程所涉及的相关内容。

四、贸易经济

本专业毕业生可选择的毕业论文范围包括国际经济学、计量经济学、商业经济学、产业经济学、消费经济学、品牌学、零售学、国际贸易实务、商业博弈经济学、商业伦理学、商业政策、国际市场营销等课程所涉及的相关内容。

五、国民经济管理

本专业毕业生可选择的毕业论文范围包括国民经济管理学、区域经济学、产业经济学、可持续发展战略学、宏观经济分析方法与模型、国民经济核算、中国转型经济学、国家发展计划、经济政策学、城市经济学等课程所涉及的相关内容。

六、国际商务

本专业毕业生可选择的毕业论文范围包括商务统计、国际管理、战略管理、国际贸易实务、国际结算、国际商务战略、国际商务环境分析、国际商务谈判、外贸单证制作、商业策划等课程所涉及的相关内容。

第二节
经济贸易类毕业论文范文分析

范文分析一

外资在华并购的垄断倾向及其防范

摘要：在经济全球化和新一轮科技革命背景下，跨国并购的规模和影响越来越大；自我国加入 WTO 以来，对外开放程度不断提高，跨国并购给我国经济带来的影响也日趋加大。跨国并购在给我们带来技术和资金的同时，也产生了许多负面效应。本文在着重分析其垄断倾向危害的基础上，提出了全面应对这些负面效应，尤其是垄断威胁的具体措施，让我们可以更加理智地看待跨国并购涉及的相关内容。

关键词：跨国并购　垄断　影响　防范

> **题目分析**
>
> 该论文是一位国际经济与贸易专业的本科毕业生撰写的。跨国并购是国际贸易中一国企业控制另一国企业经营管理权的常见形式，因此，该论文的题目符合国际经济与贸易专业的选题要求。

跨国并购是经济全球化的重要特征，是科学技术、生产力发展的必然结果。而外资在华并购在近几年内已取代绿地投资，成为我国引进外商直接投资的主要方式。跨国并购是一把"双刃剑"，它既推动了我国经济发展，也造成了国有资产流失、民族品牌消亡，形成垄断控制的许多负面效应。所以，研究跨国并购的负面影响，尤其是垄断威胁，对于我们正确对待外资有重要意义。

1. 在华并购的现状分析

1.1 跨国公司意图绝对控股，形成垄断的微观基础

近年来，外商在并购投资中要求获取目标企业的控股权的倾向越来越强烈。如法国达能对乐百氏和娃哈哈所持股份分别增至 92% 和 51%，法国米其林公司在与我国轮胎行业的龙头企业上海轮胎橡胶集团的合作中控股达 70%……

1.2 热衷于并购我国优势企业，垄断用意明显，对我国产业安全和国家安全构成威胁

这些企业都是外商投资相对成熟的企业，是行业内的龙头，其效益较好、具有核心资源或核心竞争力。并且外资在

> **正文分析之一**
>
> 本文首先重点分析了外资在华并购的垄断倾向，接着以实例说明了这种倾向，然后分析了垄断倾向对我国经济的积极影响和消极影响，最后提出防范外资在华并购的具体措施。整个论文层次分明，逻辑关系清晰。此外，文中引用了大量的数据，使得论据更有说服力。

国内已经形成了一定生产规模和资本积累,有国家政策的重点鼓励,有广阔的市场前景,基本属于具有垄断能力的企业或垄断性较强的企业……

……外资在我国某些行业及产品近乎垄断的控制,给我国的经济安全,甚至对战略产业的控制都带来了不可忽视的影响。

1.3 外资并购着眼于品牌控制,导致中方企业无形资产的流失

品牌是企业参与市场竞争的利器,一个国家拥有的世界品牌也是其科技和经济发展水平的重要标志。也正是看重了这一点,一些跨国公司在并购我国目标企业时,往往把品牌控制作为一个重要的竞争策略……由于国内许多企业的品牌意识淡薄,外方在并购企业中刻意树立外来品牌和新创品牌的商业信誉,使国内名牌商标逐渐淡出市场或被挤垮,价值连城的无形资产不断付之东流。

1.4 外资并购的区域分布不均衡,并且以产业资本投资为主

东部沿海地区不仅吸引了我国外国直接投资的大多数,而且也是外资在华跨国并购的密集地……而其在并购了这些企业后,就已经在中国形成了一定的垄断趋势。

1.5 外商并购投资领域拓宽,更加注重在高新技术和高附加值产业实现控股并购

在 20 世纪 90 年代中后期,外商在我国投资并购的目标行业主要集中在日用消费品、轻工业品、服务业等低技术和低附加值产业。但近年来,伴随着新一轮全球生产要素优化重组和产业结构的调整升级,外商投资的重点也逐步转向高新技术和高附加值产业,并购的行业普遍具有潜在规模大、增长潜力高的特征。近年来,随着中国经济的不断发展,人们生活水平的逐渐提高,奢侈性消费品、高科技电子等行业的潜在规模和增长潜力开始显现。为了迅速占领这些领域,跨国公司纷纷采用并购的方式进入中国市场……

> **正文分析之二**
> 以上从五个方面分析了在华投资的现状,其中有两个方面都突出了"垄断倾向",为后文做了铺垫。

2. 在华并购的垄断倾向

2.1 大规模进入我国的战略行业

从产业的角度看,国有经济的战略性地位主要体现在四个领域:关系到国民经济命脉的基础产业领域、向社会提供公共产品的领域、关系到国防安全的军事工业领域和关系到国家竞争力的高新技术领域。这些领域都直接影响到国家的安全、人民的生活和国际竞争力。所以,战略行业崛起的重任就落到"精干的少数"大型国有企业身上。随着经济改革步伐的加快,政策对开发这些领域的限制也相对放宽,而行业的较高的垄断利润正好迎合了跨国公司的目标。

> **正文分析之三**
> 相对于行业而言,产业的概念更加宽泛。而此处所讲的均属于微观领域的范畴,因此,应将"产业"统一改为"行业",以保证用词的一致性和准确性。

2.2 案例分析——达能并购娃哈哈,妄图垄断中国饮用水领域

自 1996 年起,法国达能集团就以各种形式进军中国饮用水行业,其中涉及矿泉水、乳品、饮料等多种产品,大有一种要将中国饮用水行业垄断之势。

被并购方:杭州娃哈哈集团有限公司始建于 1987 年……多年来,娃哈哈集团已发展成为中国规模最大、饮料产量居全球第五的饮料生产企业。

并购方:达能公司原名BSN,成立于1966年,现是欧洲第三大食品集团,主营饮料、乳制品和饼干。20年来,达能在中国饮料行业十强企业中,已收购娃哈哈的39家企业51%的股权……光明乳业20.01%的股权。其在中国的饮用水行业占有很大份额。

并购过程:1996年,娃哈哈上市未果,与香港百富勤投资公司合作,百富勤介绍了达能,三家出资4 500万美元组建五家合资公司,生产以"娃哈哈"为商标的纯净水、八宝粥等,商定娃哈哈占49%,达能、百富勤共占51%。但签约时达能和百富勤使用了它们在新加坡共同设立的"金加"投资公司名义(娃哈哈不知情)。1997年,达能在境外悄悄收购百富勤在"金加"的股份,轻易获得娃哈哈51%的控股权。

对达能并购娃哈哈案的重点分析,使我们不难发现中国企业在利用外资这方面尚显稚嫩,并没有真正具备很好的驾驭外资、使其为我所用的能力。相反的是,在面对外资以各种不同手段蚕食公司权益、分解公司利益时,我国的企业还对其盲目轻信,任其发展,这也成为企业日后发展的最大隐患。所以,中国企业在与外资打交道时,必须牢牢保持自主经营权,重视自主品牌权益的保护,切不可轻易去用市场换技术,到头来不仅损害了自身利益,还将自身置于被动地位。

> **正文分析之四**
>
> 以上案例中先介绍被并购方与并购方的基本背景,然后介绍并购过程,最后加以简单的总结,条理清晰,且发人深省。
>
> 但前文中的"收购公司"与此处的"并购方"属同一概念,"目标公司"与此处的"被并购方"属同一概念,应将用词统一化。

3. 垄断倾向对我国经济的影响

3.1 积极影响

3.1.1 提升企业竞争力,获得规模效益

跨国公司的资本、技术实力雄厚,管理先进,它们并购中国企业特别是控股收购中国企业之后,会把其纳入全球产业价值链进行整合,加强协同效应……

3.1.2 优化国有企业的公司治理结构

通过并购重组国有企业规范其治理结构,注入管理经验、营销渠道、用人机制、内部分配方式、市场理念等,使国有企业在整体素质上得以提升。

3.1.3 有利于加对强经营者的激励约束

……跨国并购的进入、进程的加快、规模的扩大,使其对控制权的要求也越来越高。这就构成了对经营者可视的外部接管威胁,对于目前国有企业的经营者而言,是一种有效的激励约束,迫使国有企业的经营者改善经营管理。

> **正文分析之五**
>
> 以上应为"加强对经营者的激励约束"而不是"加对强经营者的激励约束",注意笔误。

3.2 消极影响

3.2.1 造成行业垄断,威胁我国的经济安全

近几年来,跨国企业尤其是资金雄厚的世界性跨国集团将其目光越来越多地投入中国,这种跨国并购给我国市场带来竞争效应的同时,也会产生垄断效应……而且对于那些我国目前发展尚显滞后但影响却深远的民族产业,在这种潜在的垄断威胁下已经失去了赖以生存的土壤,所以潜在的垄断威胁已经严重威胁到我国的经济安全。

3.2.2　造成国有资产流失

造成国有资产流失的原因主要是：第一，资本市场的不安全，缺乏资本价值的参照导致资本定价偏低。第二，跨国公司实力较强而东道国企业缺乏谈判能力，增加了定价偏低的可能性。第三，金融危机或其他危机可能造成的价格低估。此外，国家给予外商投资本地企业的种种优惠政策，使外商有空可钻，这也是造成国有资本流失的原因之一，如凯雷收购徐工一案。

3.2.3　制约了本国企业发展的独立自主性，使其对外资的依赖性增加

外资能够大规模进入中国市场的原因之一就是本土企业对其的需要。这种需要多表现在资金和技术上，并购方的跨国公司多是资金、技术等方面实力雄厚，意欲寻求更大的市场来实现对资本的追求。所以，才会产生了国内企业希望通过"以市场换技术"的方式实现共赢……

3.2.4　加剧了中国的商业贿赂，跨国企业向我国转移高污染产业

近年来，跨国公司的商业贿赂案频繁发生，中国在10年内调查的50万件腐败事件中，其中有64％与国际贸易和外商有关，如"朗讯案"、"德普案"等一系列案件。此外，环境污染也是跨国公司带给我国的又一严重问题……

> **正文分析之六**
> 以上从正反两方面分析了垄断倾向对我国的影响，态度客观公正，且论证翔实、严密，符合毕业论文写作的基本原则。

4.　合理防范外资在华并购垄断倾向的措施

4.1　出台《反垄断法》，完善反垄断的申报与审查制度

《反垄断法》是维护自由竞争的经济秩序的有效武器，跨国公司的并购行为应当受到《反垄断法》的严格规制。所以，一部成熟的《反垄断法》对于一国规范国际并购行为是非常必要的。

……

4.2　规范资本市场，完善资产评估体系，提高企业的谈判能力

国有资产的流失，很大程度上是因为我国的资产评估制度尚不完善，评估方法不科学造成的。所以，要建立完善、科学的资产评估机制：第一，就是要将企业的重置成本作为企业资金评估的标准；第二，就是制定严格的无形资产评估标准，不可随意处置；第三，对于一些外资优惠政策的制定要严谨，不可给外资以可乘之机。

4.3　鼓励企业的自主创新，提升企业的自身竞争力

增强国内企业自身建设，按照现代企业制度的要求，进一步加快产权制度改革，完善公司治理结构；加大技术创新力度，培育自主研究与开发能力；培养一批通晓专业知识，精通管理，具有外语、金融、外贸、公关等方面知识与能力的高水平的复合型跨国经营人才……

4.4　提高外资进入我国的行业标准，出台相应的惩罚措施

外资并购中的商业贿赂是不可避免的，这不仅与其自身的趋利行为有关，同时也是我国市场经济制度不健全、执法力度不强造成的。如果想要避免这种商业贿赂行为的产生，仅仅规范外资行为是无法达到的，还必须完善相关法律，加强对相关部门的教育。

……

总之,在经济全球化的今天,资本、技术的全球化是不可避免的。一国想要在全球化形势下以积极的姿态参与到国际经济合作中,跨国并购无疑是一条捷径。所以,我们应该辩证地对待跨国并购,既不可消极排斥更不能盲目追逐,只有结合本国的实际情况才能充分地趋利避害,使这把"双刃剑"发挥最大的效用。

> **正文分析之七**
>
> 以上从四个方面分析了防范外资在华并购垄断倾向的措施,最后得出"我们应该辩证地对待跨国并购"的结论,前后呼应,使整篇论文更加完整。

参考文献:

[1] 黄中文,刘向东,李建良.外资在华并购研究[M].中国金融出版社,2010.

[2] 叶建木.跨国并购:驱动、风险和规制[M].经济管理出版社,2008.

……

（资料来源：百度文库）

范文分析二

乌克兰与中国经贸关系的前景和障碍

> **题目分析**
>
> 题目没有完整表达文章的整体含义,建议从存在问题、成因及"一带一路"倡议等要素上重新拟定文章的题目。

摘要: 乌克兰与中国的关系历史悠久,两个国家一直以来没有任何利益冲突,也没有严重的政治经济矛盾。除此之外,乌克兰和中国的经济具有互补性,两个国家将来具有比较大的合作发展潜力。当今,乌克兰与中国的关系还没有充分发展,但越来越多的乌克兰专家指出,发展乌克兰与中国的关系应该成为目前乌克兰外交政策的一个优先方向。2013年中国提出的"丝绸之路经济带"倡议为两国关系发展提供了一个新的平台和前所未有的机会。

关键词: 乌克兰与中国关系　贸易关系"一带一路"

> **摘要分析**
>
> 应重点从历史悠久、关系友好、互补较强、发展潜力、"一带一路"等要素上描述。

1. 乌克兰与中国关系的当前情况

乌克兰和中国关系历史悠久,起源于蒙古时期前的基辅罗斯。当时的丝绸之路在两个国家的关系中扮演着主要角色。1949年10月1号中华人民共和国成立后乌克兰与中国的关系开始了新的阶段,当时乌克兰作为苏联的一部分对新中国建立钢铁、机械工业、农业基础做出了较大贡献,很多乌克兰的工程师、设计师、科学家等在工厂、工地做顾问。乌克兰独立以后又是乌中关系新的阶段。中国是最早承认独立的乌克兰并在1992年1月4日与其建立外交关系的国家。乌克兰与中国关系最积极的发展是在2010~2013年。2011年6月20日乌克兰和中国签署了增进两国关系一个非常重要的文件《中乌关于建立和发展战略伙伴关系的联合声明》,并且这三年间两个国家元首和领导人频繁互访。在乌克兰

> **正文分析之一**
>
> 标题应改为"当前乌克兰与中国的经贸关系现状"

> **正文分析之二**
>
> 一是注意词句通顺。重点是画了线的部分。二是注意口语与标准用词。如"1号"应改为"1日"。三是注意标点符号。如重要文件后面的":"就不应存在。

最近复杂艰难的国情下,乌克兰政府做出最大努力避免与中国关系的停顿,也非常重视保证所有以前达成协议的稳步实施。

　　两国关系友好稳定的基础主要包括:乌克兰关于核裁军和签署《加入不扩散核武器条约》决定后,中国成为为乌克兰核安全提供担保的首个国家;同时,乌克兰一直对"一个中国"原则表示支持。总体来说,**相互主权和领土完整的尊重**成为中乌成功合作的重要基础。2014 年在乌克兰困难局面下,中国政府表现出致力于联合国宪章的立场。

　　而中国与乌克兰经贸合作是两国关系的主要部分。乌克兰与中国双边贸易总额波动也较大(见图1,略)。

> **正文分析之三**
>
> 要注意词句通顺。如将"两国关系友好稳定的基础主要包括:乌克兰关于核裁军和签署《加入不扩散核武器条约》决定后"改为"两国关系友好稳定的基础是乌克兰关于核裁军的政策和签署《加入不扩散核武器条约》决定";将"相互主权和领土完整的尊重"改为"相互尊重主权和领土完整"等等,似乎更为妥当。

> **正文分析之四**
>
> 一是删掉上段"而"字;二是将"。乌克兰与中国双边贸易总额波动也较大"改为",但是乌克兰与中国的双边贸易总额不大而波动幅度明显",似乎更为妥当。

　　在乌克兰与中国的双边贸易中,中国对乌克兰出口比乌克兰对中国出口具有可观优势。从 2012 年开始乌克兰对中国出口总额逐渐增长,而乌克兰自中国进口总额开始减少,2015 年乌克兰对中国出口和乌克兰自中国进口达到平衡。

　　据乌克兰海关统计,2015 年乌克兰与中国双边贸易总额达到 61 亿美元,与 2013 年同比(101.37 亿美元)减少了 66.2%。其中,乌克兰从中国的进口总额减少 101%,乌克兰对中国出口总额减少 12%。这种巨大变化原因在于乌克兰危机引起的美元对乌克兰格里夫纳汇率增长(特别影响到中和小进口商),乌克兰生产力和人口购买力下降。其结果表现为:一方面,2014~2015 年乌克兰开始进口比较便宜的产品,另一方面,乌克兰开始销售仓库里的产品,两者都导致统计上的进口总额急速下降。尽管如此,目前中国依旧保持其乌克兰亚太地区第二大贸易伙伴的地位,而且是除了欧盟以外全世界第二大贸易伙伴的地位(2015 年)。

> **正文分析之五**
>
> 要修改上段画了下画线的部分。如将"与2013年同比(101.37亿美元)"改为"比2013年101.37亿美元";将"中和"改为"中国";将"仓库里的"改为"库存";将"两者都导致统计上的进口总额急速下降"改为"由此导致了进口总额的急速下降"。

　　2016 年 1~6 月乌克兰中国双边贸易也发生了变化,经过几年不断下降后,乌克兰自中国的进口总量又开始增长。相反,乌克兰对中国出口 2013~2014 年保持比较稳定水平后,2015~2016 年继续下跌。2016 年 1~6 月乌克兰与中国双边贸易额为 31.106 亿美元,比上年同期(32.317 亿美元)减少了 3.9%。其中乌克兰从中国的进口总额增加 14%,乌克兰对中国出口减少 34%。最近四年,乌克兰中国双边贸易关系结构上也发生了巨大变化(见图2,略)。

> **正文分析之六**
>
> 上段应围绕双边贸易额继续下跌、乌克兰从中国的进口总额增加等意图,组织好文字表达。

2013～2015 年双边贸易分析表明,乌克兰从中国各类主要产品进口总额有大幅度减少。机器制造业产品总额减少了 78.6%,化工品减少 47.9%,轻工品减少 195.8%,各种工业品减少 104.1%,冶金工业品减少 159.9%,其中轻工品和冶金工业品总额这三年内减少得最明显,为 2.5 到 3 倍。2016 年 1～6 月比上年同比乌克兰自中国的进口额有非常明显的变化。除了轻工品,其他产品进口总额恢复了其增长。在乌克兰对中国的出口方面上两个最重要的趋势是乌克兰 2013～2015 年对中国出口中的农业综合体和食品工业品总额飞速增长(156%)和矿产品总额的逐步减少(82%)。机器制造业产品总额也明显减少(178.6%)。木材及木制品总额经过一段增长,2015 年又下降了(76.6%),冶金工业品总额增长了三倍以上(220.5%)。但 2016 年 1～6 月乌克兰对中国出口的积极动态又受到变化,乌克兰对中国出口产品额开始下降,包括最近几年关键的农业综合体和食品产业(见图 3,略)。

> **⊙⊙ 正文分析之七**
>
> 删掉画了下画线的"其"字。将"在乌克兰对中国的出口方面上两个最重要的趋势是"改为"乌克兰对中国的出口有两个最重要的趋势,即"。

如果我们看 2011 年乌克兰对中国的出口结构,可以看到它以矿产品和化工品为主,但是过去几年这类产品的份额大幅度减少,原因在于在中国的同类产品得到了迅速发展。相反,最近几年为增加对中国农业产品出口而形成了先决条件,而且希望将来会进一步发展在这方面的两国合作。农业综合体目前是乌克兰与中国贸易投资关系一个非常有潜力的发展方向。根据乌克兰农业政策和食品部资料,所有乌克兰对中国出口的产品 50% 都来自农产品,主要是谷物:玉米、黄豆、大麦。此外,2015 年乌克兰对中国的农产品出口提高了差不多两倍。如果比较乌克兰和中国一系列指标,可以看到中国的国内生产总值比乌克兰的多 95 倍,中国人口比乌克兰多 30 倍,领土多 16 倍,而中国的农业土地比乌克兰的农用土地只多 4.3 倍。除此之外,乌克兰的农业产品质量高,所以对有机食品越来越感兴趣的人偏向乌克兰生产的农业产品。2015 年 7 月到 2016 年 12 月,乌克兰超过美国成为中国玉米第一大供应商。

> **⊙⊙ 正文分析之八**
>
> 将"农业综合体目前"改为"目前,农业综合体";将谷物后面的":"改为、;将"中国的国内生产总值比乌克兰的多 95 倍,中国人口比乌克兰多 30 倍,领土多 16 倍,而中国的农业土地比乌克兰的农用土地只多 4.3 倍"改为"中国国内生产总值是乌克兰的 95 倍,中国人口是乌克兰的 30 倍,中国领土是乌克兰的 16 倍,而中国农业土地只是乌克兰的 4.3 倍"。

2. 乌克兰与中国的关系障碍及发展潜力:"一带一路"的倡议

很多学者和政治家认为乌克兰和中国合作潜力巨大,目前还没有充分地发挥。不仅如此,如果看两国经贸关系,双边贸易总额最近几年不仅没有提高,反而有明显下降。有几个原因可以用来解释为什么两个国家没有充分地发展其经贸关系。

> **⊙⊙ 正文分析之九**
>
> 将标题改为:"一带一路"倡议下乌克兰与中国贸易关系障碍及发展潜力

> **⊙⊙ 正文分析之十**
>
> 将上段删掉

首先,乌克兰国际贸易专家 Igor Guzhva 提出下列在两国经贸关系中存在的障碍:关税和非关税壁垒、财政资源缺乏、外贸的官僚主义。除此之外,目前乌克兰中国贸易商品结构以原料为主,需要扩大产品范围。中国市场行情波动及乌克兰国内经济问题,中国和乌克兰距离比较大而货物运输成本比较高,乌克兰在中国的外贸组织不够发展,所有这些因素也对两国关系产生了负面影响。说起两国投资合作,也存在些许问题:乌克兰政府在其投资战略依赖于重工业和能源,为了改善这种情况,需要为中国投资者提供对农业、轻工业和高技术部门的投资机会。为了进一步发展两国关系,特别是双边贸易关系,两个国家需要简化贸易手续和发展贸易基础设施。有迫切需要去提高翻译服务,提供分析支持、商业论坛、有效合作机制。如果没有创建这种乌克兰中国关系系统和合作机制就不可能达到新的合作水平。

中国和乌克兰有许多共同之处,包括地缘政治因素,而且两个国家都有巨大的科学技术和文化潜力,同时也面对相似的社会经济问题。不管是乌克兰还是中国都是欧亚地区国家,与俄罗斯交界并属于美国的利益范围。两个国家都处于向市场经济的过渡过程,也有对开放政策的承诺。在全球背景下,具有共同的经济利益及在现代政治发展关键问题的相同立场。

乌克兰学者和政治家认真研究了中国的欧亚跨洲运输倡议,特别是 2013 年提出的"一带一路"倡议。首先,乌克兰是"一带一路"上的重要支点,因为它连接欧亚主要经济体是欧亚国家间的桥梁。目前欧盟每年进口 3 000 亿美元中国产品,而且从中国进口总额继续增加。这些产品的主要部分可以通过乌克兰运输。正在乌克兰跟欧盟深刻合作,而且 2014 年签署的乌克兰欧盟联合协议在这个过程中也会发挥积极的作用。乌克兰的"欧洲化"可以作为欧洲和中国之间关系的加强因素,从这个角度来看,乌克兰成功的欧洲一体化对中国有利。另外一个积极因素是乌克兰的巨大农业潜力。由于中国大、人口多,中国极其依赖粮食供应。中国农产品的主要供应商仍然是美国,然而从乌克兰进口农业产品可以达到中国在这个方面供应多样化和减少对单一供货结构依赖性的效果。

> **正文分析之十一**
>
> 将"首先,乌克兰国际贸易专家 Igor Guzhva 提出下列在两国经贸关系中存在的障碍:"改为"中国和乌克兰之间的经贸障碍。乌克兰国际贸易专家 Igor Guzhva 认为,中国和乌克兰之间的经贸障碍表现为";将"目前乌克兰中国"改为"目前,乌克兰对中国";将"距离比较大"改为"距离比较远";将"如果没有创建这种乌克兰中国关系系统和合作机制"改为"不然"。

> **正文分析之十二**
>
> 删掉"与俄罗斯交界并属于美国的利益范围"

> **正文分析之十三**
>
> 将"的主要部分可以通过乌克兰运输"改为"可以通过乌克兰运至欧盟相关国家";将"正在乌克兰跟欧盟深刻合作,而且2014年签署的乌克兰欧盟联合协议在这个过程中也会发挥积极的作用。乌克兰的'欧洲化'可以作为欧洲和中国之间关系的加强因素,从这个角度来看,乌克兰成功的欧洲一体化对中国有利"改为"其次,乌克兰的欧洲一体化对中国有利。2014年签署的乌克兰欧盟联合协议有利于加强欧洲和中国之间的关系";将"另外一个积极因素是乌克兰的巨大农业潜力。由于中国大、人口多,中国极其依赖粮食供应。中国农产品的主要供应商仍然是美国,然而从乌克兰进口农业产品可以达到中国在这个方面供应多样化和减少对单一供货结构依赖性的效果"改为"再次,乌克兰的巨大农业潜力有利于中国粮食供应上对美国的依赖"。

除此之外,乌克兰经济潜力、科技和装备制造业能力很强。乌克兰和中国已经在很多方面有过成功合作,很多方面的合作还没有充分地发挥,但也有巨大前景。双边科技领域的合作有潜力方向是航空航天、信息、通信和节能技术发展,乌克兰企业可以加入中国下列范围的项目实施:飞机制造工业、造船业、火箭制造业、装甲车、雷达装备和防空系统等。此外,乌克兰也对在生物统计学、替代能源、电动汽车生产方面上扩大合作感兴趣。双方合作建立技术园区是一种很有前途的合作方式。

> **⊙ 正文分析之十四**
>
> 将"除此之外,乌克兰经济潜力、科技和装备制造业能力很强。乌克兰和中国已经在很多方面有过成功合作,很多方面的合作还没有充分地发挥,但也有巨大前景"改为"最后,乌克兰的科技和装备制造业实力将促进对中国的出口,双方的合作前景巨大"。

乌克兰与中国合作,包括在"一带一路"框架内的合作和经贸关系正在对乌克兰来说也是特别重要的,因为乌克兰最近失去了其两个主要销售市场,也就是俄罗斯和前独联体国家。但同时为了加强乌克兰中国之间贸易关系,需要加强产业的竞争性,而把合作范围扩大到通信、物流、基础设施、新能源、工程和金融领域。

> **⊙ 正文分析之十五**
>
> 将"乌克兰与中国合作,包括在'一带一路'框架内的合作和经贸关系正在对乌克兰来说也是特别重要的,因为乌克兰最近失去了其两个主要销售市场,也就是俄罗斯和前独联体国家。但"删掉。

3. 结语

乌克兰与中国经贸合作潜力巨大,为了充分发挥这样的潜力,双方需要挑战所面对的障碍。因为乌克兰与中国关系不够对称,而且考虑到乌克兰政府换届等因素,乌克兰应该作为乌克兰和中国关系重启的发起者。乌克兰与中国关系不但不可忽略,相反,对乌克兰来说,进一步加强中国和乌克兰的贸易和战略合作伙伴关系,可以作为平衡乌克兰在地区地位的因素,在乌克兰的欧盟和俄罗斯双向地缘政治选择情况下作为新的对外关系发展方向。对中国来说,乌克兰可以作为可供选择的农业产品供应商,在航空航天、信息等方面的合作伙伴,还可以作为欧盟和中国间的桥梁。

第三节
经济贸易类毕业论文的参考题目

一、经济学专业毕业论文参考题目

1. ××省(地区)收入分配效率与公平问题研究
2. 转型时期的政府调控与市场定位探讨
3. 产业结构调整与经济发展方式转变的关系探讨
4. 区域文化创意产业发展与经济增长的关系研究
5. 城镇化过程中农民幸福指数调查研究
6. 区域节能环保产业发展与经济增长相关性分析
7. 经济学视角中的国际气候合作问题探讨

8. 低碳经济模式下我国的产业发展研究

9. 基于网络经济的消费者行为研究

10. 投资环境与区域经济发展研究

二、国际经济与贸易专业毕业论文参考题目

1. 发达国家战略性贸易政策及其对我国的启示

2. 论非关税壁垒下的我国农产品出口

3. 关于我国中小企业开拓国际市场的战略思考

4. 浅谈企业国际绿色营销的产品策略

5. 当代国际贸易（包括服务贸易）发展特征与趋势研究

6. 欧美对华反倾销措施的贸易效应：理论与经验研究

7. 中国服务业的开放度与竞争力分析

8. 我国企业应对区域经济一体化的策略分析

9. 我国企业跨国并购的问题及对策

10. 制度差异视觉下的国际贸易磨擦分析

三、贸易经济专业毕业论文参考题目

1. 我国服务贸易滞后的原因及对策

2. 流动性过剩与我国外贸发展战略的转变途径分析

3. 新形势下我国外贸环境的新变化探讨

4. 我国加工贸易转型升级的若干问题思考

5. 中国出口贸易面临国际反倾销原因深度分析与对策研究

6. 当前区域经济合作的特点和趋势研究

7. 基于"价值链"的××省某产业分析

8. 东亚区域经济一体化的现状及前景

9. 对外贸易与产业集聚研究：来自中国的证据

10. 论发展中国家区域经济一体化的发展趋势和特点

四、国民经济管理专业毕业论文参考题目

1. 国民经济发展中的关键部门分析及与发达国家的比较研究

2. 长三角一体化进程中产业结构演进研究

3. 信息产业与我国经济增长关系的实证分析

4. 第三产业大发展及在城市经济中的地位与作用

5. 现代经济中的诚信机制构建研究

6. 虚拟经济问题研究

7. 试论会计在国民经济管理中的地位和作用

8. ××地区产业竞争优势分析

9. 比较优势论和竞争优势论的比较分析

10. 菲利普斯曲线在中国经济条件下的适用性研究

五、国际商务专业毕业论文参考题目

1. 我国绿色贸易发展存在的问题、原因与对策研究
2. 国际贸易合同中的常见陷阱及对策
3. 论我国中小企业的国际市场营销策略探讨
4. 反倾销对我国纺织品企业的影响及对策
5. 跨国公司管理本土化的障碍与对策——以××企业为例
6. 经济全球化与我国企业跨国经营的关系研究
7. 国际商务中的客户关系管理——以××企业为例
8. 电子商务为我国外贸企业带来的商机与挑战
9. 国际服务贸易的发展趋势及企业的应对措施
10. 中小企业国际化进程中存在的问题及对策研究

第十二章

市场营销类毕业论文的写作指导及参考题目

第一节
市场营销类毕业论文范围

一、市场营销

本专业毕业生可选择的毕业论文范围包括市场营销学、市场调查与预测、消费者行为学、营销策划、销售管理、广告学、服务营销学、公共关系学、品牌营销、营销实战、国际营销、商务谈判等课程所涉及的相关内容。

二、市场营销（医药营销方向）

本专业毕业生可选择的毕业论文范围包括市场营销学、市场调查与预测、消费者行为学、公共关系学、推销学、营销策划、医药物流管理、药理学、药物化学、医药商品学、临床医学概论、药事管理与法规等课程所涉及的相关内容。

三、市场营销（国际营销方向）

本专业毕业生可选择的毕业论文范围包括市场营销学、市场调查与预测、消费者行为学、广告学、国际市场营销、国际营销战略规划、国际公共关系学、国际商务谈判、国际贸易实务、国际市场行情、国际结算、国际经济技术合作、国际企业管理、国际商法、商务英语等课程所涉及的相关内容。

四、市场营销（网络营销方向）

本专业毕业生可选择的毕业论文范围包括市场营销学、市场调查与预测、网络营销基础与实践、电子商务概论、网络营销技术基础、网络营销与策划、网页设计与制作、网络广告学、网站建设基础等课程所涉及的相关内容。

五、市场营销（连锁经营管理方向）

本专业毕业生可选择的毕业论文范围包括市场营销学、消费者行为学、商品学、营销调研、推销理论与实务、连锁经营管理、连锁企业采购管理、连锁企业信息系统管理等课程所涉及的相关内容。

六、电子商务

本专业毕业生可选择的毕业论文范围包括电子商务概论、电子商务系统分析与设计、客户关系管理、电子商务与现代物流、电子商务安全与支付、电子商务网站设计、数据库原理及应用、网络营销与策划等课程所涉及的相关内容。

七、商务策划管理

本专业毕业生可选择的毕业论文范围包括市场营销学、商务策划原理、企业战略管理、企业经营策划学、广告策划与管理、营销策划、市场发展策划、商务策划实战等课程所涉及的相关内容。

第二节
市场营销类毕业论文范文分析

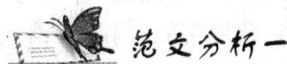

范文分析一

农资产品低成本营销战略

摘要: 农业是国民经济的基础产业,在国际金融危机的大背景下,人们的视线焦点由高利润、高回报的第三产业逐渐转移到农业这一传统行业来,农业又一次成为人们追逐的热点行业。作为农业的辅助,农资行业一直以来备受国民关注,国家为了保持农业的稳定,长期以来对农业物资实行出厂限价,一方面是为了保护农民利益,提高农民的生产积极性,但是另一方面也制约了中国农资行业的发展。中国农资行业,尤其是化肥行业长期处于高能耗、高污染、低产能的落后状态。

关键词: 农资　低成本　战略

> **题目分析**
> 近年来,农资产品价格过高导致农民种粮收入低是我国农业发展中面临的主要矛盾,该论文从营销的角度提出降低农资产品成本的措施,既有一定的实用价值,又有一定的创新性。

本文以中国农资行业为背景,参照中外相关研究文献资料,分析这一行业的现状、发展趋势,结合农资行业的行业特点、所面临的机遇和问题,并尝试从市场营销的角度提出解决这些问题的策略,希望通过本文研究对中国农资行业各经营主体有一定的借鉴意义。

1. 前言

中国的农资行业拥有庞大的市场空间,有极宽的横向产业链和极深的纵向产业链,但是中国农资行业的发展却不尽如人意。现阶段的农资市场管理混乱,假冒伪劣产品横行,

> **正文分析之一**
> 前言部分开门见山地提出目前我国农资行业面临的主要问题,最后以一个疑问句巧妙地引出下文。

厂家众多,虽然产量巨大却难以掩盖效率低下的现实。在 20 世纪 90 年代放开生产许可后,我国农资生产企业大增,尤其是化肥生产企业,在全国有近千家之多,但是大多数的企业属于小作坊式的生产,在全国范围内尚未形成规模型的全国性企业,使得农资行业的规模化效益无法体现。面临全球金融危机的冲击、国内劳动力成本上升、市场饱和状态加深等一系列不利因素的影响,中国的农资企业将要如何应对挑战呢?

2. 农资行业现状分析

2.1　农资行业的分类

农资行业是农业的辅助产业,其覆盖了为农业生产提供帮助的各类工具,主要包括化肥、农药、种子、农机具。

2.2　流通渠道现状分析

我国农业生产资料流通体制一直实行指令性计划管理,农业生产资料实行垄断经营,由省、地、县三级农资公司独家批发,由供销部门的乡镇网点进行零售。直到 1998 年化肥流通体制的改革才使整个农资市场的流通有了一定的松动……

在国家出台农资限价政策后,农资行业尤其是化肥流通领域充斥着各类低质、低价、无厂名、无厂址、无商标的三无肥料,作为追逐利益的工具,这些劣质肥料成为经销商、零售商的宠儿……

2.3　经营主体现状分析

2.3.1　经营主体分类

农资行业的经营主体比较多,成分也复杂,主要包括供销社、农机部门、个体户、私营工商户、连锁加盟店等。

2.3.2　经营主体现存问题分析

农资经营主体的问题可以总结为:网点分散、经营环境差、经营规模小、经营品种少、知识水平低、违规经营现象严重。在经营过程中以次充好、低质高价的现象普遍存在,尤其是众多的个体经营户资金匮乏、经营理念欠缺,农资行业落后的经营现状亟待改进。

> **◑◐ 正文分析之二**
>
> 在农资行业现状中先讲农资行业的分类显得有些突兀,其实可以将分类放在前言的最开始,二级标题"2. 农资行业现状分析"下设两个三级标题"2.1.1 流通渠道现状分析"和下面的"2.2.2 经营主体现状分析"即可。这样调整的另一个好处是,可使行文看起来更加整齐、流畅。
> 同时,可直接讲经营主体的分类及其现状无须增设两个三级标题。

3. 农资行业相关企业实施低成本营销战略的必要性

低成本营销战略也称为成本领先策略,是指使企业的产品成本比竞争对手低,也就是在追求产品规模效益的基础上来降低成本……

3.1　行业特点要求实行低成本营销

农资行业是农业的重要支柱,农业发展的要求通常影响着农资行业的发展方向。我国农业长期以来是人力耕作,机械化程度低,既无规模也没有形成高效率,作为农业生产主要实践者的农民素质还普遍不高,对于农化知识的了解还停留在祖祖辈辈流传下来的古老习俗上。现代农业发展有两条可选之路,一是规模化种植的农业生产方式,以美国农业为例……二是精耕细作型的农业生产方式,如人均耕地仅 0.041 公顷的日本,是典型的人多地少的国家……

随着我国加入 WTO,农业将会面临来自全世界同行的竞争,中国农业肩负着养活地球 1/4 人口的重任,而另一方面,中国的土地资源严重缺乏甚至在急剧减少,发展包括低环境成本、低资金投入成本在内的低成本农业是必由之路,这就要求中国的农资行业……走集约化农业发展之路,实现低成本而且高产出。

3.2 企业自身发展要求低成本营销

……农业发展要求更多更好的能够用低成本换来高收益的农资产品,此外,国家多次出台农资限价政策也反映出国家对农资行业的态度,即严格限制农资企业哄抬物价,稳定农业生产,所以,对于多数正规的农资生产企业、流通企业来说,走低成本生产、流通之路是他们共同的选择。

> **◑◐ 正文分析之三**
>
> 以上从两个方面阐述了农资行业相关企业实施低成本营销战略的必要性,论述有理有据。

4. 如何制定低成本营销战略

4.1 采购活动

4.1.1 发挥规模优势进行集中采购

4.2 生产活动

4.2.1 改造原有的落后生产设备,提高生产效率

……改进生产工艺要建立在符合商业道德,恪守商业信用的基础上,合理合法地引进先进技术,同时淘汰那些已经落后的生产设备,采用新技术、新工艺、新设备,使生产效率得到提高,降低单位生产成本。

4.2.2 建立完善的质量管理监督体系,使生产责任落到每一个人

……建立质量管理体系需要行业内整体生产人员引起重视,将质量安全的理念牢记于心。公司制定生产责任时要建立一套严格的管理制度,将每一个产品纳入管理范畴,出现质量问题可追溯至源头,发生安全事故有责任人,让每一个员工都能感受到压力……

4.2.3 贯彻全面质量管理的思想

全面质量管理(TQM)是一种全员、全过程、全企业的品质经营。它指一个组织以质量为中心,以全员参与为基础,目的在于通过让顾客满意和本组织所有成员及社会受益而达到持续经营的管理途径。其内涵如下:

(1) 高层管理的领导及参与——全面质量管理非要由高层管理直接领导不可……

(2) 全体员工上下一心、群策群力——这是很关键的一点。要注意的是,"上下一心"并非只是口号,而是必需条件……

(3) 具有竞争力的成本——这一点是全面质量管理的关键概念……

(4) 不断改进产品及服务……

若能做到上述四点,便有机会达到这个境界。顾客导向是全面质量管理的中心思想,推行全面质量管理的公司,都必须令全体员工深明此理,让每一位员工都能融入全面质量

> **◑◐ 正文分析之四**
>
> 从上文的叙述中不难发现,4.2.2 的内容实际上隶属于 4.2.3,也就是说,"使生产责任落实到每一个人"实际上是全面质量管理的一个方面,因此,三级标题 4.2.2 改为"全面贯彻质量管理的思想",4.24 递进为 4.23。

管理的改革中去……

4.2.4　协调公司内部关系

公司内部的管理和沟通在很大程度上决定了公司运行的成本费用……企业可以建立以下六个机制：

（1）平衡部门与整体目标,每个人为自己部门的目标努力……

（2）进行内部满意度调查……

（3）明确部门的职责定位……

（4）高级管理层也应当起到协调的作用,为各部门制定一些共同目标……

（5）畅通的沟通渠道……

（6）内部轮调,轮调制度是一个很好的机制,让员工可以在不同的部门工作,了解别人的工作内容……

> **正文分析之五**
> 以上讲了企业可通过建立六个机制来协调公司内部关系,但却脱离了本论文的主题"农资企业",只是针对一些理论知识泛泛而谈,不具有代表性。具体来说,此处应根据农资企业的特殊性提一些具有针对性的措施,才会显得更加切题。

4.3　发运活动

发运活动是整个营销环节中关键的一环,是产品从出厂到市场的重要过程,如何能有效地将产品投放到目标市场是一门管理学的艺术。农资产品只有通过合理的物流配送,才能按质、按量、按时到达农民手中,实现它的价值。

4.3.1　建立从厂家到零售网点的物流体系

农资生产企业自营型配送模式是目前农资行业广泛采用的一种配送模式……这种模式具有一定的优势:(1)农资生产厂家直接销售自己产品,而不经过农资销售企业,这样的销售模式渠道短、环节少,流通费用相对比较低廉,农资产品价格具有优势……(2)许多工业企业纷纷走多元化经营道路,不再局限于原来的业务范围,这也促使不少农资生产企业将目光投向农资流通领域……(3)农资生产企业作为农资活动的首先发起者,他们在维护农资产品质量的方面意义重大……

> **正文分析之六**
> 以上提出了农资企业建立物流配送体系的三种模式,并分析了各模式的优势和不足,最后得出"农资企业应灵活用几种配送方式"的结论,先分后总,层次分明。

自营配送中存在的不足:(1)自营型农资配送模式中依然存在着因为糅合了传统的"自给自足"的"小农意识"而造成新的资源浪费现象……(2)自营型农资企业配送体系的建设资金成本高,加大了企业的投资负担……

4.3.2　发挥经销商的地理优势,实行农资连锁配送

近几年来,以农资连锁经营配送为主要经营形式的新型业态在全国范围内迅速发展……农资连锁配送的优势:(1)大批量进货降低流通成本……(2)有利于实现健全的配送体系……(3)统一共同配送节约了运输成本……

农资连锁配送中存在的问题:(1)现有配送中心职能不清……(2)信息管理不完备……

4.3.3　物流外包

目前农资行业物流外包规模相对较小,现阶段大多是借用邮政网络进行农资配送。遍布城乡的邮路、邮政网点,成为农资配送业务成长、发展的关键资源……但是邮政配送也存

在不足：(1)站点建设形式化……(2)专家队伍缺乏……(3)目标管理欠科学……建立完整的配送体系不能只用一种模式，在不同的时间、环境下灵活地运用几种配送方式，扬长避短，发挥资源的组合优势，只有这样，才能最大程度地节省成本。

4.4 销售服务活动

销售服务在过去是最不被农资生产厂家重视的环节，农资厂家通常将产品通过配送将产品送到经销商手中就算销售环节的完成，不注重后续工作，更谈不上售后。这样的经销模式实践检验下弊端凸显，一是造成品牌的流失，二是农资使用不科学、不合理，三是顾客的不满得不到解决。

4.4.1 注重品牌的塑造，降低顾客的购买风险

……关于如何降低购买风险提供顾客满意度一直是企业追求的目标。好的品牌商品往往使人对生产该产品的企业产生好感，最终将使消费者对该企业的其他产品产生认同，从而能够提高企业的整体形象……

4.4.2 建立专家队伍，进行农业生产技术指导

……中国广大的农村和广阔的农资市场迫切需要一批农技专家对农资的使用进行指导，合理使用农资，避免浪费……

4.4.3 重视售后跟踪，及时处理顾客不满

农资的售后服务在近年来越来越被重视，这与国家支持农业发展的政策和农民素质普遍提高分不开，可以说现在对农资生产者的要求越来越高，在这样的情况下要满足顾客的需求变得更加困难，通过销售环节可能有很多问题并不能得到解决，这就必须要充分重视售后跟踪，解决顾客的实际问题……

5. 实施低成本营销战略存在的问题及对策

5.1 低成本的困惑如何投入成本

……任何一种战略都不能包治百病，况且中国农资行业各企业实力良莠不齐，造成了农资行业现在各自混战的局面，既不能体现行业的规模效益，也没有能够实现高效率营销。还是以化肥企业为例，在中国近千家大大小小的化肥企业都在寻求实现低成本战略，其中比较典型的有中化化肥公司，它走的是一条自建终端渠道以实现低成本的竞争战略。该公司是中国中化集团旗下子公司，专门从事化肥生产、销售……

和中化相比，中阿复合肥公司实施低的成本战略似乎要更接近低成本的实质。中阿复合肥公司是中国和突尼斯、科威特等几个阿拉伯国家合资建立的复合肥公司……

结合中化、中阿两家公司的战略行动分析，它们在实现低成本战略的道路上容易犯的错误有：(1)不能充分利用渠道资源，妄图独自控制营销成本，结果让成本有增无减；(2)过度缩减产品线，造成市场占有率下降；(3)忽视对终端市场的投入，造成市场管理失控。

实施低成本战略究竟要如何投入成本呢？

深圳芭田是一家专业复合肥生产厂家，作为低成本营销的实施者，它的市场举措不同于中化和中阿，它采取的是一

> **正文分析之七**
>
> 以上先介绍了中化、中阿两家化肥企业的失败案例，然后以深圳芭田的成功案例为突破口，引出农资企业投入成本的措施，正反对照，使论据更有说服力。

种不追求绝对低成本,转而更加注重投入产出比以达到收入远大于投入的真正意义上的低成本市场营销战略……芭田的某些举措或许将成为农资行业实行低成本战略的教科书。其一,利用信息化管理平台节省管理费用……其二,厂家维护终端,管理市场,与渠道商共赢……其三,多品种战略维持市场占有率……通过分析不难得出,真正的低成本不是舍不得投入,而是把成本投资到必要的地方、正确的地方,舍得投、投好了,效益远远大于投入。

5.2　实施低成本战略的挑战——同质化

……具体说来,实行低成本的挑战有以下几方面:一是企业之间同质化现象严重,不仅是产品与产品之间,更有如推广模式、营销模式、管理模式的同质化;二是光有低成本战略,无法将其形成企业的核心竞争力;三是只有低成本,忽视市场对差异化的要求,造成市场占有率的降低。产品同质化困扰着众多的农资生产企业,如何避免同质化,可以从三方面着手,在实现低成本的同时规避同质化风险。

5.2.1　品牌塑造

在低成本战略下,农资企业要进行低成本而有效的品牌传播,传播思路有以下几种:

(1)人员传播,传播并不是在做广告或搞促销活动时才开始的,它其实无时无处不在进行,包括与品牌有关系的任何人的言行举止……

(2)终端传播,消费者对企业品牌的认知大多始于终端,所以中小企业必须在终端表现力上多下功夫……

(3)公关传播,公关和广告相比具有明显的低成本优势,运用恰当则更是可以使品牌在知名度、美誉度方面一举两得……

(4)口碑传播,口碑传播是指一个具有感知信息的非商业传播者和接收者关于一个产品、品牌、组织和服务的非正式的人际传播……

这四种传播手段虽各有不同,具体操作也有很大差别,但是可以综合利用……

5.2.2　产品策略创新

产品策略的创新不只是产品创新,更要注重产品宣传策略的结合。在化肥行业有这样一个产品创新的案例。当前复合肥市场竞争十分激烈,产品之间的同质化非常严重,但是针对水稻的专用复合肥很少见,广东金稻龙复合肥公司意识到了这一点,通过自主研究开发出了专门针对水稻使用的金稻龙水稻复合肥……

5.2.3　渠道策略创新

要做到渠道策略创新,就应该抛弃农资生产企业过去的渠道模式,即严重依赖经销商。农资生产企业要努力掌控渠道,这样才能从整体战略出发,控制成本……

利用产品占据渠道,还是以深圳芭田为例,该公司通过丰富产品线,向市场提供众多的复合肥产品,并通过营销人员的努力推广来占据零售商、经销商的仓库,无形中形成了渠道商的忠诚,另一方面也使得产品的知名度得到提高……

品牌、产品、渠道创新策略三者之间是相辅相成的,只有拥有好的产品才能打造良好的品牌,这两个条件成立了才能有实力和能力去进行渠道的控制和创新,渠道的控制和创新又能促进品牌的成长,有利于产品的销售,三者不可偏废。

5.3 低成本与差异化的结合

任何一种市场竞争战略都不能包治百病,单一的营销战略如果使用不当也会对企业的良性发展造成危害,无论是低成本营销战略还是差异化营销战略都是各有优劣,在企业的实际运用当中很多时候会将二者结合,以求扬长避短,达到企业发展的最佳模式。

> **正文分析之八**
>
> 以上从品牌塑造、产品策略创新、渠道策略创新三个方面说明农资企业避免同质化的措施,将问题和对策结合起来讲,使叙述更连贯。

6. 结论

企业的低成本营销战略是一项庞大的系统工程,它涵盖了企业运作的各个方面,从采购到生产、销售,到售后的跟踪,这些都是低成本战略的基本单元,都共同构成了企业低成本战略营销的总体工程。在当今世界金融危机加剧、国内对农业的要求提高、劳动力成本上升等一系列因素的影响下,要控制企业的生产成本必然会更加困难。中国农业发展要求低成本、高效率,不能控制成本的企业只能逐渐走向衰败。

中国是一个具有悠久农业文明的国家,现代农业的发展已经离过去非常遥远,要让中国的农资行业更加具有生命力,则改革创新势在必行,低成本营销战略为中国农资行业的未来发展之路指出了方向,相信中国的农资行业能够在市场变革的潮流中挺立,变得更加强大。

参考文献:

[1] 李向升.产业组织对中国化肥产业国际竞争力影响的实证研究[J].特区经济,2006 (12).

[2] 王博,李向升.提升中国化肥产业国际竞争力研究[J].特区经济,2007 (10).

[3] 魏巍.我国农资流通市场分析[J].合作经济与科技,2006(2).

......

(资料来源:百度文库)

范文分析二

海峡两岸自由经贸区对接合作问题初探

摘要:在海峡两岸经济合作的过程中,由于政治、地域、经济关系等因素,导致两岸的自由经贸区对接合作既面临着巨大的机遇,又面临着一定的挑战,由于两岸经济关系较为特殊和复杂,导致海峡两岸的经济合作受到不同程度的限制。研究和分析两岸经济合作中的问题,突破合作壁垒,是有效深化和改革两岸合作模式的重要途径。本文指出了海峡两岸经贸合作的重要影响,对两岸经贸合作存在的问题进行了分析,提出了促进两岸自由经贸区对接合作的有效措施。

> **题目分析**
>
> 在国际贸易自由化进程中,海峡两岸贸易对接合作、协同发展,势在必然。题目紧扣热点,概括了论文写作的大致内容,符合贸易专业选题目标。

关键词:海峡两岸　自由经贸区　对接

深化海峡两岸自由经贸区合作对接对于促进两岸经济发展,促进两岸产业结构升级,对于两岸协同发展都起到至关重要的作用。两岸自由经贸区是两岸经济合作依托的基础,做好两岸自由经贸区的开放、对接与合作,有助于减小企业竞争,促进产业分工合作,有助于实现两岸经济一体化。两岸经贸合作有着经济与政策的优惠条件,希望通过有效的改革,深化两岸自由经贸区在法规、基础设施、信息、产业等多方面的合作,进而促进海峡两岸经济的共同发展。

1. 海峡两岸经贸合作的重要影响

1.1　两岸经贸区是两岸一体化的试行区

由于海峡两岸在政治、经济、文化上的差异,导致两岸存在一些误区,使得两岸的合作交流的深度不够,制约了两岸的经济贸易的对接,且 ECFA 协议和后续协议中有些内容制约了两岸经济一体化的发展。因此,海峡两岸需要建立健全经济合作机制,促进合作通过ECFA 及其后续协议,进而促进两岸经贸自由化,为实现两岸经济一体化积累经验、奠定基础。两岸经贸区的建立是有效促进海峡两岸经济合作的重要手段,自由贸易区是两岸经济一体化的试行区,是两岸实现经济友好合作交流的代表性试点区域,主要针对货物、服务、产业、金融等多个层面的对接与合作,是两岸经济合作和产业升级的必然选择。自由经贸区的建立为两岸经济合作提供了合作对接的代表区域,为两岸经济、政治、文化、科技等的交流合作提供了条件和可能。

1.2　有利于促进海峡两岸经济的协同发展

台湾属于岛屿,海上交通便利,港口众多,主要经济发展较为依赖对外贸易,与大陆的经济贸易占本地的经济比例较高,因此,两岸的经贸对接与合作有助于提升台湾的经济效益,大陆也受两岸经贸合作的影响,有利于推动经济的可持续发展。有资料显示,大陆和台湾的进出口贸易占大陆总进出口贸易额的 7% 左右,从台湾的进口额约占大陆总进口额的 11%,可见海峡两岸经贸合作的重要性。台湾从大陆进口生产成本较高或难以生产的货物,一般多是轻工工业品、原材料及一些高科技产品等,而大陆一般从台湾进口一些特产,包括具有民族性的展示品、热带水果等。两地的进出口贸易使需要的资源得到满足,有助于繁荣两地的市场经济,进而为海峡两岸的经济发展找到新的增长点。

1.3　有助于促进海峡两岸的产业结构升级

台湾地区的企业一半多以中小型为主,属于劳动密集型产业,这种企业所需的人力资源较为缺乏。近年来,劳动力成本逐年增加,使得劳动力密集型企业的发展受到一定程度的制约,导致企业缺乏发展动力,经济效益较低。在祖国大陆实行改革开放以后,由于交通便利,很多临近台湾的大陆省份的劳动力逐渐向台湾转移,使得台湾的劳动力密集型企业又有了回暖的趋势,促进了台湾地区的产业分工。其次,当地劳动力的缺乏,使很多台湾企业进驻大陆,使得当地产业结构升级成为一种可能,劳动力密集型的企业成功转移使人工及土地成本降低,自然企业效益有所提高,进而促进两地的产业升级。

> **◎ 正文分析之一**
>
> 文章强调了两岸自由贸易合作的特殊性和重要性,提出"自由贸易区是两岸经济一体化的试行区,是两岸经济合作和产业升级的必然选择"这一根本主题。

2. 海峡两岸自由贸易区对接合作存在的问题

海峡两岸自由贸易区的发展代表了大陆与台湾地区关系良好的开端,但在实际贸易交往中由于政治、经济、文化多种因素的干扰,使得两岸自由贸易区在实际对接和合作时面临一定的困难,由于两岸经济规模的不对称,以及政治的影响,很多限制政策阻碍了两岸的合作交流,很多实际问题有待解决。

2.1 不对等的货物贸易开放性

大陆与台湾的经济贸易中的货物贸易存在着不对等的现象,大陆对于台湾一直实行的是商品全面开放,甚至对台湾的一些货物产品进行减税处理,例如对塑胶原料、自行车及零件、工具机等产品实行减税,确保进口贸易的增长,帮助台湾提升其产品的市场份额。但台湾受政治僵局的影响,以两岸经济规模不对称为由对大陆商品采取限制政策,导致大陆出口量较小。

2.2 不对等服务业合作

除了货物贸易,在服务业方面,大陆与台湾也存在着不对等的情况。台湾由于土地面积较小,因而加大力度发展服务业和旅游业,因此其服务业占其地区经济的主流,占GDP总值的70%左右,与之相比,大陆的服务业发展较慢,且服务业在国民经济中占据比例较小,海峡两岸服务业发展的不平衡导致两地的合作交流出现障碍,尤其台湾当局不愿对大陆开放服务业。大陆对台湾开放了较广泛的服务业领域,包括银行、保险和医院等十余项服务业,但台湾没有按照入世承诺向大陆开放服务业,尤其是金融行业。到2012年,大陆批准10家台资银行在大陆设立分行,但台湾仅允许2家大陆银行在台设分行。大陆的金融机构在台湾受到很多限制,还没有建立两岸货币兑换和清算机制。

2.3 经济腹地狭小的问题日益凸显

海峡西岸经济网络畅通与否,经济腹地的面积都是与两岸经济发展息息相关的,目前海峡两岸各地区之间及经济区连接大陆的交通网和通讯网还不够畅通,但随着经济贸易日趋频繁,市场规模的不断扩大,导致经济网络狭窄,经济腹地狭小,经济贸易周转不够灵活,这也是限制两岸经济贸易交流的重要因素。经济网络不畅,两岸经济腹地狭小导致自由贸易区集散能力不强,容易使产业链条出现中断,进而降低了对外资的吸引,制约了两岸经济的辐射,影响海峡两岸的经贸交流与合作。

2.4 投资领域开放程度不对等

大陆为了吸引台资实施了很多优惠政策,但是台湾却限制大陆资金的进入和投资,据统计资料显示,至2012年,大陆批准台湾投资项目约87 000多个,吸引台湾资金约570亿美元,但是大陆在台湾的投资项目仅有130多个,投资总额仅约7.2亿美元。这种投资的不对等是导致两岸经济合作出现裂痕的重要原因,台湾当局的控制使大陆资金难以得

> **正文分析之二**
> 文章从货物贸易开放性、服务业合作、网络畅通度、投资领域开放度的不对等,揭示了海峡两岸自由贸易区对接合作存在的主要问题,比较客观也比较现实。

到有效应用,例如很多合作项目要求大陆出资股东不能担任投资企业经理人,阻碍了台湾当地经济发展。

3. 促进海峡两岸自由贸易区对接合作的措施

3.1 完善两地的基础设施对接

基础设施是海峡两岸自由贸易区对接和合作的基础,是两岸经济贸易合作所需的硬件

设施,包括经贸区的港口、通讯、航线设施等。首先,自由贸易区要加强大陆与台湾自由贸易区的海、陆、空物流通道的连接,进而加快物流发展,实现两地货物的高效运输,打造两地贸易区"点对点"的物流通道,建立跨海峡的组合港口,大陆与台湾共同建设两岸自由经贸区港口。其次,要加强经贸区的集装箱、散杂货等领域的港航运输业务对接,开辟集装箱班轮航线,实现两岸舱位互换和共享。进一步完善空港、港口的建设,充分发挥完善的航线、分拨、物流的功能。

3.2　协商建立健全两岸合作管理机制

随着自由贸易区管理的运营,对大陆与台湾的经济合作产生正面的影响,台湾针对自由贸易的发展提出了一系列规划,进而重启"亚太经营中心"进程。大陆自贸区的发展给台湾自贸区的发展带来了机遇也带来了挑战,因此,构建两岸自由贸易区的合作管理机制,有助于促进两地的经济繁荣。在市场经济环境下,大陆与台湾要建立创新机制,利用大陆的内需市场和台湾的创新能力,提升两岸的经济实力,进而进入世界市场。大陆要吸引台资,利用大陆企业的特点帮助台湾企业实现升级转型,促进优势互补,利用台湾产业在国际贸易中的优势,为大陆市场寻找进入国际市场的机遇,共同定标准、造品牌,进而开发全球市场。

3.3　构建两岸产业对接,促进两岸合作

海峡两岸实现经济的无缝对接主要要针对产业合作,促进大陆与台湾的农业、制造业、服务业的合作与对接,推动电子、机械、石化等产业的发展,促进上海、福建等地与台湾企业的对接,做好两岸经济合作布局,促使海峡西岸经济由轻型产业结构向重型化产业结构转型,促进企业分工,促进区域产业规模化和系统化。两岸要合理构建产业对接合作机制,打造产业先行区,要制定适合大陆与台湾的有效政策,进而吸引对方的投资,依托现有产业资源,实现企业产业结构升级,提升海峡西岸经济的竞争力。

首先,要扩展产业对接平台,建设产业对接聚集地。将现有的台商投资区合并扩大,统一经济特区、台商投资区的政策,促进各区功能整合,加快沿海一线的产业对接基地建设。其次,健全产业合作机制,促进产业合作。例如以石化、电子、船舶、新能源、食品、新材料等企业为中心,加快产业配套设施建设,进而促进产业全面融合。再次,两地要开放投资领域,降低门槛。西岸地区要放宽政策,开放投资的政策,允许台资、外资进入基础设施、公共事业、金融业领域。第四,大陆与台湾都要在税收政策上下功夫,实施合理的税收优惠政策。例如对于自由贸易区的投资企业,降低征收的税率,有效减免企业所得税,比照老工业基地的税收政策,对经贸区内的投资企业提高计税工资标准,扩大增值税一般纳税人抵扣范围,加速折旧企业固定。第五加大对资金投入的支持。我国要出台一系列政策支持两岸经济合作的扶持,对于贸易区给予一定的资金支持,降低中央投资项目的地方投资比例,加快对重点项目的建设和支持,对西岸经贸区的基础设施建设给予补助。

3.4　促进监管平台的对接与合作

自由经贸区的人员、商品、要素都不可忽视,加强对这些因素的监管有助于提高两岸经济贸易对接与合作的规范化。监管合作是有效提升经贸区监管效率的途径,自由经贸区的监管内容很多,包括海关、投资、金融等方面的管理。首先,要建立两岸自由经贸区进出口货物快件管理中心,加大对货

> **正文分析之三**
>
> 文章在剖析海峡两岸自由贸易区对接合作问题的基础上,提出了解决问题的对策,符合写作逻辑规范。但所提出的对策与之前存在的问题分析缺乏对应关系,即解决问题的措施缺少针对性。

物的监管力度。建立健全自由贸易区的洽谈通关制度,加强两岸经贸区商务、海关、检疫、金融等部门的联系,探索虚拟与实体海关的管理模式,提高效率,降低成本。其次,要建立两岸自由经贸区金融监管交流磋商机制,对两岸自由经贸区的金融合作的范围、组织结构、合作机制、双方权利与责任进行规范,按照相关的法律法规指导金融合作,协调两岸经贸区金融监管中存在的冲突。大陆要借鉴台湾的金融监管方式,改革传统监管模式,统筹安排双方监管,防止出现监管摩擦。

4. 结束语

海峡两岸的经济合作有助于提升两岸的经济效益,有利于实现两岸经济一体化,促进我国经济与国际市场的顺利接轨。两岸自由经贸区是两地经济、文化、科技交流与沟通的施行区域,已经取得了一定的经济成功。随着两岸经贸合作

> **正文分析之四**
> 结束语起到了前呼后应,总结全文的作用,使文章结束有个过渡,而不显得太突然。

的逐渐深化,有利于两岸产业结构的转型和升级,大陆要充分借鉴台湾对外贸易的优势,发展对外贸易,台湾要借助大陆的市场扩大内需,提升当地的经济地位。要实现海峡两岸自由经贸区的顺利对接与合作,两地都要做出一定的转变,在政策、经济上都要做出让步,进而开辟与时俱进、协同发展的道路。

参考文献:

[1] 唐永红,邓利娟.当前两岸经济合作机制创新的空间与路径[J].台湾研究,2005(6).

[2] 黎奔.构建海峡两岸自贸区的可行性研究[D].成都:西南财政大学,2009.

[3] 吴敬琏.两岸合作推进共同市场建设[N].经济日报,2012(9).

第三节
市场营销类毕业论文的参考题目

一、市场营销专业毕业论文参考题目

1. 我国本土品牌的培养与竞争力提升研究
2. 网络时代××行业企业营销策略分析
3. ××市户外广告的现状、问题及对策研究
4. 电子商务环境下客户价值分析与评价研究
5. 关系营销在我国服务型企业的应用研究
6. ××市家电市场分销渠道模式探讨
7. 分销网络的有效管理与创新策略探析
8. 基于房地产营销中的消费者心理研究
9. 我国中小企业提升市场营销能力的战略选择
10. 我国企业绿色营销理念及实践的战略选择

二、市场营销（医药营销方向）专业毕业论文参考题目

1. 我国医药行业的营销现状分析
2. 浅析医改后的医药营销策略
3. 中药保健品的营销策略研究
4. 浅析药企的品牌传播策略
5. 我国药品销售代理制度的健康发展探析
6. 明星代言在药品营销中的管理应用
7. 连锁药店存在的问题及对策分析
8. 药事法规对药品营销的作用及制约
9. 中药企业开拓国际市场的对策研究
10. 不同业态医药商业企业的营销模式比较研究

三、市场营销（国际营销方向）专业毕业论文参考题目

1. ××地区外贸出口竞争力分析
2. ××企业的国际营销策略研究
3. ××行业国际营销发展的新趋势
4. 我国企业国际营销存在的问题及对策研究
5. 出口农产品绿色营销问题分析
6. 浅谈文化差异对企业国际营销策略的影响
7. 国际营销中的文化风险探讨
8. 论国际营销中公共关系的应用
9. 试析人民币汇率变动与国际营销定价的关系
10. 论出口贸易中国际营销策略的应用

四、市场营销（网络营销方向）专业毕业论文参考题目

1. 外向型企业的网络化营销管理
2. 搜索引擎在网络营销中的地位和作用
3. 网络营销与传统直销的整合策略分析
4. 网上拍卖在网络营销中的应用研究
5. 大学生网上开店的优劣分析
6. 网络广告的发展趋势分析
7. 网络与电子商务背景下的传统渠道改造
8. ××企业网络营销模式探讨
9. 网店的营销策略研究——以××店为例
10. 通过××企业的营销过程分析网络时代的消费特征及营销对策

五、市场营销(连锁经营管理方向)专业毕业论文参考题目

1. 中国零售业业态发展状况调查研究
2. 我国经济型酒店的连锁经营模式探析
3. 增强我国连锁企业国际竞争力的思考
4. 浅析配送中心在连锁经营中的重要性
5. 深层透视中式快餐的连锁经营问题
6. 大型超级市场卖场布局的创新研究
7. 连锁经营模式与传统商业经营模式的比较
8. 浅谈沃尔玛/家乐福的经营策略给中国连锁企业的启示
9. 浅谈餐饮业加盟连锁经营中的陷阱
10. 浅谈连锁经营的发展对中国商业经济的贡献

六、电子商务专业毕业论文参考题目

1. 电子商务在图书营销中的应用
2. 电子邮件营销及其策略分析
3. 网上银行的发展策略及其在中国的应用分析
4. 博客营销在企业营销中的作用
5. 食品企业开展电子商务的方案分析
6. 论阿里巴巴网站的经营模式
7. ××省中小企业的电子商务应用现状及对策分析
8. 虚拟货币与现实货币的对接问题研究
9. 论网络游戏与电子商务 BTOC 模式的结合
10. 对我国××网电子商务平台的思考

七、商务策划管理专业毕业论文参考题目

1. 各种类型的市场营销策划方案比较分析
2. 我国企业营销策划的困境及对策分析
3. 试论企业营销战略规划
4. ××产品市场调查表的设计及分析
5. 中小型企业应该如何设计渠道结构
6. 论企业营销活动策划的专业化
7. 时尚元素在广告策划中的应用
8. 论品牌策划与品牌竞争的关系
9. CI 策划与现代市场营销
10. ××新产品的上市推广策划分析

第十三章

工商管理类毕业论文的写作指导及参考题目

第一节
工商管理类毕业论文范围

一、工商管理

本专业毕业生可选择的毕业论文范围包括管理学、管理经济学、组织行为学、现代企业理论、企业战略管理、人力资源管理、运筹学、经济预测与决策、生产与运作管理、现代物流学、管理信息系统等课程所涉及的相关内容。

二、管理科学与工程

本专业毕业生可选择的毕业论文范围包括管理学、管理运筹学、组织行为学、管理系统工程、决策理论与方法、管理信息系统、企业战略管理等课程所涉及的相关内容。

三、工业工程

本专业毕业生可选择的毕业论文范围包括管理学、组织行为学、办公自动化、管理信息系统、系统工程、基础工业工程、人口工程学、工业应用数理统计、系统建模与仿真、设施规划与设计等课程所涉及的相关内容。

四、人力资源管理

本专业毕业生可选择的毕业论文范围包括管理学、组织行为学、人力资源管理、劳动经济学、劳动关系与劳动法、绩效管理、薪酬管理、员工素质测评、工作分析、人力资源战略与规划、社会保障管理等课程所涉及的相关内容。

五、项目管理

本专业毕业生可选择的毕业论文范围包括管理学、工程经济学、项目管理概论、项目进度管理、项目成本管理、项目组织管理、项目沟通管理、项目质量管理、项目采购管理、项目风险管理等课程所涉及的相关内容。

六、物流管理

本专业毕业生可选择的毕业论文范围包括管理学、物流经济学、物流系统规划与设计、运筹学、运输管理、采购与供应管理、供应链管理、物流成本管理、物流信息技术、物流信息系统设计等课程所涉及的相关内容。

七、物流工程

本专业毕业生可选择的毕业论文范围包括现代物流学、供应链管理、物流工程、系统工程原理、管理信息系统、物流信息技术、物流系统规划与设计、立体化仓库设计、现代物流仿真技术等课程所涉及的相关内容。

八、信息管理与信息系统

本专业毕业生可选择的毕业论文范围包括管理学、信息管理学、信息经济学、信息资源组织与管理、管理信息系统、电子商务、数据结构、高级语言程序设计、数据通信与计算机网络等课程所涉及的相关内容。

第二节
工商管理类毕业论文范文分析

范文分析一

电视购物的组织及运营分析
——以美嘉购物为例

摘要:电视购物是一种被国外广泛接受的无店铺流通方式。它的历史并不长,最初起源于 20 世纪 80 年代的美国,自出现之日起,电视购物便得到蓬勃发展,成为零售业中一支不可忽视的力量……

关键词:电视购物　组织框架　运营模式　美嘉购物

> **题目分析**
>
> 该论文是一位物流管理专业的毕业生于2009年撰写的。当时,该生在美嘉购物实习,为期3个月的实习为其撰写毕业论文提供了大量的一手资料。因此,该论文选题与其职业发展相关,符合毕业论文的选题原则。

本文首先介绍了电视购物的起源,并列举了美国、韩国、日本、我国台湾及大陆等几个典型国家和地区的电视购物发展概况;其次,整合了电视购物的相关定义,提出了电视购物的流程及特征;再次,对电视购物的运营模式进行了分析,讨论了电视购物与传统电视直销和网络购物的区别,给出电视购物三种具有代表性的运营模式,如电视台自营模式、专业的电视购物模式和供应商投资模式;然后给出了一般电视购物的组织框架——商品开发部、节目制作中心、电话服务中心、仓储物流中心和售后服务中心;最后以美嘉购物为例,分析了其发展现状以及出现的问题,最后提出了相应的解决对策。

本文旨在分析电视购物这种销售模式的组织框架及运营模式,对这两部分内容作了重点介绍,以供从业者参考。

1. 电视购物的发展概况

1.1 电视购物的起源

电视购物这一特殊购物形态的产生,并不是由市场调查或智囊团评估后企划出来的东西,而是由家庭购物频道公司的创始人无意间开发出来的销售形态。

20世纪70年代中期,美国一家广播电台的职员路易斯比亚在一次偶然的机会创立了家庭广播购物公司……

20世纪90年代,电视购物的发展深入到亚洲的一些国家和地区……

纵观各国电视购物的兴起、发展过程,我们可以发现,在各国电视购物的发展中,均经历过一个较为低迷甚至是前途渺茫的阶段。

> **正文分析之一**
> 以上先介绍了电视购物的一般理论知识,使读者先对电视购物有个大概的认识,然后以美嘉购物为例,分析其组织框架、运营流程、存在的问题及解决对策。从整体上看,该论文思路清晰,逻辑严密,可以算是一篇优秀毕业论文。

1.2 国内外电视购物的概况

电视购物作为一个新兴的行业,为消费者提供了全新、便捷的消费模式,促进了物流、IT、信用卡等相关产业的发展,同时也为电视产业注入了新的活力。下面选取几个有代表性的国家和地区,介绍电视购物的发展情况。

1.2.1 开山鼻祖——美国

美国是电视购物的发祥地,目前主要的电视购物形式包括"信息广告"和"电视购物节目"……

1.2.2 亚洲巨头——韩国

韩国电视购物频道兴起于1994年,目前有三个大型经营者:韩国金星(LG)购物、现代购物、希捷(CJ)购物……

1.2.3 亚洲新锐——日本

日本电视购物业始于1996年,是从通信商品做起的……

1.2.4 后起之秀——中国台湾

1981年开播的"无线快闻电视购物频道"是台湾地区最早的电视购物节目,它通过帅哥靓女、明星或其他公众人物对商品的用途和功能进行证言式说明……

1.2.5 未来之星——中国大陆

1992年,广东珠江电视台率先在中国大陆推出电视购物节——"美的精品TV特惠店",它标志着中国大陆电视购物正式诞生……

> **正文分析之二**
> 以上列举了几个典型国家和地区的电视购物发展概况,具有一定的代表性。

2. 电视购物的定义、流程与特征

2.1 电视购物的定义

王芳、李金洋(2008)认为……

郑丽华(2007)认为……

吴维海(2007)认为……

王为薇(2008)认为……

赵寒竹(2007)认为……

综上所述,笔者认为,电视购物就是借助电视频道这一平台,采用商品展示＋导购人员解说＋模特现场示范＋销售数字变化的方式,以直观形式和详细解说最大限度地介绍商品,刺激消费者的购物欲望,使消费者产生购物意愿通过电话订购再由电视购物公司免费送货上门的一种销售模式。

> **正文分析之三**
>
> 以上先列举了众多学者对电视购物的定义,然后对上述定义加以概括,阐述了自己对电视购物的理解。但如果能在正文的一开始就提出电视购物的定义,先让读者知道电视购物是什么,然后再讲述电视购物的发展概况,会更加合理。

2.2 电视购物的流程

从总体上而言,电视购物贯穿了物流、商流、信息流和资金流这"四流",从而构成了一个完整的流通过程。正是由于这"四流"相互作用,电视购物才得以创造经济效益。

信息流过程是电视购物的第一个阶段,电视购物公司将自己待售商品的相关信息制作成电视节目,消费者通过收看电视购物节目获取商品信息,产生对商品的消费兴趣;第二个过程是物流过程。电视购物公司收到并确认消费者的采购信息后,将消费者订购的商品配送到消费者手中;接着是商流与资金流过程,商品的所有权从电视购物公司转移到消费者手中,电视购物公司通过代理金融机构收取或直接向消费者收取费用,才算完成一次电视购物行为。

> **正文分析之四**
>
> 以上先用文字叙述电视购物的一般流程,然后以图示加以说明,最后解释了电视购物流程中"四流"的关系,简洁明了。

图1是电视购物的流程示意图:……

在上述过程中,商流是动机和目的,资金流是条件,信息流是手段,物流是过程……

2.3 电视购物的特征

……电视购物作为一种新型的消费方式,正被越来越多的消费者接受,逐渐形成了自己独有的特征:

(1)便利性。电视购物强调"居家购物",消费者打个电话就能买到称心如意的商品……

(2)互动性。电视购物节目播出时,观众可以随时给节目主持人打电话交谈,还可以参加互动游戏赢取奖励……

(3)技巧性。电视购物常常采用"物以稀为贵"的促销方式,销售数量有限的商品时,以"倒数"方式显示不断减少的库存量……

(4)灵活性。电视购物节目每个商品介绍多长时间以及何时推出下一个商品,都是由幕后的节目制作人来决定的……

> **正文分析之五**
>
> 以上从五个方面说明电视购物的特征,论述简短有力,论点都很好地得到了论据的支撑。

(5)针对性。主要包括两方面:一是受众群体的针对性……二是销售商品的针对性……

3. 电视购物的经营模式分析

3.1 电视购物与传统电视直销的区别

电视购物和传统的电视直销都是以电视这一媒体为依托,都需要选择商品、制作节目,都有呼叫中心和物流配送中心。但是,电视购物作为一种全新的销售模式,与传统的电视直销还有很大区别:

3.1.1 销售的商品不同

电视购物是一个无店铺经营的"空中大超市"……而传统的电视直销则主推"概念性商品"……

3.1.2 节目的播放形式不同

电视购物为现场直播形式,由导购人员、购物专家和厂商代表一起主持……而传统电视直销是一种录播的信息广告,是对厂商事先录制的商品广告进行反复播放……

3.1.3 播出的时长不同

电视购物全面介绍商品信息,比如商品特点、使用方法……传统电视直销反复播放……

3.1.4 性质不同

电视购物频道以"教买不叫卖"的方式做节目……单纯通过广告达成销售;传统的电视直销也发挥广告效能,但核心特质却不是在其媒体特性,而是借此追求高回报。

3.1.5 媒体方式不同

电视购物以电视台的专门购物频道为平台,24 小时全天候不间断地以直播或录播的方式播出商品信息……传统电视直销通过购买媒体宣传商品……

3.1.6 销售利润不同

利润空间上,电视购物一般为 50%……而传统电视直销以社会商业公司为主导,其利润率可达 1 000%以上……

3.1.7 付款方式不同

电视购物以特定的购物频道为后盾……传统的电视直销仅为商家的商品展示提供平台……

表1直观地反映了电视购物与传统电视直销的区别:

表1 电视购物与传统电视直销的区别

……

3.2 电视购物与网络购物的区别

电视购物和网络购物同为无店铺经营模式,比较而言,电视购物以直播节目为切入点,是以电视台为主体的整合运营模式,两者的不同主要体现在以下几个方面。

3.2.1 权威性

电视媒体较之网络媒体先天具有权威性,因此,电视购物更容易吸引品牌商家的加盟……

3.2.2 整合度

电视购物可以开办网站从事电子商务……网络购物则不能开办电视频道,不能自由地"上电视"。

3.2.3 直观性

电视购物通过摄像机镜头展示商品,观众在画面上可以多角度地观看商品……网络购物则只能通过图片和文字说明的方式来介绍商品……

3.2.4 丰富性

电视购物有主持人讲解,通常还会请厂家代表在节目中进行相关介绍……而网络购物的商品信息一般只包括文字介绍和图片。

3.2.5 大众性

不同的电视节目可以根据展示的商品来区分不同的受众……而网络购物的受众主要是集中在 20～35 岁的年轻人……

总之,电视购物相比较于网络购物,有着其天然的优势。表 2 反映了电视购物与网络购物的区别:

> **正文分析之六**
>
> 以上介绍电视购物与传统电视直销、电视购物与网络购物的区别,都是先以文字加以说明,再以表格的方式加以简单总结,既清楚地表述了区别之处,又使重点更加直观、简洁。

表 2　电视购物与网络购物的区别

…………

3.3　电视购物经营模式的划分

3.3.1　电视台自营模式

电视台依托广电集团的影响力成立自己专门的数字购物频道或模拟频道的电视购物栏目,整合包括商品直供、播出平台、物流配送以及售后服务等多环节资源,实现电视在运营方面的新突破……

3.3.2　专业的电视购物模式

这类电视购物公司通过整合商品供货渠道、购买电视台的播出时段、网络电话销售等方式出售商品……

3.3.3　供应商投资模式

该模式就是传统的制造商开始拓展电视购物的销售渠道……

以上三种模式是目前国内电视购物市场的主流模式,值得注意的是,"企业＋电视台"的模式已经开始初露端倪,这些电视购物公司为电视行业带来了新的销售思想和操作雏形。

4. 电视购物公司的基本组织框架

随着电视购物的不断发展,电视购物公司的组织框架也在不断完善。现阶段,一般的电视购物公司主要由五部分组成。

4.1　商品开发部

商品开发部主要完成商品的搜索和获得任务,它需要了解什么样的商品更适合在电视上叫卖,更利于电视表现和操作……

4.2　节目制作中心

这一部门是电视购物之所以得名的原因所在。实际上,电视购物就像个以播出时间为展示柜台的商场,导购专家就是它的营业员……

4.3　电话服务中心

电视上的时段推出只是完成了推销的任务,具体的购买行为是通过电话服务中心完成的。通过若干免费的呼叫电话,完成了消费者对商品的订购……

4.4　仓储物流中心

电话服务中心完成了商品的订购,接下来就需要仓储物流中心准备充足的商品,然后由物流人员及时把商品送到千家万户……

4.5　售后服务中心

售后服务中心是专为回馈消费者而设,他们不仅要了解客户对商品的建议,也要了解销售各环节中的问题……

5.　电视购物运营分析——以美嘉购物为例

5.1　美嘉购物简介

美嘉购物全称湖北广电美嘉商贸有限公司,是湖北省广播电视总台联合韩国好丽友集团共同成立的家庭购物公司……

……商品开发部、电视事业部、市场部、客户关系事业部是美嘉购物最重要的部门:

5.1.1　商品开发部

商品开发部的职责是引进供应商并逐步与之形成战略同盟,开展商务谈判,开发合适的商品……

5.1.2　电视事业部

电视事业部负责节目的编排、制作等过程,将商品节目作为娱乐节目,制造节目的娱乐性……

5.1.3　市场部

市场部以规划执行营销战术,实现公司发展战略目标为基本职责……

5.1.4　物流部

物流部的工作贯穿于整个公司的业务流,其一般流程为进货、分类、储存、分拣、配货、分放、配装、送货……

5.1.5　客户关系事业部

客户关系事业部是完成销售的核心部门,在公司的人员比重最大。呼叫中心是客户关系事业部的核心,负责商品的订购、客户资料的管理、潜在客户的开发以及投诉处理的后续服务……

以上几个部门通力合作,构成了美嘉购物公司的基本框架,也为美嘉购物订单量的不断上升提供了保障。

> **正文分析之七**
>
> 以上以美嘉购物为例,阐述了其运营情况。与一般的电视购物公司相比,美嘉购物既具有普遍性,也具有特殊性,将这部分放在论文最后,可使抽象的概念具体化,增强论文的针对性。

5.2 美嘉购物的运营流程

5.2.1 采购

电视购物的采购与传统的采购形式有着本质上的区别。从供应商处提取货物,按照双方协议规定的条件,由美嘉代替供应商进行销售,商品出售后再向货主结算货款,这种方法在贸易中称为"寄售"。

对美嘉购物来讲,这种采购方式是有很大好处的。一方面,美嘉不用负担很大的风险……另一方面,减轻了自身的成本压力……

目前,美嘉购物已与三星、联想、索尼、方正、华硕、格兰仕、TCL、惠普等大品牌建立了供应合作关系……

5.2.2 储存

周一到周五的白天,都会有供应商来送货……待商品收入库后,由物流部负责商品的储存和保管。

美嘉购物的仓库目前还处于比较落后的状态,货物都是直接堆放在地上的栈板上……

拣货作业都是在前一天晚上完成,按照订单的内容将同一客户的货物装在美嘉自己的包装箱中……

5.2.3 销售

呼叫中心是商品销售的主要窗口和平台,采取实时销售方式,消费者通过拨打呼叫中心的电话订购商品……

美嘉的配送大部分都是外包给 EMS 来做的,只有武汉洪山区和武昌区被默认为由美嘉自己配送……

5.3 美嘉购物面临的问题

……作为一个新兴的电视购物企业,美嘉在各方面都做在前面,发展势头良好,但是也还存在一些问题:

5.3.1 商品种类少,消费群面窄

美嘉销售的商品五花八门,但是替代商品很多,重复性太大。比如手机就有三星、诺基亚、TCL、索爱、联想、迪士尼、长虹等品牌……而且,消费群体主要集中在 30～40 岁之间的女性……

5.3.2 接收信号不好,覆盖面受限

到目前为止,美嘉购物已经覆盖了武汉市 6 个远城区中的 5 个,覆盖用户达到 103 万,覆盖率超过 50%……虽然如此,作为美嘉最大消费市场的武汉市,还有很多地方不能接收到美嘉购物的播出平台——湖北都市频道……

5.3.3 认知度低,经营行为短视

电视购物主要以低价格吸引消费者的青睐,但这也并不是说电视购物公司就可以忽视商品的质量,美嘉购物在这方面就出现比较严重的问题……

5.3.4 行销方案少,营销手段单一

"行销赠品"与"限量购买"是美嘉购物鼓励消费者购买的两大法宝,这样虽然在活动期间大大刺激了销售额的增长,但是每次销售量达到顶峰就会陷入一连几天的低谷,造成订单量的大幅波动……如果只以单一的送赠品方式来吸引消费者,美嘉将会深陷泥潭不可自拔。

5.3.5 电视节目安排混乱,无规律

2009 年 3 月 7 日开始,美嘉开始实行每天 8 小时直播,直播时段都安排在中午和晚上的非黄金时段……但是每个节目的播出时间不固定,而且不同节目中的商品也会有交叉……

6. 部门各自为政,协调性差

美嘉购物的几个核心部门很多时候并不能处理好自己的事情,部门之间也缺少必要的交流……

6.1 美嘉购物发展的对策和建议

6.1.1 增加商品种类,明确商品定位

……在国内,现阶段适合做电视购物的商品要具有一定的新颖性、特殊性,有比较突出的功能性和不可替代性,要么是在传统商店里没有的商品,要么是电视购物公司买断某个品牌、型号的商品,这样才有更多的消费者愿意去尝试。

6.1.2 扩大覆盖范围,增加潜在客户

美嘉现阶段的目标市场是整个湖北省,既然如此,就要尽量扩大其覆盖范围……

6.1.3 保证商品质量,提升企业形象

由于传统的电视直销节目和不良医疗广告的负面影响,受众对电视购物售卖的商品普遍存在不信任的心理。要消除消费者的这种心理,走品牌发展之路才是明智的选择……

6.1.4 强化行销方案,推广营销手段

对那些未曾在电视频道购物,甚至不相信电视购物的观众可以以"低价促销""免费试用""有奖参与""顾客消费引导"等方式,吸引他们做第一次尝试……

6.1.5 规律安排电视节目,培养观众收视习惯

电视购物频道的节目编排主要应考虑三点:一是根据不同时段的收视族群特点将节目分成不同时段,出售不同商品;二是细分受众群体,根据不同消费水平用户的收视习惯安排不同时间段的节目;三是根据受众生活规律,分为日常编排、周末编排和其他特殊编排……

6.1.6 区别对待不同地区,降低退货率和客诉率

国际上电视购物的平均退货率为 10%～15%,而美嘉购物达到了 20%以上……

综合退货率和客诉率数据可以看出,仙桃市、孝感市和荆门市的退货率和客诉率都比较高,投递情况最为不佳,而数据表明,这三地的订单量也是比较大的,所以要抓住这几个地区的客户,除了按时、完好送达商品外,建立完善的售后服务特别是退货体系,培养美嘉购物的

忠诚客户,也是非常重要的。

参考文献:

[1] 邓文卿,张晓峰,当代电视购物及其社会发展价值[J].山东经济,2007 (7).

[2] 王芳,李金洋,电视购物行业面临的风险及其对策研究[J].西部广播电视,2008 (9).

[3] 郑丽华.谈电视购物的问题及其规范[J],北方经贸,2007(9).

......

(资料来源:百度文库)

范文分析二

"一带一路"视域下广西推进与东盟经贸合作的 SWOT 分析

摘要:当前广西正积极融入"一带一路"建设,推进与东盟经贸合作的升级发展。广西具有明显的区位优势、政策优势和要素成本优势,但同时也存在着港口设施滞后、海洋工业实力不足、与东盟各国经济发展差异显著等劣势。广西与东盟的经贸合作正迎来重要的发展机遇,如负面清单制度的推广、西江—珠江经济带建设、东盟各国海洋经济需求等,但也面临着周边省份的市场争夺、TPP 贸易协定的冲击等诸多挑战。基于全面的 SWOT 矩阵分析,广西应该在"一带一路"视域下,通过实施海上东盟通道、"双带"互动、跨境产业园区、北部湾自由贸易区等战略来助推中国—东盟自由贸易区升级。

> **标题分析**
>
> 一是应将标题改为:"'一带一路'视域下广西推进与东盟经贸合作的SWOT分析及战略选择"。二是改后文题对应,选题也具有现实意义。

关键词:一带一路 广西 东盟 经贸合作 SWOT分析

> **关键词分析**
>
> 每个分析之间是用一定距离隔开,还是用";"隔开,没有明确对错,具体按各校规定执行。

围绕我国"一带一路"建设的大战略,中国与东盟经贸关系的重要性更加凸显。广西作为"一带一路"有机衔接的重要门户,借助面向东盟、背接西南的地理优势,抓住中国—东盟合作钻石十年的重大契机,积极融入"一带一路"建设,深化与东盟国家的协同发展,助推打造中国—东盟自由贸易区升级版。据南宁海关统计,2015 年广西对东盟国家进出口 1 803 亿元,同比增长 19.6%,占同期广西外贸总值的 56.6%。广西作为东盟在中国西部地区最大的贸易伙伴,当务之急是在"一带一路"战略推进的新形势下准确把握面临的机遇和挑战,重新审视自己的优势和不足,制定切实可行的经贸合作升级发展战略。

1. "一带一路"视域下广西推进与东盟经贸合作的 SWOT 分析

1.1 合作的内在优势

1.1.1 "一带一路"有机衔接的重要门户

习近平总书记在十二届全国人大三次会议期间参见广西代表团审议时提出,发挥广西与东盟国家陆海相连的独特优势,加快北部湾经济区和珠江—西江经济带开放开发,构建面向东盟国际大通道,打造西南中南地区开放发展新的战略支点,形成 21 世纪海上丝绸之路和丝绸之路经济带有机衔接的重要门户。广西地理位置优势明显,位于华南经济圈、西南经济圈和东盟经济圈的结合处,连接着中国和东盟两个市场,同时具有沿海、沿边、沿江的独特优势。自 2004 年中国—东盟博览会落户南宁以来,"南宁渠道"已经成为中国—东盟交流合作的前沿阵地。<u>广西拥有与东盟国家进行海上物流的北部湾港口,作为商贸物流基地的东兴、凭祥国家重点开发开放实验区和跨境产业合作区。</u>在"一带一路"战略中,广西成为承接丝绸之路经济带和海上丝绸之路的重要省份。

👀 正文分析之一

一是将"参见"改为"会见";二是将"。广西拥有与东盟国家进行海上物流的北部湾港口,作为商贸物流基地的东兴、凭祥国家重点开发开放实验区和跨境产业合作区。"改为",与此同时,广西拥有的与东盟国家进行海上物流的北部湾港口,以及商贸物流基地的东兴、凭祥国家重点开发开放实验区和跨境产业合作区等,都会"。

1.1.2　多项相关激励政策出台

广西为了深度融入"一带一路"建设,提升与东盟的经贸发展水平,相继制定和出台了多项激励政策。例如在 2012 年至 2015 年间,广西财政对于国家重点培育的钦州港至东盟国家重要港口的冷藏船、滚装船以及集装箱班轮航线,每年安排 1 000 万元予以扶持。2015 年 7 月,广西为支持园区战略性新兴产业与重点产业发展平台发展,特设立园区战略性新兴产业与重点产业发展平台直投资金。凭借独特的区位优势,广西加快与东盟的电子商务发展,在南宁打造中国—东盟国际电子商务中心。2015 年 5 月,广西政府出台了《关于加快电子商务发展的若干意见》,支持电子商务企业通过境内外证券市场融资,符合条件的可列为重点上市培育企业。作为我国西部唯一沿海地区,广西高度重视海洋产业发展,制定了《广西北部湾经济区发展规划》和《广西海洋产业发展规划》,且投资 284 亿元,计划和实施重点项目 43 项,为广西的海洋产业提供政策和资金支持。

1.1.3　生产要素价格相对较低

在经贸合作中,要素成本较低有助于保持竞争力和外资吸引力。首先,广西劳动力成本低廉,2014 年全区城镇单位从业人员平均工资 45 424 元,低于全国平均工资水平 56 360 元和广东平均工资水平 59 827 元;其次,广西土地价格相对较低,以 2014 年各地区工业 1 级基准地价为例,南宁为 686 元/m,低于全国水平,在西部地区省会城市中也有比较优势。另一方面,与东盟国家相比,2014 年年初,印尼雅加达周边的工业用地平均价格涨至 237 美元,泰国曼谷为 222 美元,新加坡约 119 美元,越南约为 421 美元;马来西亚经济较发达的槟城每平方英尺为 18～65 马币(约合 5.6～20.8 美元)。对比可知,广西的用地价格与东盟国家相比处于较低水平。

👀 正文分析之二

一是将"廉,"改为"廉。";二是将"低,"改为"低。"

1.2　合作的内在劣势

1.2.1　港口设施发展水平落后

21 世纪海上丝绸之路建设的重点内容就是海上基础设施的互联互通,其中沿线国家港口设施建设是前提和关键。近年来,广西在与东盟互联互通的陆路国际大通道建设上取得显著进展,但港口设施建设仍相对落后,难以满足蓬勃发展的双边贸易需求。广西北部湾港发展起步较晚,各港口运作效率低下。由表1(略)可以看出,2015 年广西北部湾港的货物吞吐量和集装箱港口竞争力与东盟国家的港口相比绝大部分处于弱势水平。新加坡港的货物吞吐量是北部湾港的 4.5 倍,集装箱作业能力是北部湾港的 21.9 倍;马来西亚和菲律宾的主要港口发展水平也明显位居北部湾港之上。除此以外,广西北部湾港还普遍存在航线覆盖面小、班轮密度低、港口集疏运能力弱、服务环境差强人意等诸多问题,甚至造成了"四成广西货不走广西港"的尴尬局面。

1.2.2 海洋产业实力不足

海洋产业是广西的新兴产业,也是在"一带一路"背景下与东盟国家重点合作的领域。<u>广西近年来海洋产业快速发展,但经济规模小且缺乏合理健全的管理机制的问题依旧比较突出</u>。第一,经济规模小。近年来,广西海洋产业有了较大发展,但与山东、河北、广东相比存在相当大的差距。2015 年,广西海洋产值为 1 098 亿元,而山东海洋产值高达 <u>1.1 万亿</u>,是广西的 10.02 倍,河北的海洋产值是广西的两倍。第二,海洋产业结构优化度低。2015 年广西海洋第一、第二、第三产业增加值占海洋生产总值的比重分别为 16.9%、36.2%、46.9%。广东省海洋经济三次产业的比例为 I.6%、43.5%、55%。广西主要海洋产业增加值由高到低依次为海洋渔业(35.3%)、海洋交通运输业(30.8%)、海洋工程建筑业(16.6%)、滨海旅游业(14.2%),其中,占主要海洋产业比例小于 1% 的是海洋船舶工业(0.7%)、海洋矿业(0.2%)、海洋生物医药业(0.2%)、海水利用业(0.1%)、海洋盐业(0.03%)。由此可见,广西海洋工业依旧以传统工业和服务业为主,新兴海洋产业实力较弱,优势尚未得到有效发挥。第三,科技力量薄弱。2015 年广西海洋科研教育管理服务业增加值为 110 亿元,仅为全国的0.9%,差距较大。

> **正文分析之三**
>
> 一是将"广西近年来海洋产业快速发展,但经济规模小且缺乏合理健全的管理机制的问题依旧比较突出"改为"近年来,尽管广西海洋产业快速发展,但下列问题依旧比较突出";二是将"1.1 亿万亿"改为"1.1 万亿元"。

1.2.3 与东盟各国经济发展水平差距较明显

中国—东盟自由贸易区内各成员方经济发展水平参差不齐,具有显著的多样性特征。根据表 2(略)统计的 2015 年数据可见,广西与东盟国家的各项经济发展指标同样差距明显。虽然广西的 GDP 增长率远超于东盟国家,但是人均 GDP 较为落后,新加坡、文莱、马来西亚的人均 GDP 均高于广西,最高(新加坡)的为广西的 9.8 倍。东盟国家中,与广西较为接近的是泰国和印尼。另外,广西的工业发展竞争力不强,2015 年工业增加值占 GDP 的比重与东盟国家相比优势不足。对外开放度(贸易额占国民生产总值比例)低,只有 19.81%,与东盟开放度最低的国家印尼相比仍有 22.1% 的差距。广西外商直接投资净流入远落后于东盟国家,对外商的吸引力度不强。

1.3 合作的外在机遇

1.3.1 实行市场准入负面清单制度

2015 年国务院印发《关于实行市场准入负面清单制度的意见》,规定从 2018 年起正式实行全国统一的市场准入负面清单制度。广西作为国家"一带一路"有机衔接的重要门户,在新形势下加快申报"北部湾自由贸易区",积极参与海上丝绸之路工作,拓展与东盟国家合作的新空间。自由贸易区的建设要求对接国际投资贸

> **正文分析之四**
>
> 取消"海上丝绸之路工作"中的"工作"两字。

易新规则,构建与东盟高度一体化的产业合作体系,扩大与马来西亚、新加坡等新型工业化国家的经济联系,从而需要进一步改革外资管理体制,破除各种投资条款的束缚,扩大市场准入。负面清单制度的提出,优化了行政审批流程,提高了办事效率,增强了政府运作透明度,降低了市场准入门槛,为北部湾自由贸易区的建设创造了良好的基础,提供了实现的可能。

1.3.2　珠江—西江经济带建设的带动

珠江—西江经济带横贯广东、广西,同时联结中南、西南地区的发展,具有面向港澳、连接东盟的区位优势。位于广西东部的广东、香港一直以来都与东盟有着密切的经贸往来。东盟还是香港的第二大贸易伙伴,2007—2013年东盟对香港出口年均增长率达到10.39%,成为香港贸易发展的主要动力之一。位于中南、西南地区的湖南、四川、重庆、云南等省市与东盟的经贸合作潜力巨大。随着珠江—西江经济带的建设,广西将迎来巨大的机遇。一旦该战略得以实现,华南区域的发展将迎来契机,广西将成为其联动的新支点,也会成为全国面向东盟的中心枢纽节点,广西与东盟经贸合作的外延将大大拓宽,如有机农产品及加工、物流、金融、电子商务、机械、海洋工程、生物医药等领域的合作发展。

> **正文分析之五**
>
> 一是取消"西南地区的发展"中的"的发展"三字;二是将"如有机农产品及加工、物流、金融、电子商务、机械、海洋工程、生物医药等领域的合作发展"改为"将促进有机农产品及加工、物流、金融、电子商务、机械、海洋工程、生物医药等领域的合作快速发展"。

1.3.3　东盟沿海各国推出海洋经济战略

东盟十国中,除老挝外均为临海国家,各国均有自己的海洋管辖区域。发展、壮大海洋经济,成为东盟国家提升国际竞争力的主要措施之一。根据自身的优势和特点,东盟主要成员国制定了海洋经济战略目标。印度尼西亚宣称"21世纪是印尼的海洋世纪",提出建设"海洋轴心国"战略。该战略与我国的"一带一路"战略相对接,有助于双方加强海上事务合作。越南在《至2020年海洋战略规划》中提出了建设"海洋强国"的目标,利用海洋科学技术促进海洋经济、沿海区域经济建设的发展。马来西亚将海洋战略列为其"2020宏愿"规划的重要组成部分,其基本目标是促进海洋经济的可持续发展,建立世界一流的海洋科技,以实现国家工业化。总而言之,东盟各国都在"一带一路"建设中找到了利益契合点,并以此契机,积极推动与中国开展海洋科技、海洋人文和海洋经贸等方面的合作,推进"蓝色经济"的发展。21世纪海上丝绸之路战略的实施定会促进海洋经济的发展,广西要想与东盟国家发展海洋经济,必须抓住这次机遇。

1.4　合作的外在挑战

1.4.1　周边省份对东盟市场份额的争夺

广西钦州的中马钦州产业园区与广东湛江的奋勇东盟产业园区对东盟市场存在激烈的竞争:首先,双方基础设施建设都实现了"即到即入园"的便利条件;其次,双方的重点产业建设存在重叠。制造业、新材料、电子信息和生物制药成为双方的争夺领域;再次,奋勇东盟产业园区发展速度快于中马钦州产业园区。截至2015年年底,中马钦州产业园区入园企业只有6个,而奋勇东

> **正文分析之六**
>
> 一是将"竞争:"改为"竞争关系。";二是将"洋东盟产业园"改为"中国—东盟自由贸易区产业合作先行先试区"。

盟产业园入园项目达 24 个。最后,奋勇东盟产业园区发展水平也高于中马钦州产业园区。中马钦州产业园重点是探索中马两国的合作创新模式,而奋勇东盟产业园已经开始积极向"洋东盟产业园"转型,并与印尼企业、泰国政府达成合作共识,共建"中—印尼""中—泰"湛江产业园。

云南与广西均是通往东南亚的重要通道,在"一带一路"战略中,云南被定位为面向南亚、东南亚的辐射中心。云南不仅拥有丰富的自然资源,而且其与东南亚国家往来的人脉、财力、信息等条件都较为优越,但由于云南的道路基础设施建设较为落后,目前中国—东盟大部分的陆路贸易"舍近求远",选择从广西出境。然而备受关注的连接中、老、泰三国的泛亚铁路正在动工修建,一旦建成,云南到老挝、泰国的距离和时间将会大大缩短,成为东南亚一条便捷的"黄金走廊",长期处于铁路网节点的昆明将变成"一带一路"的新枢纽。另外,云南积极融入中国—东盟自由贸易区,提升大湄公河次区域合作和孟中印缅地区经济合作,借助国家外交、商务、发展资源提升云南对外交往能力。云南的一系列新发展将给广西与东盟的贸易带来较大的竞争。

1.4.2 TPP 协定对中国—东盟自贸区的冲击

TPP 作为美国主导的亚太区域自由贸易协定,意欲在亚太地区建立新的、高标准的贸易投资规则,不但吸纳了新加坡、越南、马来西亚、文莱四个东盟国家,而且泰国、菲律宾和印度尼西亚也有意加入,这必然会削弱中国在与东盟经贸合作中的主导地位,也必将对中国—东盟自贸区多年经营形成的贸易投资格局产生冲击,同时也会提升中国与沿线国家共建"一带一路"的战略成本。TPP 协定也可能给广西对越南的贸易带来贸易转移的效应。例如根据 TPP 有关纺织品及成衣的原产地规则,出口到 TPP 其他成员国的纺织品及成衣必须从纱线开始就要在 TPP 区域内生产。这对于越南、柬埔寨等重要成衣生产国来说,为了获得关税优惠待遇,必将降低从包括广西在内的中国各省市的中间产品的进口。

2. "一带一路"视域下广西推进对东盟经贸合作的战略选择

顺应全面深化改革的需要,广西在积极参与推进"一带一路"的过程中,应该正确审视自身的优势与劣势,抓住重大机遇,做好迎接艰巨挑战的准备,在此基础上制定推进对东盟经贸合作升级的战略,当好中国—东盟自由贸易区升级版建设的助推器。根据前面的分析,做出"一带一路"视域下广西推进对东盟经贸合作的 SWOT 战略矩阵,如表 3(略)所示,并提出以下战略。

> **正文分析之七**
> 将"准备,"改为"准备。"。

2.1 海上东盟通道战略

海上东盟通道战略,对推动广西—东盟经贸合作升级实现互联互通至关重要。广西北部湾是 21 世纪海上丝绸之路面向东盟的重要节点,是泛北部湾经济合作区的核心,是中国西南地区最便捷的出海通道,在中国与东盟、泛北部湾、泛珠三角等国际国内多区域合作中具有不可替代的战略地位和作用。打造海上东盟通道,广西应加强广西—东盟港口城市合作网络建设,利用东盟沿海各国重视海洋经济产业发展的机遇,打造一批富有活力的港口群、产业群和城市群;重视广西北部湾与越南的海洋区域合作示范效应,以共赢带动合作,逐渐辐射东盟沿海各国,形成持久稳定的海上合作框架;探索海上创新合作新领域,加强海上资源联合开发,拓宽合作领域平台。

2.2 "双带"互动战略

"双带"互动战略即"高铁经济带"与"珠江—西江经济带"的互动战略。西南地区高速铁路的建设加快了当地的同城效应,将人流、物流、信息流迅速汇集,在突破物流瓶颈的基础上,以东盟—湄公河流域的区域经济合作中的重要城市为支撑,形成对外开放的大通道。珠江—西江经济带沟通西南地区,连接粤港澳等发达地区,旨在促进覆盖区域整体协同发展。广西是"双带"的重叠区,"双带"互动,一方面联合了云南和广东,有助于广西借助邻省的发展优势融入湄公河区域经济建设、泛珠三角经济合作区建设中,加深经济依存度和融合度,促进自身经济的提升;另一方面,有利于打破广西与东盟国家的传统经贸合作模式,新兴产业基地和制造业成为广西参与国际产业合作的重点。通过"双带"互动战略,深化对重点产业的培育,加大招商引资力度,特别是对高端产业的引进。同时,广西要积极承接产业转移,特别是加工贸易型的产业转移,优化产业结构,提高与东盟国家的产业互补性,带动广西与东盟在技术贸易、服务贸易等相关领域的合作,使得双方的经济关系以更加合作的方式谋求发展。

2.3 推广跨境产业园区建设战略

推广跨境产业园区建设,特别是推广中马钦州产业园区建设的示范作用,对加强广西与东盟国家的技术合作有重要作用。在政策上,广西充分利用"一带一路"带来的机遇,通过建设跨境产业园区实现广西与东盟两地的优势互补、资源共享,为广西或外省企业与东盟国家的合作提供一个发展平台。东盟国家希望加入TPP的主要原因在于希望获得发达国家提供的市场、投资和技术上的支持,但由于TPP实行高标准准入制度,市场开放程度大,给东盟发展中国家带来了严重的挑战,特别是经济发展实力较弱的国家不堪承受其开放市场的冲击。通过推广跨境产业园区建设,不仅拓展了东盟国家发展对外贸易的市场,而且深化了广西与东盟国家的技术交流合作。如广西在汽车、农机、制药、电子等领域都有比较优势,通过产业园区的合作,与泰国、越南等国进行机械、农产品等竞争力较弱的产业部门合作,同时扩大双方的相互投资规模,特别是对服务贸易的投资。

2.4 加快建设北部湾自由贸易区战略

北部湾自由贸易区被赋予中国第四经济增长极的重大期望。建设北部湾自由贸易区,可实现"一带一路"在东南亚方向的率先破局,有助于服务国家周边外交,有利于以经济外交为突破口推进与东盟全面合作。自我国四大自由贸易区批准成立以来,其高水平的对外开放模式加快了与外国的经贸合作步伐。为保证对内改革和对外开放的一致性,四大自贸区共用一张负面清单。负面清单制度的实施,有效简化了审批程序,有序提升了市场对外开放程度,促进了外资企业的竞争。建设北部湾自由贸易区,需要遵循负面清单的要求,以上海自由贸易区为模板,结合自身的优势,积极探索面向东盟市场的现代服务业、高端制造业等领域的创新,同时,强调市场规则公开透明化,开展各行业部门的公平竞争,激发国外投资者的投资活力。广西参与"一带一路"战略的实施,要扩大和深化与东盟国家的开放合作,建设北部湾自由贸易区,为广西与东盟的经贸合作打下良好的开放合作基础。

参考文献：

[1] 黎攀,罗猛,魏恒.加快形成面向国内国际的开放合作新格局,不断谱写祖国南疆繁荣稳定新篇章.习近平总书记参加广西代表团审议侧记[J].当代广西,2015(6).

[2] 宋瑞敏,杨化青.广西海洋产业发展现状及对策[J].广西社会科学,2010(12).

[3] 杨清,骆万丽,周红梅.为何四成广西货不走广西港[N].广西日报,2014-06-23(1).

......

（资料来源：百度文库）

第三节
工商管理类毕业论文的参考题目

一、工商管理专业毕业论文参考题目

1. ××行业发展现状分析与对策研究
2. 企业可持续发展的途径和对策
3. 外资零售市场准入与我国零售企业发展策略分析
4. 企业应对经济全球化浪潮冲击对策分析
5. 中小型企业并购过程中应注意的问题探讨
6. 基于 SWOT 分析的××行业（企业）发展战略分析
7. 以人为本的质量管理模式研究
8. 影响××行业发展的制度因素分析与应对策略研究
9. 民营企业战略管理现状与对策分析
10. ××企业竞争环境分析与战略定位探析

二、工业工程专业毕业论文参考题目

1. 第三方物流发展的国内外比较研究
2. 机械工业企业设备管理新模式研究
3. 分散网络化制造动力机制研究
4. 现场管理及工作改善——5S 管理在企业的推广及应用
5. ××企业实施全面质量管理的构想
6. 新形势下××企业工程管理面临的机遇与挑战
7. 21 世纪智能小区管理系统探讨
8. 精益生产——工业工程的应用实证研究
9. 多品种小批量生产计划与控制的研究
10. 基于虚拟现实的××生产系统仿真探索

三、人力资源管理专业毕业论文参考题目

1. 论情绪管理在人力资源管理中的运用

2. 浅议企业人力资源管理中的伦理问题

3. 人力资源与企业可持续发展相关性研究

4. 人才测评在人力资源管理中的应用研究

5. 西部人力资源开发的若干问题

6. 我国社会福利制度研究

7. 公司员工职业生涯管理探讨

8. 性别在人力资源管理中的影响研究

9. 有关社会弱势群体的人力资源开发研究

第十四章

公共管理类毕业论文的写作指导及参考题目

第一节
公共管理类毕业论文范围

一、行政管理

本专业毕业生可选择的毕业论文范围包括管理学、行政管理学、行政法、公共政策学、公共财政学、政府经济学、公共管理学、公共政策分析、电子政务、行政监察学、人事行政管理等课程所涉及的相关内容。

二、公共事业管理

本专业毕业生可选择的毕业论文范围包括公共事业管理学、公共行政学、公共关系学、公共政策学、市政管理学、非营利组织管理、城市经济学、城市文化事业管理、城市环境保护、城市公共安全管理等课程所涉及的相关内容。

三、劳动与社会保障

本专业毕业生可选择的毕业论文范围包括社会学、统计学、人力资源管理、劳动经济学、社会保障学、社会保障基金管理、劳动与社会保障法、社会福利与社会救济、比较保障制度等课程所涉及的相关内容。

四、劳动关系

本专业毕业生可选择的毕业论文范围包括社会学、公共管理学、劳动经济学、人力资源管理、社会保障学、劳动关系导论、劳动与社会保障法、劳动争议处理、工会组织与管理、集体合同与集体谈判、比较劳动关系等课程所涉及的相关内容。

五、社会工作

本专业毕业生可选择的毕业论文范围包括社会救助、社会福利服务、就业服务、社区管理与服务、家庭婚姻服务、医疗康复服务、社会行为矫正、心理道德辅导、基本权益维护等课程所涉及的相关内容。

六、信息资源管理

本专业毕业生可选择的毕业论文范围包括微观经济学、宏观经济学、计量经济学、现代商业技术、电子商务概论、信息管理基础、信息资源建设、信息资源服务、信息描述与组织、信息检索与利用、信息分析与预测、管理信息系统、数据库技术与应用、网络技术与应用等课程所涉及的相关内容。

七、土地资源管理

本专业毕业生可选择的毕业论文范围包括土地资源调查、土地评价、土地评估与土地利用规划、土地整理、土地产权、土地价格评估、耕地保护与城市无序扩展问题、土地监测和加强法制思想建设、基本农田建设与保护等课程所涉及的相关内容。

八、海关管理

本专业毕业生可选择的毕业论文范围包括海关管理概论、海关史、管理信息系统、海关缉私、海关缉毒、海关监管、海关风险管理等课程所涉及的相关内容。

九、城市管理

本专业毕业生可选择的毕业论文范围包括城市史、土木建筑工程概论、城市规划原理、房屋建筑学、城市公用事业管理、城市建设与管理法规、现代城市景观、城市土地价格评估、运筹学、城市经济与管理、城市土地利用与规划、城市管理信息系统、城市安全与应急管理、社会经济统计学、房地产经营管理、经济地理学、工程项目管理、工程估价、城市社会学等课程所涉及的相关内容。

十、政治学与行政学

本专业毕业生可选择的毕业论文范围包括政治学原理、行政学原理、中国政治制度史、当代中国政治制度、比较政治制度、中国政治思想史、当代西方政治思潮、比较政治制度、行政法学、人事行政学、市政学、公共政策概论、社会调查与统计等课程所涉及的相关内容。

第二节
公共管理类毕业论文范文分析

范文分析一

当前我国农村社会保障存在的问题及对策

摘要:随着我国社会经济的快速发展,现有的农村社会保障制度难以有效应对农村日益严峻的社会风险和满足农民迫切的社会保障需求。特别是受金融危机的影响,本已十分薄

> **题目分析**
> 论文题目符合公共事业管理专业的选题范围。

弱的农村社会保障雪上加霜,农村社会保障的形势不容乐观。面对当前的严峻形势,我们应未雨绸缪,进一步完善农村社会保障体系,防止引发新的社会矛盾,酿成社会危机,实现农村的可持续发展。本文深入剖析了农村社会保障存在的问题,提出在农村社会保障管理、立法、资金筹集等方面的农村社会保障对策,指出农村社会保障制度完善对农村经济可持续发展的重要作用,充分发挥农村社会保障"安全网"和"稳定器"的作用,完善农村社会保障体系,以期维护农村社会稳定,促进农村经济发展,同时为我国农村社会保障制度的完善提供一定理论指导。

关键词:农村社会保障 问题 对策

引言

"三农"问题是构建社会主义和谐社会的重要因素,建设社会主义新农村是未来一个时期解决"三农"问题的新政策目标。《中共中央国务院关于推进社会主义新农村建设的若干意见》的文件指出,"十一五"时期是社会主义新农村建设打下坚实基础的关键时期,是推进现代农业建设迈出重大步伐的关键时期。由于历史原因,我国城乡之间在生产水平、收入水平和生活方式等方面存在现实的差别,城乡的"二元结构"和不平等的"国民待遇"严重限制了农村城市化的进程,农村社会保障的滞后也成为制约我国全面实现现代化的瓶颈。

而目前我国国内正处于工业化、城镇化深入发展期,人民生活总体上达到小康水平,但我国仍有数量庞大的农业人口,农村贫困人口有4 000多万,农村的贫困问题不容忽视。党的十七大确立了到2020年绝对贫困现象基本消除、人人享有基本生活保障的目标,提出了着力保障和改善民生、加快建立覆盖城乡居民的社会保障体系的要求,在全面建设小康社会的进程中,在以工促农、以城带乡、统筹城乡发展的重要阶段,在当前遭受国际金融危机冲击、大量农民工返乡、农村居民收入增长放缓的形势下,农村社会保障的形势更加严峻。因此,健全和完善现代农村社会保障制度成为建设社会主义新农村的基础和铺垫。切实加强农村社会保障制度建设不仅十分重要,而且显得非常紧迫。

> **正文分析之一**
> 引言部分从客观角度阐述了我国农村的发展现状,得出"切实加强农村社会保障制度建设不仅十分必要,而且显得非常紧迫"的结论,实际上是为了说明本论文的写作意义,很自然地引出下文。

1. 农村社会保障的内涵

1.1 农村社会保障的概念及内容

农村社会保障是我国社会保障制度的一个重要组成。它是指国家为了保持经济发展和社会稳定,对农民在年老、疾病、伤残、失业、遭遇灾害、面临生活困难的情况下,由政府和社会依法给予物质帮助,以保障农民的基本生活的一种社会制度。

实际上,我国并不存在现代意义上的农村社会保障,农村社会保障的社会化程度很低,家庭保障和土地保障在很大程度上替代着社会保障……随着社会经济的发展,家庭规模缩小,人均可耕地减少,家庭保障和土地保障的功用减弱,迫切需要建立完善的社会保障制度。

目前我国农村社会保障的项目包括农村社会救济、社会优抚、农村五保、新型农村合作医疗和少数地方推广的农村社会养老保险和最低生活保障等。

1.2　健全农村社会保障制度的意义

对于中国农村建构什么模式的社会保障制度,学术界进行了很多探索,为中国农村构筑完善可行的社会保障制度提出了不少有价值的建议。不过这些建议大都建立在解决应急问题上,虽然可以解决燃眉之急,但缺少全盘考虑……健全农村社会保障制度对实现公平和效率的对接具有一定的理论指导意义。

……生产社会化使农村公民的生、老、病、残等事故已不再完全是私人性质的风险,而是一种社会风险,因此国家构建农村社会保障制度是一种适时和必然的选择……要实现党的十七大确立的到 2020 年绝对贫困现象基本消除、人人享有基本活保障的目标,我们任重而道远。因此,当前谈我国农村社会保障制度建设具有十分重要的现实意义。

> **正文分析之二**
> "健全农村社会保障制度的意义"与引言部分有些重复,所以最好能将二者结合起来,此处只讲农村社会保障的概念及内容即可。

2. 当前我国农村社会保障体系的现状及主要问题

随着改革开放的不断发展和深化,我国与国际社会的联系日益密切,社会经济各方面都发生了翻天覆地的变化,社会主义新农村建设正如火如荼地展开,农村社会保障也有了很大的发展……但就整体而言,我国农村社会保障制度尚处于探索阶段,现有的农村社会保障制度离农村和农民的需要仍有很大差距,许多制度尚未成型。农村社会保障制度的局限性十分突出,具体来说有以下几方面的问题。

2.1　农村社会保障制度不健全,覆盖面窄

农村社会保障除传统的社会救助、优抚保障外,其他社会保障基本全无,至今仍未建立真正意义上的农村社会保障制度,农民承担天灾人祸的能力难以乐观,有的甚至弱不禁风,目前农民最迫切需要的社会保障仍十分薄弱……农村社会保障乏力、形式相对单一的状况没有从根本上改变,大多数农民还无法享受到其他社会保障,且长期在农村实行的"五保户制度"等社会救助和社会优抚应保未保的现象普遍存在。

在农村劳动力转移过程中,一部分农民处于社会保障的真空状态。改革开放以来,农村大量的剩余劳动力纷纷涌向城市,对城市的经济建设做出了突出贡献。目前我国约有 2 亿多农民工,但他们却被排斥在城市的社会保障体系之外,成为城市化的牺牲品……

2.2　管理体制混乱,效率低下

目前,我国农村社会保障管理呈现出政出多门、各自为政的局面,城乡分割、条块分割,条块之间既无统一的管理机构也无统一的管理办法……管理体制的不顺造成现有的农村社会保障项目虽然不多,但具体制定政策、掌握政策和执行政策的机构却不少……

此外,农村社会保障管理水平的低下还集中体现在保险基金的管理上。按照国际上通行的做法,保障基金的征缴、管理和使用三权分立、互相制衡,以保证基金的安全性、流动性与收益性。但是,我国农村社会保障基金在大多数地方是征缴、管理与使用三权集于一身,缺乏有效的监控监督,致使基金的使用及保值增值等面临诸多风险……

2.3 国家责任缺失,不公平性突出

现代社会保障制度的责任主体是国家和社会。而作为我国社会保障体系的两个有机组成部分,国家在城镇社会保障和农村社会保障构建中承担的责任却相去甚远……由于政府责任的缺失,城乡差距不断扩大、不同社会群体的差距不断扩大,现有的农村社会保障仅仅能够解决农村保障对象的生存问题,无法从根本上解决社会公平和发展问题。

2.4 农村社会保障资金严重缺乏,筹资渠道不合理

农村社会保障的资金来源主要有两个方面:一是参保农户自己集资;二是政府的财政拨款,筹资渠道相对单一。由于农民生活水平普遍较低,因此参保的集资数目就十分有限了,主要还是要靠政府财政支持。但我国农村人口众多,基数过大,政府财力有限,仅仅靠财政拨款来解决农村社会保障问题是不可能的……由于长期以来国家对农村投入过低,农村社会保障资金的重要来源实际是依靠传统农村的集体补助和投入。但改革开放以来实施的土地家庭承包经营制使集体经济力量受到严重削弱,特别是贫困地区的财政能力和集体经济实力有限,已无力承担当地农民的社会保障资金。

2.5 立法进程缓慢,农村社会保障无法可依

现阶段,我国社会处在发展变革之中,由于经济体制转型原有的农村问题依然存在,新的社会问题如老龄化、看病难、看病贵、失地农民问题、农民工问题等又日渐突出。但现有的法律保障制度尚不健全,主要依靠行政规定,立法进展缓慢,国家缺少完整的社会保障法律体系……由于农村社会保障尚未立法,更没有形成法律体系,使得目前农村社会保障工作处于无法可依、无章可循的境地。

> **正文分析之三**
> 此处从五个方面说明了当前我国农村社会保障体系存在的主要问题,论述有理有据。

3. 构建我国农村社会保障体系的对策

3.1 建立与我国国情相适应的农村社会保障制度

当前我国仍处于社会主义初级阶段,属于发展中国家,各地的经济发展极不均衡,不同地区农村集体和农民个人的经济能力悬殊。在这种情况下,要建立统一的农村社会保障制度是不现实的,只能根据各地经济发展状况,因地制宜,形成各地区层次不同、标准有别的社会保障制度。首先,完善作为社会保障最后防线的最低生活保障制度。对那些因为疾病、灾害或缺乏劳动能力而造成生活困难的贫困人口提供帮助,以保证他们的基本生活……其次,促进农村新型合作医疗的可持续发展。新型农村合作医疗的筹资水平应该和经济发展水平、农村居民收入水平相适应,并实现和经济增长的同步、同比提高……第三,率先实现农民工社会保障的城乡一体化,促进农民工就业……当前农民工群体内部已经发生了分化,建立适合农民工特点的社保制度,必须坚持分类指导……

3.2 规范农村社会保障的管理,强化监督

……要使农村社会保障事业健康发展,就必须在强化农村社会保障制度制衡机制上下功夫。首先,加强农村社会保障管理机构建设,建立全国统一、权威的农村社会保障管理机构。其次,完善农村社会保障的监督体系,这是农村社会保障制衡机制的主要组成部分……再次,加强农村社会保障机构队伍建设……

> **正文分析之四**
> 将"第三"改为"最后"。

3.3　强化政府责任,促进社会公平性

只有通过政府强有力的组织,完善农村社会保障制度,调整社会经济政策,特别是国民收入分配与再分配政策,才能防止收入差距继续扩大。同时,政府应当利用其强制权明确社会保障的权利义务关系,矫正市场失灵,并将由此造成的社会影响降至最低程度……

3.4　建立多元筹资渠道,完善筹资机制

……鉴于我国的国情和经济水平,现阶段农村社会保障基金的筹集必须贯彻国家、集体、个人三者合理负担的原则。从国家的角度,必须体现政府的财政责任,因为国家是农村社会保障的责任主体……从农村集体经济的角度,集体也应承担一部分农村社会保障资金。集体承担的部分主要来自乡(镇)村办各种企业的利润及集体经济的积累……最后,针对农户缴费难的问题,可以采取"实物换保障"的办法,根据不同的对象采取不同的方式。这样,可以有效解决农村社会保障资金短缺的问题,加快农村社会保障建设的步伐。

3.5　加强农村社会保障法制建设,使农村社会保障有法可依

要使农村社会保障制度走向规范化的道路,必须加快制定符合农村实际情况的法律法规……

当前应尽快就农村社会保障的基本范围、保障对象、保障待遇和标准、参保者享受的权利和义务等方面制定完善的法律,使广大农民的社会保障工作做到有法可依。与此同时,建立健全农村社会保障的法律监督和实施机制也是推进农村社会法制建设的必然要求……

> **正文分析之五**
>
> 以上从五个方面提出构建我国农村社会保障体系的对策,与上述问题一一对应,使论述更加有据可依。

4. 结束语

农村社会保障是我国社会保障体系的重要组成部分,是全面建设小康社会的重要内容,是落实科学发展观、建立和谐社会的需要,是实现农村稳定的重要保证。进一步完善农村社会保障体系,对于扩大内需、拉动经济发展、尽快摆脱金融危机对我国的影响、实现农村经济的可持续发展、扎实推进社会主义新农村建设都具有非常重要的作用。

> **正文分析之六**
>
> 从总体上看,该论文层次分明,条理清晰;从细节上看,该论文语言精练、行文流畅。总之,该论文可以算是一篇难得的优秀毕业论文。

参考文献:

[1] 苏孜,王宁朗.农村社会保障存在的问题及对策[J].财会研究,2006(3).

[2] 许海燕.我国农村社会保障存在的问题与对策[J].农村经济,2006(4).

[3] 许广海.新形势下我国农村社会保障存在的问题及其对策[J].广西广播电视大学学报,2007(18).

……

(资料来源:百度文库)

范文分析二

关于我国政府媒体公关引导
舆论的衡量标准及其战略管理的实证研究
——以突发暴力事件为研究对象

摘要:媒体公关在公共危机或负面新闻的处理过程中起着至关重要的作用。因此,政府开展媒体公关活动,树立其良好的形象,须注重利用新闻媒介的影响力,保证信息渠道通畅,上情下达,从而充分发挥其为政府公共关系服务的作用。本文根据当前中国舆情热点下的政府媒体公关发展现状,以近期社会上的突发暴力事件为研究对象,对媒体公关引导舆论的衡量标准、战略管理过程及其效力等因素进行分析与评估,并在此基础上提出完善我国媒体公关应对政府危机、化解社会矛盾的相关对策,从而提高我国政府媒体公关的行事能力。

> **关键词分析**
> 每个关键词之间是用一定距离隔开,还是用";"隔开,没有明确对错,具体按各校规定执行。

> **摘要分析**
> 将上段画了下画线的部分删除

关键词:政府媒体公关　突发暴力事件　舆论引导　衡量标准

政府之所以重视媒体公关,其根本目的就是为了策略性地掌握社会舆论的主导权。根据英国经济与和平研究所公布的《2014版全球恐怖主义指数》显示,中国在162个国家中排第25名,受恐怖威胁风险已超过美国。此外,类似"7·5杭州公交纵火案""5·6广州火车站砍人案"等由个人造成的危害公共安全的事件更是频发。因此,突发暴力事件的应急管理成为摆在政府面前的重大课题,政府媒体公关则是解决此类事件的一个重要环节。

> **正文分析之一**
> 开宗明义地讲了突发暴力事件的应急管理已成为摆在政府面前的重大课题,点出了文章的主旨。

1. 突发暴力事件中的政府媒体公关概述

突发暴力事件中的政府媒体公关是指在突发暴力事件处理过程中,政府部门运用各种媒介传播手段,与社会公众进行信息沟通,以此来共同应对突发暴力事件的过程或活动。其构成要素主要包含政府公关主体、客体和媒介三部分。三要素间相互影响,相互作用,构成了政府公共关系活动的动态过程。

如2014年的"3·1"昆明火车站砍人事件和"10·28"北京金水桥恐怖袭击案发生后,"暴恐"就成为公众关注的焦点和新闻界报道的热点,我国政府相关部门随即通过广播电视、官方微博等媒介不断向外界报道真实可靠的事件处理过程以安抚民心。

> **正文分析之二**
> 讲述了政府公关主体、客体和媒介三要素间的关系,政府通过媒体公关的作用,介绍了常态公关与非常态媒体公关的表现形式,让读者一目了然。

政府对媒体的常态公关是指得到大众和专业人士认可并广为公开采用的具体策略,包括召开新闻发布会、提供新闻通稿、接受媒体专访等;非常态媒体公关是国外政府在某些涉及国家安全或利益的危机时期惯用的策略,如雇佣卧底、隐瞒坏消息、制造假新闻等。

2. 政府媒体公关在突发暴力事件中引导社会舆论的现实意义

首先,社会舆论对政府形象具有双重影响。良性的社会舆论有利于政府形象的深入人心,有利于公众对政府的情感和行为认同,更有利于政府行政决策的实施和行政效率的提高。反之,负面社会舆论会导致政府形象受损、公信力下降。

其次,社会舆论的出现也给政府的管理工作带来了难得的机遇。舆论的盛行能增强政府及其公务人员处理危机的积极性和主动性;舆论的传播可使政府与公众间沟通更加便捷有效;部分代表民意的社会舆论可作为政府化解危机的判断依据。

基于社会舆论在很大程度上影响政府形象的塑造与政府工作的开展,因此,政府媒体公关是引导社会舆论的重要载体。在突发暴力事件中,政府应做到"三必须":必须充分肯定媒体作用;必须使舆论引导贯穿事件处置的全过程;必须建立与媒体合作共赢的关系。

> ◑ 正文分析之三
>
> 意义仅两点,似乎少了一些,不应少于三点。

3. 政府媒体公关舆论引导力的衡量标准

3.1 政府形象塑造力

良好的舆论引导力需要政府踏踏实实为公众服务,也需要媒体公关将政府及其工作人员的实际工作情况传播给公众,三者息息相关。

例如成都"6•5公交车燃烧事件",舆论在事件爆发的初始阶段被赋予浓重的个人主观色彩,政府媒体公关的正式介入是以新华网发表的题为《成都一公交车发生燃烧,人员伤亡情况正在核查》的文章为主要标志,事发仅2小时后,成都市政府便积极有效地采取一系列媒体公关活动,有效扭转了网络上"公交车自燃"的不正确说法,调查并得出了"系人为纵火暴力事件"的最终结论,为塑造政府形象大大加分。

3.2 公众知情权落实力

公众接受传播内容之后的意见反馈直接影响舆论变化。无论是何种性质的突发暴力事件,公众都有知情权,倘若没有及时的主流声音来传播真相、解答疑惑,便会导致公众产生更多的揣测和议论,对社会的稳定和谐造成不利影响。例如2014年"3•1"云南昆明恐怖袭击案发生后不到半小时,就有知情网友在微博发出消息且未被屏蔽或删帖。此后,当地电台和央视都及时于第一时间滚动播报。这一系列堪称快速反应的新闻行为,体现了当地政府在处理这一突发事件时给予社会的透明力度之大、幅度之宽前所未有,这也彰显了政府处置突出事件的信心。该事件的舆论引导最大限度给予公众对真相的知情权,其效果是显著的。

3.3 社会印象塑造力

在危机事件处理完毕后,社会对政府媒体公关的整体印象比较满意,则意味着其舆论引导能力符合标准;反之则直接表明其引导的社会舆论已处于错误的发展态势,政府亟须找到问题根源并加以改进,否则将受到全社会的诟病。

3.4 与社会媒体的互动力

民众的福祉取决于政府与媒体的融洽关系,若关系紧张,造谣分子随时伺机行动,则会给社会造成不稳定因素。政府与社会媒体的互动力不足会导致舆论恶性发展,加剧危机蔓延。

3.5 社会理性意见扩散力

引导舆论的重要前提便是正确反映舆论,舆论和谐的最佳状态是社会意见达到理性的最高点。2013 年 10 月 25 日的"浙江温岭杀医"事件发生后,政府虽通报了事件的经过及犯罪嫌疑人的情况,但却掩盖了事件深层原因——医患关系。

> **正文分析之四**
> 这五条衡量标准写的很充分、有理。

此后的媒体公关也未说明进展情况。根据《红麦舆情聚焦:浙江温岭杀医事件舆情分析》调查显示,在抽样的 300 条网民评论中,大多数舆论以负面为主,正面信息为 0%。由此可见,该事件处理过程中政府媒体公关的舆论引导是失败的。

4. 实证分析:政府媒体公关在突发暴力事件中的战略管理

突发暴力事件中媒体公关的战略管理过程既包括对舆论引导原则的落实、公关方案的策划与实施,又须涵盖对自身舆论引导能力的评价。

> **正文分析之五**
> 将"过程既"改为"过程,既"。

以乌鲁木齐"7·5"暴恐事件为典型案例,这是新中国成立以来新疆历次事件中造成人员伤亡和财产损失最严重的一次突发暴力事件。

事后舆论发展态势:以"世维会"为代表的新疆分裂势力迅速煽动闹事、制造谎言,打着人权自由的旗号,博得西方舆论的同情与关注,直接导致某些西方主流媒体报道失真、偏袒暴力分子。于此,事后舆论的发展态势处于被严重扭曲的局面。

> **正文分析之六**
> 将"事后舆论发展态势"改为"事后的舆论发展态势是"。

政府媒体公关战略管理过程:

> **正文分析之七**
> 将"政府媒体公关战略管理过程"改为"政府媒体公关战略管理过程如下"。

首先,遵循舆论引导原则。

舆论引导指南——迅速理性:事发后,我国政府迅速利用各种媒介,采取多种形式积极开展公关活动,多方披露真相。

信息公布渠道——公开透明:如凤凰卫视就独家采访了一位事件目击者,由亲历者向社会大众详实地描述暴徒的整个犯罪过程。

公众信任平台——以人为本:我国政府非常注重媒体报道的舆论造势,很多媒体所采用的新闻稿都由当地警方或目击证人提供。

> **正文分析之八**
> 将"舆论引导指南——迅速理性:"改为"1.舆论引导指南——迅速理性。"
> 将"信息公布渠道——公开透明:"改为"2.信息公布渠道——公开透明。"
> 将"公众信任平台——以人为本:"改为"3.公众信任平台——以人为本。"

其次,策划公关方案。此次暴恐事件的公关对象为自治区内及区外民众;公关目标是强烈谴责该暴力犯罪事件,坚决维护社会稳定、民族和谐;公关内容是对"7·5"事件的处理过程进行大规模高调、密集的宣传报道；公关媒体确定为中央电视台、新华网、人民日报、人民网等中央主要媒体和网站。

> **正文分析之九**
> 将上段画了下画线的部分另起一段。

第三，公关方案的实施。"7·5"事件中乌鲁木齐地方政府与中央政府主要采取了以下媒体公关行动……

> **正文分析之十**
> 将"第三"改为"再次"。
> 将上段画了下划线的部分另起一段。

最后，公关效力评价。第一，政府的处理效率及形象评估："7·5"暴恐事件发生后，政府于第一时间主动发布信息，多次举办新闻发布会，可见其处理效率是迅速果断的。并且，这一系列公关举措受到了公众一致好评，挽回了政府形象。第二，社会媒体的作用评估："7·5"暴恐事件中媒体传播覆盖全国各地，许多正面媒体评论对事件处理的进程起到了很大的辅助作用。但部分媒体在数据信息和图片信息的引用规范上还存在数量少、信源不确定等问题。第三，百姓心理状况评估：在危机的缓解期和善后期，基于自治区政府及时有效的公关行动以及当地医生的心理疏导，帮助区内大部分百姓逐步走出心理阴影，保持心理平稳和思想稳定。第四，与海外媒体互动力评估：此次

> **正文分析之十一**
> 一是将本段画了下划线的部分另起一段。二是将"第一，""第二，""第三，""第四，"改为"1.""2.""3.""4."。

暴恐事件中的"面对境外媒体"这一举措虽赢得了媒体界一致肯定，但在透明度上是有所保留的，致使海外媒体传播力度不强且传播周期短，未对国外公众的知情权落实到位。

在对国外公众最信任的信息渠道进行调查时，中国政府和中国媒体的支持率仅为7.4%和2.4%；在对"7·5"事件的舆论引导力方面，还可从国外公众对中国政府的印象分布调查数据中了解。

5. 完善我国政府媒体公关的思路

首先，公关受众的评价也是衡量我国政府媒体公关行事能力的一个重要依据。笔者通过《公众对政府媒体公关的满意度调查》问卷中了解到当前我国政府媒体公关存在以下几大问题：第一，某些突发暴力事件发生后，政府未能及时向公众公开报道；第二，政府在满足公众知情权方面尚有不足；第三，政府媒体公关的信息来源渠道不够公开透明；第四，当前我国政府公务人员的公关意识有待提高。其次，还应学习和借鉴西方媒体公关管理机制中一些被实践证明行之有效的思路和技巧。

> **正文分析之十二**
> 一是将本段"首先"部分改为"首先，必须重视公关受众对我国政府媒体公关行事能力的评价"。然后，另起一段，阐述公众对政府媒体公关的认识。
> 二是对本段"其次"部分要展开论述，并另起一段。

综上所述，应当从以下五方面来完善现阶段的政府媒体公关：第一，完善体制建设，正确认识和对待媒体；第二，主动学习和运用相关媒介理论及传播规律；第三，加强政府工作人员的媒体公关意识，转变官僚意识；第四，回应媒体须"效率""质量"两不误，切实掌握舆论主导权；第五，加大信息渠道的透明度，充分满足公众知情权。

总之，突发暴力事件的社会负面影响是巨大的，在实际应对中，如何正确引导社会舆论

并提出针对性策略是我国政府媒体公关价值发挥的核心。所以我们应当及时了解当前国内外形势,从媒体公关的行事能力和解决问题等方面发现存在的不足,在此基础上提出一些操作性强、行之有效的完善对策,使政府能够充分发挥职能,从根本上化解社会危机,促进社会的良性发展。

参考文献:

[1] 屈济荣.信息公开制度下的政府媒体公关[J].教科文汇(上旬刊),2007(12).

[2] 邱奕明.媒介融合背景下的政府新闻发布[J].现代传播,2012(1).

[3] 唐嘉仪.政府进行微博公关对政府形象的构建作用探究[J].前沿,2011(20).

……

(资料来源:百度文库)

> **⊙⊙ 正文分析之十三**
>
> 一是将"综上所述,应当从以下五方面来完善现阶段的政府媒体公关:"改为"完善现阶段的政府媒体公关。"。
> 二是将"第一,""第二,""第三,""第四,""第五,"改为"1.""2.""3.""4.""5."并适当予以详述。

第三节
公共管理类毕业论文的参考题目

一、行政管理专业毕业论文参考题目

1. 当前我国政府职能转变的动因和内容研究
2. 中国公务员管理体制研究
3. 中西行政决策观念之异同
4. 村民自治制度中存在的问题与对策研究
5. 农村义务教育落实的现状、问题与对策
6. "上有政策,下有对策"的原因及对策研究
7. 当前我国权力腐败的特点及对策研究
8. 地方人民代表大会对政府的法制监督研究
9. 当前我国社会保障体制中存在的问题与对策研究
10. 我国高等学校的人事制度改革研究

二、公共事业管理专业毕业论文参考题目

1. 全球化语境中的公共物品概念解释
2. 当代大学公共事业管理专业的课程体系研究
3. 对构建现代农村社区商业网络的思考
4. 城市社区文化建设的政府管理模式及其转型
5. 中小城市文化事业机构与社区文化建设的互动发展
6. 城市公共交通的发展途径研究
7. 当前我国社区治安管理问题探讨

8. 互联网在我国城市社区文化建设中的应用

9. 中介组织在新农村建设中的作用及发展策略研究

10. 经济欠发达地区县乡机构改革的难点及对策探析

三、劳动与社会保障专业毕业论文参考题目

1. 对民工潮和民工荒的冷思考

2. 激励边际效应理论在薪酬管理中的应用

3. 城镇人口结构性失业的突出矛盾及治理体系

4. 我国城镇大龄失业人员的再就业对策研究

5. 我国新型农村合作医疗制度建设研究

6. 特殊人群的社会福利政策和制度比较研究

7. 我国城市"低保"制度建设的实证分析

8. 对"统账结合"医疗保险制度的再认识

9. 我国企业可变薪酬管理的模式特点及其改进

10. 完善我国城镇企业职工基本养老保险制度的对策建议

四、土地资源管理专业毕业论文参考题目

1. 基于"反规划"理念的基本农田保护空间规划研究

2. 基于景观生态学的县域土地利用现状研究

3. ××市城镇土地集约利用评价研究

4. 农村规模经营与农业保险的关系研究

5. 小城镇建设用地需求压力与社会经济发展的关系研究

6. 人口流动与区域耕地保护的战略选择

7. 农村宅基地空间布局调整模式探索及分配政策重构

8. 基于农户角度的城郊农村居民点用地变化驱动机制研究

9. 土地利用及流域特性对河流流量的影响研究

10. 中低产土壤现状的调查及改良利用的对策

五、海关管理与城市管理专业毕业论文参考题目

1. 中国海关执法中可能出现的腐败问题分析

2. 我国海关管理制度的现状与发展

3. 论海关业务改革中的依法行政问题

4. 海关罚没财务管理中存在的问题及对策

5. 关于完善海关稽查制度的研究

6. 解决城市流浪乞讨问题的对策

7. 城市社区管理的模式探讨

8. ××城市城中村改造问题研究

9. ××市公共交通服务中存在的问题及其对策

10. 城市流动人口户籍制度改革研究——以××市为例

六、政治学与行政学专业毕业论文参考题目

1. 浅谈市场经济对中国政治的影响
2. 浅谈政党与政治社团良性互动的政治意义
3. 试析公务员考核制度流于形式的原因及对策
4. 对农民工弱势地位的政治学分析
5. 在市场经济条件下如何增强政府的监督意识
6. 论我国民族区域自治制度的发展和完善
7. 当前我国农村选举现状及其利弊分析
8. 论"个性补偿理论"在政治生活中的作用
9. 论清末新政对中国制度现代化的影响
10. 试析国家元首制度在国家政治制度中的重要性

第十五章

旅游管理类毕业论文的写作指导及参考题目

旅游管理类毕业论文的写作范围

一、旅游管理

本专业毕业生可选择的毕业论文范围包括旅游学概论、旅游经济学、旅游地理学、旅游文化学、旅游市场营销学、旅游公共关系学、旅游心理学、旅游规划与开发、旅游交际礼仪、旅游文化与民俗等课程所涉及的相关内容。

二、旅游管理（涉外旅游方向）

本专业毕业生可选择的毕业论文范围包括旅游学概论、旅游经济学、旅游文化学、旅游心理学、旅游政策法规、导游业务、旅行社管理、世界旅游地理、旅游专业英语、中外民俗等课程所涉及的相关内容。

三、酒店管理

本专业毕业生可选择的毕业论文范围包括旅游公共关系学、旅游心理学、旅游美学、酒店管理概论、酒店前厅与客房管理、酒店规划与设计、酒店餐饮管理、酒店人力资源管理、酒店设备管理、酒店英语等课程所涉及的相关内容。

四、景区开发与管理

本专业毕业生可选择的毕业论文范围包括旅游学概论、旅游地理学、旅游文化学、旅游生态学、旅游市场营销学、旅游景区管理、景区开发与管理、景观设计、景点考察调研、景区设计制图等课程所涉及的相关内容。

五、会展经济与管理

本专业毕业生可选择的毕业论文范围包括旅游学概论、传播学、会展旅游管理、会展概论、会展经济学、会展项目概预算、会展项目管理、会展营销、会议运营管理、展览会管理、会展政策法规等课程所涉及的相关内容。

第二节
旅游管理类毕业论文范文分析

范文分析一

浅谈网络在旅行社经营中的运用

摘要：随着计算机网络的兴起,名目繁多的旅游网站层出不穷,传统旅行社也开始建立自己的网站,通过网络平台推广旅游产品。据不完全统计,目前具有汇集一定旅游资讯能力的网站已有5 000多家,这些网站大部分都能提供食、住、行、游、购、娱等方面的网上资讯和预订服务,互联网给旅行社带来了相当的冲击,但同时也蕴藏着巨大的商业机会。文章对网络在旅行社经营中的运用现状进行简要梳理,分析了网络环境下旅行社经营面临的机遇和挑战,提出网络在旅行社经营中的运用建议。

关键词：网络 旅行社 经营 运用

> **题目分析**
> 论文题目属于旅游管理范畴,符合选题要求。

……互联网所引发的学习革命必将对旅行社产生巨大冲击：一方面,旅行社可以从网上轻而易举地获得超大量的信息,从而加强旅行社与旅游供应商和旅游者三者之间的联系……另一方面,互联网也把旅游供应商和旅游消费者直接联系在一起,达到信息互通有无,从而抛开旅行社中介机构,不必依赖旅行社所提供的信息,就可以直接进行买卖活动,旅行社的传统市场将被其他类型的竞争者分割。因此,互联网的运用既给旅行社业务发展创造了更多机会,又使旅行社的传统经营方式受到了极大挑战。

> **正文分析之一**
> 绪论部分简述了网络给旅行社带来的机会和挑战,是对正文核心内容的概括,很好地引出了下文。

1. 网络在旅行社经营中的运用现状

我国旅游网站从1996年开始出现,目前具有汇集一定旅游资讯能力的网站已有5 000多家,其中专业网站300余家,主要包括地区性网站、专业网站和门户网站中的旅游频道三大类。地区性网站主要对当地景点、景区风光进行介绍,总体实力较差,信息量少,效益难以保证。专业旅游网站主要进行旅游中介业务,包括传统旅行社建立的网站和专业电子商务网站两类……在这些旅游网站中间,携程旅行网采用硅谷运作模式,利用海外资金来进行本土化操作,成为国内发展最快的新兴旅行中介服务企业,在中国旅游网站中排名第一(如表1-1)。

网站名称	国内旅游网站排名	AILEXA全球排名	ALEXA国内排名
携程旅行网	1	776	130
去哪儿网	2	499	89
艺龙旅行网	3	2 241	297
酷讯旅游网	4	1 195	244
欣欣旅游网	5	3 461	374

携程旅行网在中国大陆及港、澳地区已有 1'000 多家各种星级签约酒店……旅行社对网络的运用主要有以下几类：

首先，传统旅行社纷纷建立自己的旅游网站……

其次，专业旅游网站利用电信、电子网络和旅游服务结合，通过电信技术和互联网技术形成网络营销体系……

最后，以政府为背景建立的网站（各省、市、旅游局建立的网站），如上海旅游网、鄂尔多斯旅游网等，他们主要是进行旅游信息发布，自身不经营旅游业务……

网络在旅行社业务上的运用从根本上将改变旅行社门店销售等小作坊手工操作方式，它将会使旅行社整体利益实现最大化和运作模式实现最优化。

2. 网络环境下旅行社经营面临的机遇和挑战

2.1　网络环境下旅行社经营的机遇

2.1.1　树立企业形象

……旅行社通过在国际互联网上建立自己的网站，可以把企业自身优势充分展示出来，很好地宣传其企业管理、经营理念和策略，及时调整企业经营策略……

2.1.2　降低运营成本

网络直接面对全球顾客销售，降低了旅行社最为关键的运营成本。网络的广泛运用使顾客可以通过互联网直接联系旅行社，旅行社也可通过互联网直面顾客，双方都节约时间，同时，旅行社还省下了门店租赁、电话等运营成本支出……

2.1.3　提高营销效益

……企业需要搜集各类信息，如消费者需求变化、旅游热点、现行营销策略反应等，同时将企业信息，如服务信息、营销策略等尽可能广泛地传播出去。因此，信息化对于提高旅行社营销效益有着直接、明显的作用。

2.1.4　开拓新的市场

互联网没有时间和空间限制，可以 24 小时不停运行，影响力遍布世界每个地方。这种新的销售渠道是对旅行社营销渠道的有益补充，可以吸引那些在传统营销渠道中无法吸引到的顾客在网上消费……

2.2　网络对旅行社经营的冲击

2.2.1　旅行社的产品组合功能受到冲击

……网络上各种旅游信息资源是共享的，旅游供应商的企业网站及综合性门户网站（如国内知名的新浪、网易、搜狐等）的旅游频道会以各种方式发布旅游信息……旅游者通过网络可以自由地查询、组合自己有兴趣的旅游产品，直接向旅游供应商进行订购，实现个性化自助游。旅游者通过网络自己组合旅游产品，削弱了旅行社的产品组合功能。

2.2.2　传统旅行社尚未与网络完全接轨

……现已上网的旅行社大多都停留在建网站或网页，为旅行社本身做宣传和广告的阶段。销售预订功能尚未在网上大规模铺开，目前大多都停留在在线预订、离线确认的半手工作业状态,未能实现旅行社服务项目与顾客需求的全天候、自动化对接模式……

2.2.3 旅行社建立的网站信息更新缓慢,服务项目单一

国内很多旅行网站依旧停留在旅行社传统的模式上,提供单一的旅游线路和报价,而较少涉及自助游的行程安排和线路的设计,再加上网上信息不准确、更新缓慢,就更无法吸引游客了……

2.2.4 缺乏既熟悉业务又精通网络的复合型人才

……但目前现状是:搞旅游的不懂网络,做网络的对旅游一窍不通,旅行社骨干人员多数是业务方面高手,但对先进信息技术了解较少;而软件公司对旅行社复杂的业务流程又缺乏深入细致的研究,这在一定程度上限制了旅行社的发展进程。

> **● 正文分析之二**
>
> 此处先总体介绍了三大类旅游网站,但接下来却只介绍了前两种旅游网站的基本业务,对"门户网站中的旅游频道"只字未提。此外,携程旅行网只是专业旅游网站中的一个典型,文中却花了大量篇幅对其大事渲染,给人以喧宾夺主的感觉。其实,这里只需介绍三类网站的主要业务,说明各自是如何运行的就可以了。

3. 网络在旅行社经营中的运用建议

……要赢得新型消费者,旅行社首先应主动迎接挑战,利用好网络。

3.1 把网络应用于企业内部管理

……为防止被挤出中介服务位置,首先要利用网络来改变。

传统落后的管理方式。网络的应用首先体现在工作效率提高上。由于网络的加入改变了企业原有工作流程,取而代之的是以数据库为中心建立起来的高效流程系统……数据库作为信息储存与处理中心,可以实现企业内部资源共享。各部门通过数据库进行信息交流和传递,同时,可及时准确地提供或获取信息,并完成相应工作,充分满足顾客需求……

无疑,网络引进、数据库建立使旅行社改变了原有工作程序,具备了巨大的信息获取能力……

3.2 加大网络化经营

……旅行社只有转变传统营销理念,积极利用网络,建立自己内部的信息管理系统,并与网络充分融合,建设面向代理商的电子分销系统和面向旅游者的在线销售系统,创建、巩固和发展自己的网上品牌,才能真正实现规模化、网络化经营。传统旅行社与旅游网站的整合和战略联盟就是一种重要手段,结合中国旅游业现状,针对不同规模的网站和旅行社,应有不同选择——大型旅行社企业集团可以建立有自身独特价值的信息系统和网络平台……中小旅行社可以采用入主市场方式,借助第三方技术平台……利用旅游代理商的知名度和资源优势开拓国内和国际市场……

3.3 利用互联网进行营销

我国有很好的应用网络营销的条件,在我国最早开展的是入境旅游业务,一直以来,入境旅游业务在行业结构中占有重要地位,说明我国在海外旅游市场有一定的基础,用网络进行海外促销,可弥补传统上以设立海外办事处和海外参展来招徕顾客等促销方式的不足……利用网络促销还可以根据需要,及时补充和删减信息,保证信息的准确性和时效性……

应用网络更容易获得散客市场。传统经营方式不能满足个性化旅游需求,但利用网络可提供创新的中介服务……

3.4　打造旅行社企业的电子商务平台

……针对不同规模的旅游网站和旅行社,应有不同选择。中小旅行社可以采取"入主市场"的方式,利用旅游代理商知名度和资源优势开拓国内及国际市场;大型旅行社可采用"网社合一"的方式,把旅游网站作为一种新渠道,投入资金和人力来完善网上各种服务,建立国际知名品牌形象。此外,旅行社还应避免盲目触网、重复建设、各自为政,而应借助电子商务平台等先进的科学手段进行横向扩张和纵向延伸,从而实现优势互补,增强在旅游市场上的整体竞争力。

3.5　利用网络建立客源社区

旅行社可以利用网络建立自己的社区,稳固自己的客源。如果旅行社的网站能给游客提供一个交流平台,让游客互诉旅游心得体会(如发表游记、寻求旅行帮助等),旅行社就有可能获得一笔可贵的顾客资源……

> **☯ 正文分析之三**
> 此处从五个方面阐述了旅行社应如何应用网络的问题,论述详略得当,有一定的实际意义。

4. 案例:网络在中青旅的应用

4.1　中青旅控股股份有限公司介绍

公司法定中文名称:中青旅控股股份有限公司(简称:中青旅)

公司法定英文名称:CHINA CYTS TOURS HOLDING CQ. LTD.

公司英文名称缩写:CYTS

公司法定代表人、董事长:张骏

公司副董事长兼首席执行官:蒋建宁

中青旅控股股份有限公司是以中国青年旅行社总社作为主发起人,通过募集方式设立的股份有限公司,1997 年 11 月 26 日公司创立。……1998—2010 年,中青旅累计接待游客 419 万人……目前中青旅的经营规模:年度接待游客 89 万人次……

中青旅是国家旅游局认定的国际旅行社,北京市新技术产业开发实验区认定的新技术企业……并且连续四年入选"中国最具发展潜力上市公司 50 强",2002 年度……2003 年度……2004 年度……2005 年度……以及第七届、第八届"首都旅游紫禁杯"先进企业奖……中青旅控股股份有限公司经营入境旅游、国内旅游、出境旅游业务、省际旅游客运、保险兼业代理、互联网信息服务。中青旅秉承"发展决定一切"的价值取向,坚持"以资本运营为核心"……2004 年年底,中青旅控股股份有限公司与全球 500 强之一的美国胜腾旅游服务集团(胜腾 TDS)成立的合资旅行企业——中青旅胜腾国际旅游有限公司宣布开业……

> **☯ 正文分析之四**
> 此处对中青旅控股股份有限公司的介绍过于啰嗦、混乱,如文中的画线部分都可以删掉。
> 此外,对于该公司的经营现状,只需近几年的数据即可,而不必逐一罗列,且介绍该公司时要有所侧重,而不是面面俱到、结果显得杂乱无章。

4.2　青旅在线介绍

2000 年 6 月份,中青旅控股股份有限公司开通了专业旅游预订网——青旅在线,较好地实现了传统产业与电子商务的整合,找到了一个比较合适的电子商务模式……青旅在线首页如图(略)。

4.2.1　中文首页

青旅在线(中文版)的首页即遨游网(http://www.aoyou.com)主要分为会员服务区、

快速预定区、新品快报区、特惠酒店和机票区以及旅游资讯等,参见图……

会员服务区又包括新用户注册、代理申请、企业客户申请和忘记密码等功能……

快速预定区提供了酒店、机票、游轮和旅游线路的快速预定功能……新品快报区是将中青旅最近开发的新旅游产品做宣传推荐。特惠酒店和机票区是将各特惠酒店及其房间列出清单,供消费者直接预定……

4.2.2 青旅在线主营业务

青旅在线主营业务分为三大块,即酒店业务、机票业务、旅游线路业务(出境游与国内游)……下面就分别进行介绍。

(1)酒店业务

青旅在线的酒店范围覆盖全球五大洲近100个国家、13 000多个城市和12 000多家酒店。预订酒店的一般步骤如下:

a)登录。

b)填写查询条件。

c)显示酒店查询结果。

d)填写酒店预订单。

(2)机票业务

青旅在线与国内外68家航空公司都有业务往来……预订的机票分国内机票和国际机票两种,机票预订流程基本一致,下面以预订国内机票为例来说明。

① 机票订单填写

② 显示查询结果

③ 乘机人信息填写

(3)旅游线路业务

旅游线路是青旅在线的优势产品,分国内游和出境游两大部分……

当访问者需要查询国内外的旅游线路时,一种方式是点击青旅在线首页的"中青旅全线产品"栏目查看……另外一种查询方式是点击首页"预订旅游线路"栏目,即可弹出对话框……

当消费者查询到满意的旅游线路时,可以通过电话、传真等方式直接与青旅在线的工作人员联系,实现旅游线路的预订。

4.2.3 青旅在线目的地资讯

目的地资讯包括"神州揽胜"、"域外采风"、"旅行百问"三个栏目。其中,"神州揽胜"为国内的旅游目的地资讯信息……

4.2.4 中青旅门市部

中青旅总社位于北京,在北京地区已设立的门市部有27家,并且标注了它们在北京城区的各个大概方位,每个门市部都列出了电话、传真、地址和邮编等信息,以方便消费者找到离自己最近的中青旅门市部进行旅游服务预订。

4.2.5 中青旅俱乐部

中青旅俱乐部是青旅在线的一个特色栏目,其俱乐部全称为"阳光亲子俱乐部"。它是中青旅为亲子家庭成员提供节假日旅游和家庭教育咨询等服务的联谊组织……

加入中青旅俱乐部的条件有二……

在"中青旅俱乐部"栏目中又分为"俱乐部章程"、"最新动态"、"中青旅教育旅游"、"精彩回放"、"你说我说"等栏目……

5. 结论

网络的普及和运用对旅行社发展起着积极的推动作用，它使信息产业和旅游业有效结合在一起。旅行社要顺应潮流的发展，主动转变功能，进行从内到外的改革……

在旅行社网站内容建设上，要丰富旅游产品及内容，摆脱目前纸质资料电子化的缺点……

在网络人性化建设上，秉承"使用者优先"的原则……

在网站经营理念上，要站在战略的高度把企业的识别系统特别是理念识别与企业文化、品牌意识、营销意识结合起来……

总之，在网络冲击下，我国旅行社危机和商机并存。但在现阶段，我国旅行社面临着较大的危机……因此，旅行社必须采取积极的应对策略，尽快改变我国旅行社目前的状况……使危机尽快转化为商机。

参考文献：

[1] 诸丹. 旅游电子商务对传统旅行社业的影响及对策[J]. 成都大学学报：社科版, 2011.

[2] 赵啸峰. 国际互联网的应用与营销[J]. 旅游学刊, 2011(4).

[3] 谢雨萍. 旅游电子商务冲击下旅行社的发展策略[J]. 社会科学家, 2010(1).
……

（资料来源：百度文库）

范文分析二

阳春市生态旅游管理现状和发展策略研究

> **正文分析之五**
> 此处对于中青旅在线主营业务的介绍过于繁琐，没有重点。为了解决这一问题，可以只详细介绍其中几种业务，之后再对其加以简单分析，提出一些问题和具有针对性的解决对策，会比这样简单罗列要好得多。

> **正文分析之六**
> 结论应该是作者在认识上的进一步深化，而此处内容从表述上看，明显讲的是旅行社如何应用网络的问题，即对旅行社合理运用网络提出的一些建议，不符合"结论"的写作要求。

> **题目分析**
> 生态旅游是旅游业的新业态，强调的是人文和谐的可持续发展理念。该文章的题目符合专业研究方向，也抓住了行业热点。但由于文中并未谈到"现状"，所以题目需要重新拟定。

摘要：本文针对阳春市生态旅游管理现状,从战略规划、旅游招商、特色旅游、基础设施和区域合作等方面提出了未来阳春市旅游管理的提升策略。

关键词：阳春市　生态旅游管理　发展策略

摘要分析
摘要部分简明扼要地概述了文章的基本内容和结构布局,可以从中了解文章的写作的目的。

阳春市位于广东省西南部,是珠江三角洲与粤西沿海、粤西山区的结合部。阳春市旅游业起步较早,经过30多年发展,已具备了一定的发展基础和知名度,积累了较为丰富的发展经验,但作为阳江旅游两张名片之一的阳春山水游,与阳江滨海旅游相比,无论在知名度、美誉度还是旅游收入和接待人数方面,都还存在较大的差距。旅游业面临着景点老化、形象更新缓慢等问题,迫切需要重新整合旅游资源,寻找新的兴奋点。近年来阳春市政府高度重视和支持生态旅游业发展,制定政策大力扶持旅游业建设管理,不断优化旅游环境,提高管理水平,强化旅游服务,提高了全市旅游的知名度和吸引力。

正文分析之一
文章写作以发现问题入手,分析问题为过程,解决问题为根本目的。此文中阳春市旅游存在的问题笼统而不具体,缺乏详细的分析过程,缺乏与下文的合理过渡。这样的写作方式不可取。

1. 规划先行,细化发展战略研究成果

按照"着眼大区域、塑造新形象、营造大环境、培育大市场、发展大旅游"的思路,实施政府主导战略,坚持统一规划、依法管理、突出特色、建设精品和可持续发展的原则。根据当地实际情况,重新编制了《阳春市生态旅游发展规划》,重申发展规划、专项规划等内容。明确原则、组织、内容、评审、实施等方面的要求。

首先是近期(2015.2020)：主抓乡村生态旅游品牌,开发特色产品。重点围绕生态旅游景区、省级自然保护区、乡村生态旅游示范区等项目开发,积极打造休闲旅游品牌。重点开发周末养生度假、农家乐乡村度假特色产品,引导城郊旅游从传统观光型向养生休闲度假的多元并举型旅游产品体系转变。

其次是中期(2020—2025)：依托丰富旅游资源,形成市、镇二级联动的项目品牌,实现旅游产品结构的彻底优化升级,形成观光与养生休闲度假并驾齐驱的局面;深度发展养生度假产品、会议会展产品、休闲旅游产品,使旅游产品的种类、数量、品质得到极大提升,多元化旅游产品体系基本成型。

正文分析之二
针对阳春市旅游问题提出相应的发展策略之一,且从近中远期规划着手,制定目标,合乎研究逻辑。但小点的写作序号应与后面的表述尽可能的一致,即不用首先、其次、最后,而是(一)、(二)、(三)。

最后是远期(2025.2030)：紧紧围绕"水墨阳春"的主题,大力发展生态旅游、乡村旅游和养生休闲度假旅游,紧跟时代发展步伐,全面打造阳春旅游升级版,使阳春旅游成为国内颇具特色旅游品牌的知名旅游胜地。

2. 建立旅游招商项目库,大力招商引资

相对于其他行业,旅游业的投入大,投资回报大,回报期长。如果仅仅依靠财政收入发展旅游产业,旅游的发展将举步维艰。阳春市政府大力拓展融资渠道,加大招商引资力度,广泛吸纳社会资金,加快旅游业的发展步伐。

一是建立旅游专项资金。

包括旅游产业发展引导资金和旅游行业发展促进资金。专项资金按市财政收入增长幅度逐年递增。产业发展引导资金包括旅游公共服务设施引导资金、重点旅游产业项目引导资金等。行业发展促进资金包括宣传促销资金、行业管理资金、行业发展规划及政策研究资金、市场治理资金、旅游合作资金等。

二是实施"旅游富民"工程。

一是通过市场运作吸纳社会闲散资金用于旅游基础设施开发建设。二是坚持"谁投资、谁受益"的原则，鼓励社会资金向旅游基础设施、旅游景点、休闲娱乐等方向流动。三是鼓励社会资金采取合资、合作、兼并、参股、租赁等方式经营旅游业。四是鼓励、引导、支持有条件的个体农户参与乡村休闲养生旅游项目建设。

三是制定落实优惠政策。为调动各方面对旅游业投资的积极性，制定落实旅游项目招商引资优惠政策。包括制定落实用地支持政策、旅游贷款优惠政策、用工优惠政策、税收优惠政策、电价优惠政策等。如用工优惠政策、劳动保障，免费发布用工信息，开通绿色通道办理用工手续，在各类招聘会上提供招聘席位。为保证优惠政策的实施，可制定开发项目履约保证金制度。

> **◑◐ 正文分析之三**
> 针对阳春市旅游问题提出相应的发展策略之二，具体可操作，有其可行性。建议小点序号全文统一，即（一）、（二）、（三）。

3. 发展特色旅游，提升旅游产业竞争力

3.1 "水墨阳春"山水生态游

阳春风光绮丽、奇峰幽洞、绿水秀山，素有"广东小桂林"之称，旖旎秀丽的喀斯特地貌绵延百里。应充分发掘阳春山水的文化内涵、生态价值，提升"水墨阳春"的品牌价值，发展"走进绿色旅游、感受生态文明"的"水墨阳春"山水生态游。

3.2 民俗风情文化游

阳春历史悠久，民风古朴。"高流古墟"已有一千多年的历史，堪称阳春民俗文化的一朵奇葩，而且是远近闻名的"怪墟"；"玉皇圣诞"也已成为阳春民俗的一个"文化品牌"；石望炮会距今也有一千年历史。深入挖掘阳春特色习俗文化，增加民俗表演、展览，使其成为有价值的"文化品牌"。积极挖掘拓展生态民俗资源，发展民俗特色民俗风情文化游，将传统的民俗文化以各式各样、丰富多彩的艺术形式表现出来，为游客献上民俗文化盛宴，增加旅游的文化价值。

3.3 历史宗教文化游

挖掘通真岩历史宗教文化内涵，着力打造粤西宗教文化旅游胜地。加强古村落保护、开发和利用，着力打造历史文化名人旅游和古村落文化旅游。凭借独石仔洞穴遗迹作为国家级文物保护单位的品牌，通过整合其周边旅游资源，着力打造古人类文化与自然生态文化相融合的文化旅游区。

3.4 温泉休闲养生度假游

以市中心为春城旅游接待中心，形成以春都温泉和正在开发的阳春国际温泉度假村、凤凰湖国际温泉度假村为主的温泉休闲养生度假区，充分挖掘合水、陂面、圭岗、马水、岗美等乡镇的旅游资源亮点，通过招商引资加以开发，逐步形成以春城为核心的、具有阳春特色温

泉文化的温泉旅游城。同时,以鹅凰嶂省级生态旅游为依托,开发八甲温泉度假区,打造春南温泉休闲养生旅游区。

3.5 "根雕雅石"艺术文化游

阳春奇石根雕文化不仅闻名省内,在国内乃至国外也素有声名。毋庸置疑,奇石根雕是阳春颇具特色的强项品牌。阳春市应利用品牌优势,大力打造奇石根雕艺术文化游,为游客打造"真、奇、古、怪、绝"的神奇的世界,为游客送上独特的"奇石根雕文化盛宴"。目前,要全力支持和推进阳春奇石根雕书画古玩文化城建设,把其打造成为粤西文化旅游的"地标性"文化城。

> **♥♥ 正文分析之四**
> 针对阳春市旅游问题提出相应的发展策略之三,突出其特色旅游项目,打造"软实力",提升其核心竞争力。

4. 完善基础设施。增强服务能力

4.1 交通运输网络

尽快拓宽改造市区通往各主要景区的道路,全面改善旅游公路交通运输条件;尽快进一步完善在全市主要道路旅游交通标识系统、路牌建设,合理布局、统一制作、规范安装;建设旅游区车站,合理规划旅游景区(点)的公共交通线路,使游客特别是散客能顺畅快捷抵达各景区。

4.2 城市旅游功能

建设具有咨询、餐饮、购物、租车、酒店、预定、游客中转、受理游客投诉等功能的旅游咨询服务中心;抓好城市雕塑和城市园艺建设,营造城市文化艺术氛围;做好城市旅游安全设施,设立旅游紧急救援中心和紧急救援电话号码;统一旅游标识,在汽车站、高速公路入口处、交通干道及通向各旅游区(点)的公路等地方设大型旅游地图广告牌;全面发展旅游电子商务,建成满足全市旅游经济发展的各类信息化网络体系,大力发展"智慧旅游"。

4.3 接待服务设施

一是住宿设施建设。优化市域范围内星级酒店的结构布局、星级结构、类型结构,使住宿供给市场逐渐能够满足各种旅游细分市场的需求。鼓励企业适当改善宾馆(酒店)内部基础设施建设,发展具地方特色的接待设施。

二是旅游娱乐服务。结合阳春传统民族文化,开发具有观赏性、趣味性、参与性强、适应游客需求的旅游文化娱乐项目和节庆活动。充分利用已建成的体育馆、文化馆、城市广场,编排专题节目,定期组织表演,形成晚间娱乐亮点,开展形式多样、参与性强的娱乐活动,丰富游客的晚间娱乐生活。

> **♥♥ 正文分析之五**
> 针对阳春市旅游问题提出相应的发展策略之四,改善硬件设施,提升"硬实力"。

三是完善旅游商品销售体系。发展完善阳春旅游商品体系,提高当地制作商品在旅游总收入中的比例,努力使阳春本地名优特产品和手工艺术品实现批量化生产,构建研、产、供、销一体化的旅游商品生产与销售体系和旅游购物点。

5. 加强区域合作,实现区域共赢

5.1 旅游产品合作

整合区域内的旅游资源和产品,推出品质多样、适应不同人群的系列产品,包括绿色生态旅游线路、滨海游线路、长者团、学子暑假旅游产品、度假旅游产品等。错位竞争的同时，利用各自的资源优势和市场渠道，共同打造区域旅游精品线路。

5.2　旅游客源合作

客源是旅游业发展的根本。有资源没市场，就不能把资源转为经济价值。推进区域各市县间互为旅游客源地、互为旅游目的地，各地互签互送客源目标，不仅可以大量增加客源，而且可以避免与周边市县的恶性竞争。

5.3　旅游人才合作

加强旅游业专业人员的交流与合作，培养当地适用的旅游人才队伍，以人才的接轨推动旅游观念、理念、管理、信息等方面的更新和融合。为阳春旅游人才的自由流动提供平台和环境。

5.4　旅游管理合作

包括建立共同旅游网站，共享旅游信息资源；促进旅行社、酒店和景区管理培训方面的交流质量管理、接受旅游投诉和应急事件处理热线电话，设立区域旅游集散中心和散客咨询服务中心等。

5.5　旅游投资合作

阳春及周边区域周边等市县的旅游资源丰富，但因缺乏资金，旅游资源开发利用水平较低。阳春与这些市县建立区域旅游投融资平台，共同推进旅游投资合作，进行区域的旅游资本运作，如投资、收购、兼并重组，从而实现区域资金的优势互补，使旅游资源获得最大的经济效益。

5.6　旅游交通合作

完善附近县（市）的交通条件，实现交通对接，实施市际旅游包车互通，合作开辟附近县（市）旅游绿色通道，实现无障碍旅游，使合作区域进入"同城时代"。

5.7　旅游营销合作

建立联合对外推广合作，通过公共媒体宣传、共同举办论坛、宣传推介会等活动，开展区域联合促销。同时进行营销整合，构建区域统一的旅游信息网络平台和营销网络，积极宣传阳春旅游资源和产品，联合做好宣传和促销活动。

> **正文分析之六**
> 针对阳春市旅游问题提出相应的发展策略，提出共振共赢、共享发展新思维。有其新意。

参考文献：

[1] 刘锋,任国才.珠三角旅游合作探究[N].东华旅游报,2006 - 07.

[2] 徐载娟.长株潭城市群旅游资源合作开发中的政府行为研究[D].湘潭：湘潭大学,2013.

……

（资料来源：百度文库）

第三节
旅游管理类毕业论文的参考题目

一、旅游管理专业毕业论文参考题目

1. 浅析青年旅馆在中国的发展现状和策略
2. 当代大学生旅游消费行为探析
3. 旅游业的网络营销发展态势及对策
4. 论生态旅游资源的脆弱性及其保护
5. 旅游购物的投诉心理及服务对策
6. 旅游保险中的常见问题及对策研究
7. 旅游黄金周的游客心理研究
8. 旅游交通对旅游业发展的推动及完善措施分析
9. 对旅游业中文化品位提升的思考
10. 如何发展低碳绿色旅游

二、旅游管理(涉外旅游方向)专业毕业论文参考题目

1. 浅析国外乡村生态旅游的发展模式
2. 国内外创意旅游研究进展与启示
3. 涉外导游中某专项技能的应用方法研究
4. 开发××境外旅游市场的方法研究
5. 论旅游服务的国际标准及与我国的接轨方式
6. 论中西传统文化差异对旅游者行为的影响
7. 中日旅游业发展现状对比
8. 欧美国家农业旅游的基本特征
9. 浅谈涉外旅游服务中的语言艺术
10. 旅游翻译中的地名英译问题

三、酒店管理专业毕业抡文参考题目

1. 我国经济型酒店的发展现状及对策研究
2. 北京酒店业服务质量问题研究——以××酒店为例
3. 酒店业开展"金钥匙"服务的意义和机制探讨
4. 论酒店管理的"人治"与"法治"
5. 现代酒店在推行标准化管理实践中存在的问题研究
6. 做好酒店菜单管理的几点思考
7. 对客房部员工培训体系的问题分析与相应对策
8. 论酒店企业文化与酒店竞争力的关系

9. 对酒店节约经营问题的探讨

10. 浅议酒店服务的标准化与个性化

四、景区开发与管理专业毕业论文参考题目

1. 古镇开发旅游及发展策略

2. 主题公园对旅游目的地的影响研究——以××为例

3. 浅谈导游讲解对旅游景区形象的影响

4. 旅游景区经营权转让及后续开发活动的规范

5. ××地区生态旅游发展的可行性分析与发展对策

6. 景区与社区和谐发展的理论分析

7. 论自然保护区旅游的持续发展

8. 论旅游景观的视觉形象及其对景点开发与管理的意义

9. 对旅游开发中人文景观建设的思考

10. 景区分散经营与旅游体验的矛盾

五、会展经济与管理专业毕业论文参考题目

1. 国内外会展业对××市会展业发展的启示

2. 对会展业信息化发展的思考

3. 酒店会展产品的开发与经营

4. 会展场馆的市场营销策略探讨

5. 甄选专业观众塑造名牌展会——以××为例

6. 如何根据消费热点筹划会展

7. 浅谈国际会展礼仪

8. ××市会展场馆情况调研

9. 会展服务要体现"人性化"

10. 会展经济——××市经济增长新亮点

参考文献

[1] 周家华,黄绮冰. 毕业论文写作指南(第二版)[M]. 南京:南京大学出版社,2013.

[2] 张进军,黄星南,周文. 当代财经应用文写作[M]. 长沙:湖南大学出版社,2004.

[3] 娄永毅,杨宏敏. 经济应用文写作教程[M]. 上海:立信会计出版社,2004.

[4] 刘振西,李润松,叶茜. 实用信息检索技术概论[M]. 北京:清华大学出版社,2006.

[5] 贺绥世,张泽萱,许龙仙. 经济论文写作指导[M]. 南宁:广西人民出版社,1989.

[6] 冯光明,蔡运记,冯靖雯. 经济与管理类毕业论文写作导论[M]. 北京:清华大学出版社,2013.

[7] 李炎清. 毕业论文写作与范例[M]. 厦门:厦门大学出版社,2011.

[8] 刘晓华,任廷琦. 毕业论文写作导论[M]. 北京:科学出版社,2004.

[9] 王海滋,张雷,许娜. 工商管理类毕业论文写作指导[M]. 武汉:华中科技大学出版社,2009.

[10] 姚先国,牛海霞,张绍峰. 经济类学生毕业论文写作指导[M]. 杭州:浙江大学出版社,2004.

[11] 徐运保. 本科经济管理专业毕业论文撰写指南[M]. 北京:航空工业出版社,2012.

[12] 赵公民. 经济管理类毕业论文写作与答辩[M]. 北京:高等教育出版社,2013.

[13] 赵公民,聂锋. 毕业论文的写作与答辩[M]. 北京:中国经济出版社,2006.

[14] 徐融,张韩正. 毕业论文写作 [M]. 北京:中国商业出版社,2005.

[15] 霍唤民. 经济论文写作[M]. 北京:首都经济贸易大学出版社,2004.

[16] 朱希祥,王一力. 大学生论文写作指导:规范、方法、范例[M]. 上海:立信会计出版社,2007.

[17] 邢彦辰. 毕业论文写作与文献检索(第二版)[M]. 北京:北京邮电大学出版社,2013.

[18] 武丽志,陈小兰. 毕业论文的写作与答辩[M]. 北京:高等教育出版社,2015.

[19] 吴秀明,李友良,张晓燕. 文科类毕业论文写作指导(第二版)[M]. 杭州:浙江大学出版社,2013.

[20] 杜兴梅. 学术论文写作 ABC[M]. 广州:广东高等教育出版社,2006.

[21] 李萍,秦勤,肖勇. 新编大学论文写作[M]. 北京:气象出版社,2004.

[22] 田力平. 论文写作与网络资源[M]. 北京:北京邮电大学出版社,2002.

[23] 武丽志,陈小兰. 本科论文写作指南[M]. 北京:清华大学出版社,2011.

[24] 王炳,苏林. 新编经济、管理、财会毕业论文写作与答辩[M]. 北京:中国经济出版社,2014.

[25] 闻国政. 毕业论文写作指导[M]. 北京:经济管理出版社,1998.

[26] 魏洪义. 大学生毕业论文答辩的组织与评分[J]. 高等农业教育,2000(3).

[27] 黄秀华. 高职学生毕业论文写作指导规划探讨:以会计专业为例[J]. 福建商业高等专科学校学报,2009(4).

[28] 崔文凯. 怎样搞好毕业论文答辩[J]. 科技咨询导报,2007(24).

[29] 杨捷,邢伟. 提高经济管理类本科毕设选题质量的措施分析[J]. 陕西教育,2008(11).